DIMITRIOS TRAVLOS-TZANETATOS

Die Regelungsbefugnis der Betriebspartner und ihre Grenzen zum Einzelarbeitsverhältnis

Schriften zum Sozial- und Arbeitsrecht

Band 11

Die Regelungsbefugnis der Betriebspartner und ihre Grenzen zum Einzelarbeitsverhältnis

Zugleich ein Beitrag zu der Problematik der Innenschranken der Betriebsautonomie

Von

Dr. Dimitrios Travlos-Tzanetatos

DUNCKER & HUMBLOT / BERLIN

Gedruckt 1974 bei Feese & Schulz, Berlin 41
Printed in Germany
ISBN 3 428 03051 6

Dem griechischen Arbeitnehmer

Vorwort

Seit 1955 ist die Problematik der Abgrenzung der kollektivrechtlichen Regelungsmacht, d. h. der Versuch, eine sinnvolle, funktionsgerechte Synthese zwischen Kollektivmacht und Individualwillen herauszufinden, Gegenstand mehrerer Untersuchungen (vgl. dazu unter anderen *Siebert*, Festschrift für Nipperdey, 1955, 119 ff.; *Karakatsanis*, Die kollektivrechtliche Gestaltung des Arbeitsverhältnisses und ihre Grenzen, 1963; *Biedenkopf*, Grenzen der Tarifautonomie, 1964; *Richardi*, Kollektivgewalt und Individualwille bei der Gestaltung des Arbeitsverhältnisses, 1968; *Rüthers*, Betriebsverfassungsrechtliches Mitbestimmungsrecht und Individualbereich, 1970; *Säcker*, Gruppenautonomie und Übermachtkontrolle im Arbeitsrecht, 1972). Die große sozialpolitische und rechtliche Bedeutung der Tarifautonomie innerhalb einer von der sozialen Marktwirtschaft beherrschten Rechtsordnung im besonderen Hinblick auf die wachsende Verdrängung der individualrechtlichen Gestaltung der Arbeitsverhältnisse zugunsten der kollektivrechtlichen hatte zur Folge, daß der wissenschaftliche Blick sich primär auf den tariflichen Bereich konzentriert hat (so z. B. *Siebert*, 119 ff.; *Karakatsanis; Biedenkopf; Hilger*, Verhandlungen des 43. DJT 1960, Bd. II, F I ff.; *Isele*, JR 1960, 289 ff.; *Kaufmann*, NJW 1960, 1645 ff.; *G. Müller*, DB 1967, 903 ff.; *Schnorr*, JR 1966, 327 ff.; *Söllner*, AuR 1960, 257 ff.). So wurde die Gestaltungsmacht der Betriebspartner als Teilproblem der gesamten Abgrenzungsproblematik vornehmlich im Anschluß an die Tarifautonomie (charakteristisch dafür sind u. a. die Arbeiten von *Siebert*, 119 ff.; *Karakatsanis; Hilger*, F I ff.; *Stahlhacke*, RdA 1959, 266 ff.; *Kaufmann*, 1645 ff.) und häufig mit Hilfe der auf diesem Gebiet entwickelten Grundgedanken behandelt (so z. B. *B. Günther*, Die Normativbestimmungen der Betriebsvereinbarung und das Einzelarbeitsverhältnis, Diss. 1957), ohne daß ihrer strukturell-funktionalen Eigenartigkeit besondere Aufmerksamkeit gewidmet wurde (bezeichnend für die Unterschätzung dieses Gesichtspunktes sind die Arbeiten von *W. Müller*, Die Grenzen der normativen Gestaltungswirkung der Betriebsvereinbarung, Diss. 1966, und *Quasten*, Zulässigkeit und Unzulässigkeit von Betriebsvereinbarungen, Diss. 1971).

Die vorliegende Arbeit hat die Aufgabe, den eigenen Charakter der Betriebsautonomie und die daraus für ihre Abgrenzung resultierenden

Folgen aufzuzeigen (dazu vgl. schon *Canaris,* AuR 1966, 129 ff.; *Richardi,* 297 ff.; *Biedenkopf,* 292 ff., und vor allem *Säcker,* 446 ff.).

Der eigentliche Gegenstand dieser Untersuchung ist der Versuch, die Innenschranken der Betriebsautonomie bei der Gestaltung des Einzelarbeitsverhältnisses zu erforschen und möglicherweise zu bestimmen. Dabei geht es vor allem darum aufzuzeigen, ob und inwiefern sich konkrete, inhaltsbestimmte, allgemeingültige Kriterien erarbeiten lassen, die zur Beantwortung der Frage nach der Zulässigkeit einer Betriebsvereinbarung herangezogen werden können. Allerdings — das sei hier vorangeschickt — bedeutet die Erforschung der Innenschranken der Betriebsautonomie keinesfalls, daß jegliche Konfrontation mit der Problematik ihrer Außenschranken ausgespart bliebe. Das zwischen diesen beiden Bereichen bestehende Spannungsverhältnis bietet keinen Raum für solche die Zweckgebundenheit der Betriebsautonomie außer acht lassenden Schematisierungen (so stellt die Beantwortung der Frage, ob die Betriebspartner zum Abschluß einer Betriebsvereinbarung funktionell zuständig sind, die unbedingte Voraussetzung für die Untersuchung ihrer inhaltlichen Bindungen dar).

Der Arbeit liegt der Gedanke zugrunde, daß Erkennen und Analysieren des Spannungsverhältnisses von Betriebsautonomie und Individualwillen von der Realität des Industriebetriebes — innerhalb dessen die Arbeitsverhältnisse sich größtenteils abspielen und abwickeln — nicht abstrahiert und daher nicht davon unabhängig durchgeführt werden können. Eine kurze Darstellung der soziologischen Struktur und Funktion des Industriebetriebes erscheint aus diesem Grunde als unentbehrlich (diese Untersuchungsnotwendigkeit schließt sich in den Grundtatbestand des Arbeitsrechts, d. h. in die Einbettung des Arbeitnehmers in eine fremdbestimmte und herrschaftsgebundene Ordnung, den Betrieb, ein). Dabei kommt es darauf an, auf die vielfache Gefährdung der Menschenwürde im Betrieb und auf die daraus resultierende Schutzbedürftigkeit des einzelnen Arbeitnehmers aufmerksam zu machen (über die Aktualität dieses Problems siehe vor allem *Söllner,* RdA 1968, 437 ff.). Denn der effektive Schutz der Menschenwürde und die Förderung der freien Entfaltung der Persönlichkeit des Arbeitnehmers unterstehen der gesamten betriebsverfassungsrechtlichen Mitbestimmungskonzeption (so richtig auch *Isele,* RdA 1962, 374; *Söllner,* 437, 439; *Rüthers,* JZ 1970, 628).

Da darüber hinaus der Industriebetrieb als „institutionalisiertes soziales Machtgebilde“ (dazu vgl. statt aller *Dahrendorf,* Sozialstruktur des Betriebes, 1959, 57 f.) ein ausgeprägtes Beispiel für die zwischen Wirklichkeit und Recht bestehende Dialektik bildet (vgl. dazu unten 1. Abschnitt, A.), ist die Skizzierung dieses gesellschaftsgestaltenden Spannungsverhältnisses für die Erfassung und die Klarstellung der

Gesamtproblematik erforderlich. Die Untersuchung der Grenzen der betriebsverfassungsrechtlichen Regelungsbefugnis setzt naturgemäß eine kritische Darstellung von Grundproblemen voraus, die mit dieser Befugnis eng verbunden sind. Hierzu gehören die rechtsdogmatische Begründung der Normsetzungsmacht der Betriebspartner (vgl. dazu unten 2. Abschnitt, A.), ihre Trägerschaft auf Arbeitnehmerseite (vgl. dazu unten 2. Abschnitt, B.) sowie die sozialpolitische und rechtliche Funktion des zu ihrer Ausübung bestimmten Rechtsinstruments, der Betriebsvereinbarung (vgl. dazu unten 2. Abschnitt, C.).

Die Arbeit wurde Ende 1972 abgeschlossen. Später erschienene Literatur sowie später gefällte Gerichtsurteile wurden daher nur kurz und in den Fußnoten mit berücksichtigt. Im Mai dieses Jahres wurde sie als Dissertation vom rechtswissenschaftlichen Fachbereich der Freien Universität Berlin angenommen. Meinen verehrten Lehrern, Prof. Dr. *Bernd Rüthers* und Prof. Dr. Dr. *Franz-Jürgen Säcker*, die diese Arbeit betreut haben, gebührt ein aufrichtiger und herzlicher Dank für ihre wertvollen Anregungen und Ratschläge sowie für ihre vielseitige Förderung und Unterstützung. Ich fühle mich an dieser Stelle verpflichtet, meinen besten Dank auch der Austauschstipendienstelle der Athener sowie der Berliner Freien Universität und vor allem dem Deutschen Akademischen Austauschdienst auszusprechen, die mein Studium finanziell ermöglicht haben.

Die Veröffentlichung dieser Arbeit als Buch in der Reihe „Schriften zum Sozial- und Arbeitsrecht“ des Verlages Duncker & Humblot, Berlin, eine besondere Freude und Ehre für mich, habe ich der warmen Empfehlung meiner verehrten Lehrer, der Befürwortung des Verlages und der großzügigen Unterstützung des Deutschen Akademischen Austauschdienstes zu verdanken.

Berlin, im Juli 1973 *Dimitrios Travlos-Tzanetatos*

Inhaltsverzeichnis

Erster Abschnitt

Zweiter Abschnitt

Dritter Abschnitt

Abkürzungsverzeichnis

AcP	= Archiv für die civilistische Praxis (Zeitschrift)
AOG	= Gesetz zur Ordnung der nationalen Arbeit vom 20. 1. 1934
AÖR	= Archiv des öffentlichen Rechts (Zeitschrift)
AP	= Arbeitsrechtliche Praxis (Nachschlagewerk des Bundesarbeitsgerichts)
ArbG	= Arbeitsgericht
Arb. Geb.	= Der Arbeitgeber (Zeitschrift)
ArbGG	= Arbeitsgerichtsgesetz vom 3. 9. 1953
AR-Blattei	= Arbeitsrechts-Blattei, Handbuch für die Praxis, herausgegeben von Sitzler und Oemann
AuR	= Arbeit und Recht (Zeitschrift)
ArbSozPol	= Arbeit und Sozialpolitik (Zeitschrift)
ARS	= Arbeitsrechtssammlung, Entscheidungen des Reichsarbeitsgerichts und der Landesarbeitsgerichte (sog. Bensheimer Sammlung)
ARSt	= Arbeitsrecht in Stichworten (Entscheidungssammlung)
AuSozR	= Arbeits- und Sozialrecht (Zeitschrift)
AZO	= Arbeitszeitordnung vom 30. 4. 1938
BAG	= Bundesarbeitsgericht
BAGE	= Entscheidungen des Bundesarbeitsgerichts. Amtliche Sammlung
BArbBl	= Bundesarbeitsblatt (Zeitschrift)
BB	= Der Betriebs-Berater (Zeitschrift)
BetrR	= Der Betriebsrat (Zeitschrift)
BetrVG	= Betriebsverfassungsgesetz vom 11. 10. 1952 bzw. vom 19. 1. 1972
BGB	= Bürgerliches Gesetzbuch vom 18. 8. 1896
BGH	= Bundesgerichtshof
BGHZ	= Amtliche Sammlung von Entscheidungen des Bundesgerichtshofs in Zivilsachen
BlfStSozArbR	= Blätter für Steuerrecht, Sozialversicherung und Arbeitsrecht (Zeitschrift)
BSG	= Bundessozialgericht

BT.-Drucks.	=	Bundestags-Drucksache (zitiert nach Wahlperiode und Seite)
BUrlG	=	Bundesurlaubsgesetz vom 8. 1. 1963
BUV	=	Betriebs- und Unternehmensverfassung (Zeitschrift)
BVerfG	=	Bundesverfassungsgericht
BVerfGE	=	Amtliche Sammlung von Entscheidungen des Bundesverfassungsgerichts
DAR	=	Deutsches Arbeitsrecht (Zeitschrift bis 1945)
DB	=	Der Betrieb (Zeitschrift)
DJT	=	Deutscher Juristentag
DöV	=	Die öffentliche Verwaltung (Zeitschrift)
GewO	=	Gewerbeordnung vom 21. 6. 1869 (26. 7. 1900)
GG	=	Grundgesetz für die Bundesrepublik Deutschland vom 23. 5. 1949
GRUR	=	Gewerblicher Rechtsschutz und Urheberrecht
JR	=	Juristische Rundschau (Zeitschrift)
JurA	=	Juristische Analysen (Zeitschrift)
JuS	=	Juristische Schulung (Zeitschrift)
JZ	=	Juristenzeitung (Zeitschrift)
KG	=	Kammergericht
KJ	=	Kritische Justiz (Zeitschrift)
KSchG	=	Kündigungsschutzgesetz i. d. F. vom 25. 8. 1969
LAG	=	Landesarbeitsgericht
LG	=	Landgericht
MuA	=	Mensch und Arbeit, Personal im Betrieb (Zeitschrift)
NJW	=	Neue Juristische Wochenschrift (Zeitschrift)
ÖJZ	=	Österreichische Juristenzeitung
RAG	=	Reichsarbeitsgericht
RdA	=	Recht der Arbeit (Zeitschrift)
RE	=	Regierungsentwurf
Reisebüro	=	Das Reisebüro. Mitteilungen für das gesamte Reisebürogewerbe, Ständige Fachbeilage zur Zeitschrift „Der Fremdenverkehr“
SAE	=	Sammlung arbeitsrechtlicher Entscheidungen (Zeitschrift)
TVG	=	Tarifvertragsgesetz i. d. F. vom 25. 8. 1969
ZfA	=	Zeitschrift für Arbeitsrecht
ZStW	=	Zeitschrift für die gesamten Staatswissenschaften
ZRP	=	Zeitschrift für Rechtspolitik

Erster Abschnitt

Der moderne Industriebetrieb im Spannungsfeld von Wirklichkeit und Recht

A. Das dialektische Verhältnis von Wirklichkeit und Recht

Das Hauptmerkmal der im unaufhörlichen Fluß und stürmischen Wandel befindlichen Industrie- und Massengesellschaften ist in der zunehmenden Tendenz zur Rationalisierung, Funktionalisierung und Bürokratisierung der ihnen zugrunde liegenden sozioökonomischen Prozesse zu sehen[1]. Diese Charakteristika stellen die notgedrungene *systemstabilisierende*[2] Reaktion auf die um sich greifende Vielfältigkeit und Komplexität[3] von bisweilen kaum überschaubaren Strukturen und Vorgängen dar, die eine anhaltende Technisierung mit sich brachte.

In dieser auch „pluralistisch"[4] genannten Gesellschaft, die die Gefahr einer weitgehenden *Ideologisierung und Transzendierung der Technik* in sich birgt[5], kommt dem positiven Recht eine besondere *Schutz-, Ordnungs- und Integrationsaufgabe* zu[6]. *Sie erfordert vor allem die permanente Offenlegung von Implikationen und Gefahren der Technik,*

---

[1] Zur soziologischen Struktur unserer Gesellschaft vgl. statt vieler *Borchardt,* in: Spätkapitalismus oder Industriegesellschaft? hrsg. v. T. Adorno, 29 ff.; *Dahrendorf,* in: Spätkapitalismus oder Industriegesellschaft?, 1969, 88 ff.; *Luhmann,* in: Spätkapitalismus oder Industriegesellschaft, 253 ff.; ders., Soziologische Aufklärung, 1971, 113 ff., 137 ff.; *Bolte,* in: Die Kollektivmacht im Arbeitsleben, 1963, hrsg. v. Floretta - Strasser, 9 ff.; *Freyer,* RdA 1966, 161 ff. Symptomatisch für diese Entwicklung ist der Versuch, kybernetische Modelle auf die Rechtswissenschaft zu übertragen; dazu vgl. statt aller *Simitis,* Informationskrise des Rechts und Datenverarbeitung, 1970.

[2] Über die Betrachtung und die Analyse der Gesellschaft als „System" siehe vor allem *Luhmann* (IV), 253 ff.

[3] Über den Begriff der Komplexität und ihre Relevanz für eine systemtheoretisch orientierte Funktionalanalyse des gesellschaftlichen Wandels siehe *Luhmann,* Soziologische Aufklärung, 31 (53) i. V. mit 143 (153); ders., Rechtssoziologie, Bd. 1, 1972, 31 ff.

[4] Vgl. dazu *Bolte,* 16 ff.

[5] So *Habermas,* Technik und Wissenschaft als „Ideologie", 1968, insbes. 48 ff.; *Marcuse,* Der eindimensionale Mensch, 1967, insbes. 166 ff.

[6] Vgl. dazu *Krawietz,* Das positive Recht und seine Funktion, 1967, 28 ff.; *Maihofer,* in: Funktion des Rechts in der modernen Gesellschaft, 1970, 25 ff.

die Herrschaft weder neutralisiert noch aus der Welt schafft, sondern lediglich geschickt verhüllt[7]. Die Entwicklung einer *kritischen und sensibilisierten Jurisprudenz* stellt eine von den Triebkräften dar, die diese fundamentale Funktion des Rechts ermöglichen sollen[8, 9].

Es gehört zu den Selbstverständlichkeiten der modernen Rechtswissenschaft, *daß Wirklichkeit und Recht sich immer mehr wechselseitig aufeinander beziehen, nebeneinander entwickeln und einander bestimmen*[10]. „Längst ist die Zeit vorbei, in der ein unkritischer Positivismus meinte, die juristische Begriffsbildung in einer keimfreien, metajuristischen Einflüssen entzogenen Sphäre vollziehen zu können[11].“ Denn die den Begriffen immanente, sich verwirklichende Zielsetzung ignorieren zu wollen, führt zur Illusion, daß das Recht als eine in sich geschlossene geistige Konstruktion der Dynamik des Sozialwandels entzogen ist[12]. Der von der *reinen Rechtslehre*[13] unternommene Versuch, auf die Wirklichkeit als auf etwas *Aktives* hinzuweisen, indem sie zwischen der *juristischen* und der *teleologischen* Betrachtungsweise streng unterschied, in dem Sinne, daß *Sein* und *Sollen* zwei qualitativ verschiedene, jede Beziehung oder Wechselwirkung ausschließende Denkkategorien seien, war nicht im Stande, der wahren gesellschaftsbezogenen Struktur und Funktion des Rechts gerecht zu werden[14].

Erst die *Interessenjurisprudenz*[15] stellte auf die *Wirklichkeitsbezogenheit des Rechts* ab, indem sie die tatsächlich gegebenen *Interessen* und *Bedürfnisse* des Menschen als Motivation jeder Norm aufdeckte[16, 17].

---

7 Zur Ambivalenz der Technik vgl. auch *Neumann*, Demokratischer und autoritärer Staat, 1969, 109, 165.

8 So zutreffend *Simitis* (IV), 139.

9 Die Bezeichnung „*sensibilisierte Jurisprudenz*“ wird hier als Antipode einer „*technisierten Jurisprudenz*“ verwendet. Damit wird auf die Notwendigkeit hingewiesen, der Übertragung maschineller Verfahren auf das Recht lediglich eine *Hilfsfunktion* im Dienste einer weitgehenden Humanisierung der Rechtsordnung zu sehen.

10 Vgl. dazu statt vieler *Rüthers*, Die unbegrenzte Auslegung, 1968, 1 ff.; ders., in: Aktuelle Fragen des Arbeitsrechts, 1972, 8 f.; *Krawietz*, 13 ff.; *Simitis*, Die faktischen Vertragsverhältnisse, 1957, 4 ff.; *Benda*, Industrielle Herrschaft und sozialer Staat, 1966, 30; *Raiser*, T., Zur Effektivität des Rechts, Jahrbuch für Rechtssoziologie und Rechtstheorie, Bd. 3, 1972, 410 f.

11 *Simitis*, Automation in der Rechtsordnung, Möglichkeiten und Grenzen, Juristische Studiengesellschaft, Heft 78, 8; vgl. auch *Fechner*, Rechtsphilosophie, 1968, 111; *Rüthers* (II), 2.

12 Vgl. *Simitis* (I), 6 f.; *Fechner* (I), 42; *Rüthers* (X), 9.

13 *Kelsen*, Reine Rechtslehre, 1934, insbes. 33 ff.

14 So richtig *Simitis* (I), 8 ff.; *Fechner* (I), 42; *Hassemer*, in: Rechtstheorie. Ansätze zu einem kritischen Rechtsverständnis, 1971, 29.

15 Darüber siehe statt aller *Heck*, Gesetzesauslegung, 1968, insbes. 46 ff., 142 ff.

16 Vgl. dazu *Rüthers* (II), 2; *Simitis* (I), 16 ff.

17 An dieser Stelle darf der entscheidende Beitrag des *historischen Materialismus* (vgl. dazu *Karl Marx*, Vorwort zur Kritik der politischen Ökonomie, in: MEW, Bd. 13, 8, der die Wurzeln der Rechtsverhältnisse in den mate-

In der Grunderkenntnis, daß das Recht sich als Teil der Wirklichkeit auch mit und in ihr wandelt, liegt das große Verdienst der Interessenjurisprudenz[18].Das Recht ist daher ein *gesellschaftliches Phänomen;* seine Welt ist keine abstrakte, sondern eine *konkret-historische*[19]. Als gesellschaftliches Phänomen kann das Recht nur etwas *Heteronomes* darstellen; dies bedeutet eine stete *Interdependenz* von den anderen mitwirkenden Elementen der gesellschaftlichen Totalität[20]. Das Verhältnis zwischen dem rechtlichen Sollen und dem gesellschaftlichen Sein fungiert als eine *Form-Inhalt-Relation*[21]. Behalten wir im Auge, daß die *ökonomischen* Prozesse einen *bestimmenden gesellschaftsgestaltenden* Faktor darstellen[22], dann gehören sie zum Inhalt, während das Recht die Form ihrer Wirken und Zusammenwirken ist[23]. Man muß sich aber dabei der Gefahr einer *einseitigen Überbetonung der Faktizität des Rechts* bewußt sein, die zwangsläufig dazu führt, daß das Recht seines aktiven, dynamischen Charakters entkleidet wird[24, 25]. Nur die *dynamische* Betrachtungsweise kann das Recht als eine *gestaltende Macht,* eine *aktive Qualität* erfassen[26]. Nicht also die Ursache-Wirkung-Relation, sondern die dynamische Dialektik, die stete Wechselwirkung determiniert das Verhältnis von Wirklichkeit und Recht[27].

Gehen wir von der gewonnenen Erkenntnis aus, daß das Recht ein gesellschaftliches Phänomen ist, dann liegt seine Ordnungs-, Integrations-

riellen Lebensverhältnissen sieht) zur Erfassung und Durchleuchtung der *Gesellschaftsbezogenheit* des Rechts nicht unerwähnt bleiben; dies hat schon *Gustav Radbruch* (in: Der Mensch im Recht, 1957, 39, 49) erkannt und betont; vgl. dazu auch *Maihofer* (II), 25 ff.

[18] *Simitis* (I), 16 ff.; *Fechner* (I), 92 ff.; *Rüthers* (II), 2.

[19] Ebenso schon *Radbruch,* 16; vgl. dazu auch *Simitis* (I), 37; *Fechner* (I), 129; *Krawietz,* 28 ff.; *Rüthers* (II), 2.

[20] *Fechner* (I), 87 ff.; über das Spannungsverhältnis zwischen *Politik, Wirtschaft* und *Recht* innerhalb des Gesellschaftssystems siehe neuerdings *Ott,* in: Zur Effektivität des Rechts, 1972, 346 ff.

[21] So zutreffend *Simitis* (I), 40.

[22] Darauf hat schon *Marx,* MEW, Bd. 13, 8 f., hingewiesen; vgl. dazu ferner *Fechner* (I), 91 ff., 113 ff.; *Luhmann* (III), 204 ff., 226 ff.; *Rotter,* 88 ff., 96.

[23] Vgl. dazu *Fischer,* Der Begriff der Vertragsfreiheit, 1952, 41; *Dölle,* Wirtschaft und Recht, 1956, 4; *Fechner* (I), 91 ff.

[24] So richtig *Simitis* (I), 41 f.

[25] Die Betrachtung der *Marx'schen Unterbau-Überbaukonzeption* (Fn. 22) als *einseitige Determination* des Rechts durch die ökonomische Wirklichkeit übersieht die zwischen diesen beiden gesellschaftsgestaltenden Faktoren bestehende *Interaktion,* worauf schon *Engels* in seinem Brief an Joseph Bloch (MEW, Bd. 37, 462 ff.) mit Nachdruck aufmerksam gemacht hat. In dieser Richtung verdient besondere Erwähnung die kritische Arbeit von *Poulantzas,* Aus Anlaß der marxistischen Rechtstheorie, 1967, in: Marxistische und sozialistische Rechtstheorie, hrsg. von Norbert Reich, 1972, 181 ff.

[26] *Radbruch* (III), 27 ff.; *Simitis* (I), 41 f.; *Fechner* (I), 202; *Coing,* JZ 1951, 484.

[27] Vgl. dazu *Simitis* (I), 41 f.; *Maihofer* (II), 18; *Coing,* 484, bemerkt charakteristisch dazu: „Die Rechtsregel ist die schöpferische Antwort auf das in der soziologischen Situation gestellte Problem."

und Schutzaufgabe, d. h. seine soziale Funktion nahe[28]. Betrachtet man weiterhin *die Entstehung des Kollektivarbeitsrechts* als ein charakteristisches Paradigma des Zusammenwirkens von verschiedenen gesellschaftsgestaltenden Faktoren[29], dann wird die entscheidende *rechtspolitische* und *soziale* Funktion der es zusammensetzenden Rechtsinstitute evident[30].

Im Schnittpunkt von Wirklichkeit und Recht befindet sich *die institutionalisierte sozioökonomische Machterscheinung des modernen Industriebetriebes,* deren strukturwandelnde Einwirkung auf unsere Gesellschaft alle Lebensbereiche beeinflußt hat und im Brennpunkt der wissenschaftlichen Aktualität steht[31].

In den folgenden Ausführungen wird eine skizzenhafte Darstellung der soziologischen Struktur und Funktion dieses Machtgebildes unternommen. Dies erscheint deshalb von großer Bedeutung für die bevorstehende rechtsdogmatische Untersuchung, weil daraus wichtige *rechtssoziologische* Aspekte für die Deutung, Untersuchung und Auslegung der betriebsverfassungsrechtlichen Problematik zu gewinnen sind.

B. Die Machtposition des Betriebes in unserer Industriegesellschaft

„Der *Industriebetrieb* ist ein System von sozialen Rollen, orientiert auf den ökonomischen Zweck der Güterproduktion, strukturiert durch ein System technischer Mittel, sanktioniert durch einen rechtlichen Status in seiner besonderen Ausprägung bestimmt durch die dieses System je beherrschenden Wertsetzungen[32].“ Allerdings stellt er *kein geschlossenes System* innerhalb der Gesellschaft dar; im Gegenteil er ist *offen* zu ihr[33]. Die *Interdependenz* zwischen Betrieb und Gesellschaft, oder systemtheoretisch betrachtet[34], die *Interaktion* zwischen dem Untersystem „Betrieb“ und dem System „Gesellschaft“ führt zu einem tiefen *Strukturwandel* des bestehenden sozioökonomischen Systems.

---

[28] Ebenso *Krawietz,* insbes. 64 ff.; *Simitis* (I), 47; *Maihofer* (II), 25 ff.

[29] Vgl. dazu *Benda,* 30; *Fechner* (I), 91.

[30] Wie es z. B. mit den Rechtsinstituten des Tarifvertrages und der Betriebsvereinbarung der Fall ist; dazu vgl. statt aller *Söllner,* Arbeitsrecht, 1973, 107 ff., 167 ff.

[31] Über die soziologische Struktur des Industriebetriebes siehe statt vieler *Fürstenberg,* Grundlagen der Betriebssoziologie, 1964; *Dahrendorf,* Sozialstruktur des Betriebes, 1959; *Lepsius,* Strukturen und Wandlungen im Industriebetrieb, 1960; *Burisch,* Industrie- und Betriebssoziologie, 1971.

[32] So *Dahrendorf,* 57.

[33] *Burisch,* 157.

[34] Darüber siehe vor allem *Luhmann* (IV), 253 ff.; vgl. auch *Parsons,* Beiträge zur soziologischen Theorie, 1964.

Der Industriebetrieb ist nicht nur eine Grundzelle des gesamtgesellschaftlichen Organismus, sondern er prägt geradezu determinierend Struktur und Funktion unserer Massengesellschaft. „Das spezifische Wertsystem oder Sozialethos der industriellen Gesellschaft bezeichnet den Punkt, an dem Verknüpfung und Wechselwirkung von Industrie und Gesellschaft ihren Ursprung haben[35]."

Der Industriebetrieb ist mit der sozialen Umwelt zunächst durch die Gemeinde verknüpft. Belegschaft des Betriebes und Einwohner der Gemeinde sind in vielen Fällen identisch. *Drucker*[36], sieht die um einen Großbetrieb zentrierte Gemeinde als *Stadt der Zukunft,* und *Michel*[37] meint, der Betrieb werde *das Zentrum einer gesellschaftlichen Neugliederung.* Doch erscheint die Idee der *Massenproduktion* als das Ausschlaggebende, und zwar genauer: die Erkenntnis, daß „die Idee der Massenproduktion über ihre Bedeutung hinaus ein *allgemeines Organisationsprinzip gesellschaftlicher Arbeit*"[38], ein *„Prinzip sozialer Organisation"*[39] ist. Die industrielle Umwälzung basiert jedoch nicht nur auf einem neuen sozialen Prinzip, sie beruht auch auf einer neuen *sozialen Institution,* den modernen Betrieb „im Sinne eines auf Dauer gestellten sozialen Verhaltens- und Funktionsgefüges"[40].

Neben der wirtschaftlichen und sozialen Funktion des Industriebetriebes verdient sein *herrschaftlicher Charakter* besondere Erwähnung. Darüber wird unter den zeitgenössischen Betriebssoziologen kaum gestritten[41]. Schon *Max Weber*[42] hat den Begriff des *Herrschaftsverbandes* im allgemeinen folgendermaßen definiert: „Ein Verband soll insoweit, als seine Mitglieder als solche Kraft geltender Ordnung Herrschaftsbeziehungen unterworfen sind, Herrschaftsverband heißen[43]."

Als ein *„System von sozialen Rollen"* ist der Industriebetrieb zunächst auf den ökonomischen Zweck der Güterproduktion orientiert und durch ein System technischer Mittel struktuiert[44]. Betriebszweck und technische Mittel führen zur Arbeitsteilung und Funktionalisie-

---

[35] *Dahrendorf* (I), 102.

[36] *Drucker,* Gedanken für die Zukunft, 1951, 101.

[37] *Michel,* Sozialgeschichte der industriellen Arbeitswelt, 1953, 115.

[38] *Drucker,* Gesellschaft am Fließband — eine Anatomie der industriellen Ordnung, 1949/50, 15.

[39] *Drucker* (II), 83.

[40] So *Dahrendorf* (I), 58.

[41] Vgl. dazu statt vieler *Fürstenberg,* 111; *Dahrendorf* (I), 45; *Neuloh,* Der neue Betriebsstil, 1960, 304, scheint dies zu verkennen.

[42] *Weber,* Wirtschaft und Gesellschaft, 1964, 38.

[43] Unter Herrschaft, die ein Sonderfall der Macht ist, versteht man die „Chance für einen Befehl Fügsamkeit zu finden"; so *Weber,* 38.

[44] Vgl. dazu oben S. 20.

rung, was die Entstehung entsprechender Arbeitsplätze bedeutet, mit denen besondere Verhaltens- bzw. Rollenerwartungen verbunden sind[45]. Diese *Funktions- und Rollendifferenzierung* der Betriebsstruktur *(Funktionale Organisation)* kennt grundsätzlich keine *Über-* oder *Unterordnungsorganisation*[46]. Die Verwirklichung des Betriebszwecks erfordert aber *ein System funktionaler Koordination,* dem eine *autoritäre Hierarchiestruktur* zugrundeliegt[47] *(Skalare Organisation).* Funktionale und skalare Organisation setzen die sog. *Formelle Organisation* zusammen[48]. Die Aufgliederung der Betriebsangehörigen in Planende und Ausführende, in Befehlende und Gehorchende bildet das wesentliche Merkmal dieser Organisationsform[49]. Diese *Dichotomie* erfordert die Existenz eines *Systems sozialer Kontrolle,* daß ein Minimum von Anpassung und Gehorsam der Betriebsangehörigen erzwingt und jedes von der Verfolgung des Betriebszweckes abweichende Verhalten sanktioniert[50]. Der die Herrschaftsstruktur des Industriebetriebes manifestierenden organisatorischen Dichotomie liegt der betriebsbezogene *Interessengegensatz* zwischen abhängigen *Arbeitnehmern* und einem über den Organisations- und Steuerungsapparat verfügenden *Arbeitgeber* zugrunde[51]. Diese nicht zu leugnende Tatsache darf jedoch nicht einer zusätzlichen, sekundären, atypischen, potentiellen Herrschaftsursache den wissenschaftlichen Blick versperren. So paradox dies klingen mag, sie besteht in der *Struktur* des arbeitnehmerischen Repräsentationskollektivs, des *Betriebsrates*[52] in seiner Eigenschaft als *Komponente der formellen Organisation des Industriebetriebes*[53].

---

[45] *Dahrendorf* (I), 61; *Burisch,* 82 f.

[46] *Burisch,* 86.

[47] *Dahrendorf* (I), 63; *Burisch,* 86 ff.

[48] *Dahrendorf* (I), 61 ff.

[49] Vgl. dazu *Burisch,* 93 ff.

[50] So *Reichwein,* Funktionswandlungen der betrieblichen Sozialpolitik, 1964, 56.

[51] So auch *Söllner,* RdA 1968, 437.

[52] Vgl. dazu *Rüthers,* Betriebsverfassungsrechtliches Mitbestimmungsrecht und Individualbereich, 1970, der erstmalig anhand praktischer, problemgebundener Beispiele die Möglichkeit der Entstehung einer *Konfliktsituation zwischen Betriebsrat und einzelnen Arbeitnehmern* untersucht, die eine *funktionswidrige* Ausübung der Mitbestimmungsbefugnisse auslösen könnte. Dieses hoch aktuelle Problem stellt im Grunde einen Sonderfall des Fragenkomplexes dar, den die einem Kollektiv innewohnenden Verselbständigungstendenzen und die daraus zu befürchtende Bedrohung seines Mitgliedes aufwirft. Vgl. dazu *Briefs,* in: „Hochland", Jahrgang 51, 1958, 59; *Willgerodt,* in: Mitbestimmung-Ordnungselement oder politischer Kompromiß, 1971, 15; *Burisch,* 146 f.

[53] So *Burisch,* 91 f.; vgl. dazu auch *Schlesky,* in: Gehlen - Schlesky, Soziologie, 1955, 185, der davon im Hinblick auf die Funktion des Betriebsrates spricht, daß „eine dualistische Autoritätsstruktur zur hierarchischen Grundverfassung des modernen Betriebes" werde.

C. Die Gefährdung der Menschenwürde des einzelnen Arbeitnehmers im Betrieb

Abgesehen vom Streit[54] zwischen der *„Vertragstheorie"* und der *„Eingliederungstheorie"* hinsichtlich der Begründung des Arbeitsverhältnisses kann man die Tatsache nicht verkennen, daß die *Abhängigkeit des Arbeitnehmers erst durch dessen Eingliederung* in die *fremdbestimmte* Betriebsordnung und -organisation ihre wahre *herrschaftsbedingte* Gestalt annimmt[55].

Diese Abhängigkeit des Arbeitnehmers von der *sozialen* und *wirtschaftlichen* Macht des Arbeitgebers zur Betriebsgestaltung führt zwangsläufig dazu, daß er im betrieblichen Alltag durch Regeln und Direktionen permanent gesteuert wird[56] und daß sich in dieser Art von Verwaltung *Weber*[57] zufolge die Herrschaft eigentlich und nur wenig verschleiert manifestiert.

Diese Verstrickung des einzelnen Arbeitnehmers in die Organisations und Produktionsapparaturen eines fremdbestimmten Arbeitsprozesses, in dem die sachlichen Anforderungen wegen der weitgehenden Spezialisierung und Arbeitsteilung immer größer werden, in dem die zunehmende Rationalisierung, Mechanisierung und Automatisierung das *Persönliche* ausschalten und durch *anonyme* maschinelle Prozeßabläufe ersetzen, birgt die Gefahr in sich, daß die besondere *persönliche Situation* des Arbeitnehmers, seine *Individualität* und seine *Menschenwürde* nicht berücksichtigt oder sogar verletzt werden kann[58].

---

[54] Vgl. dazu *Nikisch*, Arbeitsrecht, 1961, (I), 172 ff.; *Hueck - Nipperdey*, Grundriß 1970, 44 ff.; *Wiedemann*, Das Arbeitsverhältnis als Austausch- und Gemeinschaftsverhältnis, 1966, 4 f.; *Herschel*, RdA, 1968, 403; man kann sagen, daß dieser Streit heute an Schärfe und Beharrlichkeit verloren hat, nachdem die Eingliederungstheorie in ihrer alten Form überwunden ist; so richtig *Söllner*, Arbeitsrecht, 209.

[55] Vgl. *Söllner* (VI), 437; auch *Richardi*, Kollektivgewalt und Individualwille bei der Gestaltung des Arbeitsverhältnisses, 1968, 114 f., der von Abhängigkeit des Arbeitnehmers „auf dem Arbeitsmarkt" und „bei der Betriebsgestaltung" spricht.

[56] Vgl. *Söllner* (VI), 437; vgl. auch *Adomeit*, Rechtsquellenfragen im Arbeitsrecht, 1969, 99 f., der aber den Sinn der Abhängigkeit rein juristisch versteht.

[57] *Weber*, 160 ff.

[58] Vgl. *Söllner* (VI), 438; *Schmidt*, AcP 162 (1963), 307; *Friedmann*, Zukunft der Arbeit, Perspektiven der industriellen Gesellschaft, 1953, 133, 210. Die Menschenwürde wird erst dann verletzt, wenn ein *Über- und Unterordnungsverhältnis willkürliche Dimensionen annimmt;* vgl. dazu *Maihofer*, Rechtsstaat und Menschenwürde, 1968, 15 f. Eine Verletzung der Menschenwürde läge beispielsweise dann vor, wenn der Arbeitgeber — einseitig oder mit der Zustimmung des Betriebsrates — die Überwachung des Arbeitnehmers bei der Arbeit durch Fernsehkameras einführte; so richtig *Rüthers*, JZ 1970, 628 f.; dabei handelt es sich um einen unzulässigen Eingriff in das Recht des Arbeitnehmers am eigenen Bilde; so *Wiese*, ZfA 1971, 284 f.

Der in den heteronomen Produktionsprozeß eingeordnete Arbeitnehmer ist ständig einer weitgehenden Funktionalisierung und Anonymisierung ausgesetzt[59], die die den betrieblichen Produktionsverhältnissen innewohnenden *Entfremdungsmomente*[60] begünstigen und den Menschen auf einen bloßen „Leistungsfunktionär" herabsetzen[61].

Als Folge darüber hinaus der zunehmenden Rationalisierung und Automatisierung sowie der Arbeitsteilung ist die Umwandlung des Arbeitsplatzes in eine „fragwürdige Größe"[62] anzusehen. Dies kann aber direkt die Existenzsicherheit und damit die Menschenwürde des Arbeitnehmers gefährden[63].

D. Der Schutz des Arbeitnehmers als der Leitgedanke des modernen Arbeitsrechts

„Das Arbeitsrecht hat stets dem Schutze des Arbeitnehmers gedient[64]." In dem Postulat der *Unantastbarkeit der Menschenwürde*, das

[59] *Söllner* (VI), 438; *Schmidt* (III), 307 f.; *Rüthers*, Arbeitsrecht und politisches System, 1973, 14.

[60] *Neumann-Duesberg*, Betriebsverfassungsrecht, 53 f.; *Schmidt* (III), 307; über den Begriff der Entfremdung siehe neuerdings die umfassende Untersuchung von *Israel*, Der Begriff der Entfremdung, 1972; *Forsthoff*, Staat und Bürger in der modernen Industriegesellschaft, 1965, 23, in Anlehnung an den berühmten hegelschen *„Entfremdungsparagraphen"* (*Hegel*, Grundlinien der Philosophie des Rechts, Suhrkamp Verlag 1970, 352) führt die Entfremdung des Arbeitnehmers nicht auf die heteronome und herrschaftliche Struktur des Industriebetriebes, sondern nur auf „anonyme Apparaturen oder Funktionen mit immanenten Mechanismen" zurück. *Forsthoff* scheint zunächst die Relation zwischen *Objektivierung* der Arbeit (Ursache), die die Abstrahierungs- und Partikularisierungsprozesse der menschlichen Bedürfnisse und seiner Befriedigungsmittel auslöst, und der daraus resultierenden *Arbeitsteilungsnotwendigkeit* (Wirkung), was bei Hegel deutlich zum Ausdruck kommt, zu verwechseln. Daß die Funktionalisierung und die Anonymisierung als Folgen der Arbeitsteilung eine *zusätzliche Entfremdungsgefahr* mit sich bringen, steht außer Zweifel. Man darf jedoch nicht aus dem Blick verlieren, daß gerade da die Entfremdung erst produziert wird, *wo Befehl und Gehorsam, d. h. Macht ausgeübt wird.* Dies findet aber nicht in der funktionalen, sondern in der *skalaren* Organisation des Betriebes statt. Nach alldem erweist sich die Auffassung *Forsthoffs* als unhaltbar und ist daher abzulehnen.

[61] Vgl. dazu *Mayer*, in: Zeitschrift für Betriebswirtschaft Nr. 12/1952, 678; *Freyer*, in: Akademie der Wissenschaften und Literatur in Mainz 1960, 1 - 7, 550.

[62] So richtig *Söllner* (IV), 438.

[63] Daß die Gewährung der Menschenwürde die Hauptaufgabe des Gesetzgebers und die zentrale Idee unserer freiheitlichen und sozialen Rechtsordnung bildet, läßt sich nach der verfassungsrechtlichen Entscheidung der Art. 1 Abs. 1 und 2 Abs. 1 i. V. mit Art. 20 GG nicht bezweifeln; vgl. dazu auch *Maunz - Dürig*, GG Randnr. 18 zu Art. 1 Abs. 1 GG; Das BVerfG, BVerfGE, 5, 204 betrachtet den Menschen als *„eine mit der Fähigkeit zur eigenverantwortlichen Lebensgestaltung begabte Persönlichkeit"*.

[64] *Wiese*, 273; vgl. auch *Zöllner*, RdA 1969, 65.

im Art. I, Abs. 1 GG verankert ist, ist die „Idee des Arbeitsrechts“ schlechthin gegründet[65]. Der Anerkennung *„personaler Elemente“* des Arbeitsverhältnisses, der Ausprägung einer umfangreichen *„Fürsorgepflicht“*, dem im § 315 BGB verankerten Grundsatz des *billigen Ermessens* sowie dem *Gleichbehandlungspostulat* liegt dieselbe Schutzidee zugrunde[66].

Was darüber hinaus das kollektive Arbeitsrecht anbelangt, braucht man nur einen Blick in seine Entstehungsgeschichte zu werfen, um seine entscheidende *Schutzfunktion* feststellen zu können[67].

Rechtsinstitute, die als Selbstverständlichkeiten des kollektiven Arbeitsrechts gelten, wie *Koalitionsfreiheit, Arbeitskampfwesen, Schlichtungswesen, Tarifvertrag* und *Betriebsvereinbarung*, um die wichtigsten zu erwähnen, sind durchaus von dem Gedanken des Schutzes des Arbeitnehmers durchtränkt[68].

Abgesehen vom Betriebsverfassungsrecht sieht man den gemeinsamen Nenner aller dieser Rechtsinstitute darin, „daß sie im Streitfall allein im nachhinein durch richterliche Entscheidung wirksam werden können“[69].

E. Die sozialpolitische und rechtliche Funktion der Betriebsverfassung

Die *Strukturwandlungen* unserer hochindustrialisierten Gesellschaft und die darin eingeschlossenen Gefahren[70] bewirken notwendigerweise eine *Erweiterung* des traditionellen Blickwinkels unter dem die *„soziale Frage“* betrachtet und untersucht wurde. Die Erreichung eines angemessenen Lohnes, die Gewährleistung sozialer Leistungen oder die Verbesserung des Betriebsklimas allein sind objektiv nicht mehr in der Lage den Arbeitnehmer aus seiner *Objektstellung* herauszunehmen und zur selbstverantwortlichen, menschenwürdigen Daseinsgestaltung zu verhelfen[71]. Dies ist erst durch eine weitgehende Ersetzung der im

---

[65] *Nipperdey*, Die Grundrechte Bd. I (1954), 23.

[66] Vgl. statt aller *Söllner* (IV), 438.

[67] Darüber siehe *Söllner*, (I), 18 ff. und *Dietz*, Freiheit und Bindung im kollektiven Arbeitsrecht, 1957, insbes. 15 ff.

[68] Vgl. *Hueck - Nipperdey*, Grundriß des Arbeitsrechts, 158 ff.

[69] *Söllner* (VI), 438. Wenn z. B. ein Arbeitnehmer sich vor einer seine Menschenwürde tangierenden Verletzung des Gleichbehandlungsgrundsatzes schützen will, so kann er sich auf diesen Grundsatz nur *a posteriori* vor Gericht berufen. Andererseits wird ein Arbeitnehmer nicht so leicht eine Klage gegen seinen Arbeitgeber erheben; dazu *Söllner* (VI), 438.

[70] Dazu vgl. oben S. 20 ff.

[71] Ebenso *Gester*, Die betriebsverfassungsrechtliche Stellung von Belegschaft und Betriebsrat, 1958, 27 f.; *Maier*, Interdependenz zwischen Mitbestimmung und betrieblicher Partnerschaft, 1969, 48 ff.; *Isele*, RdA 1962, 374; *Rüthers* (III), 15, 161.

Betrieb herrschenden Heteronomie durch Autonomie effektiv möglich, was eine Einschränkung der persönlichen, sozialen und wirtschaftlichen Gestaltungsbefugnisse des Arbeitgebers innerhalb des Betriebes bedeutet[72]. Es handelt sich mit anderen Worten um die durch *Institutionalisierung* des Mitbestimmungsgedankens Realisierung des sozialethischen Postulates nach *Subjektivierung des Menschen*[73].

Der *Rechtsstaat* in der Bundesrepublik Deutschland, der auf den Prinzipien der *Unantastbarkeit der Menschenwürde* (Art. I Abs. 1 GG) *der freien Entfaltung der Persönlichkeit* (Art. 2 Abs. 1) und der *Sozialstaatlichkeit* (Art. 20, 28 GG) basiert, sieht in der Anerkennung und Gewährleistung der sogenannten *„sozialen Selbstverwaltung“* die Erfüllung seiner fundamentalen Aufgabe und findet seine sozial-ethische Existenzberechtigung[74]. Gerade im Rahmen des Betriebs erweist sich die *Idee der Kollektivautonomie* als der elementare Garant der Menschenwürde[75]. Das, was die oben erwähnten auf den Schutz des Arbeitnehmers ausgerichteten Institute des Arbeitsrechts nicht zu erreichen vermögen, d. h. *vorbeugend* einer konkreten Gefährdung der Menschenwürde *wirksam entgegenzutreten*, kann im Rahmen des Betriebsverfassungsrechts kraft der der Arbeitnehmerschaft verliehenen und durch den Betriebsrat auszuübenden *Mitbestimmungsbefugnisse* erzielt werden[76]. Gerade die Wahrnehmung und Erfüllung dieses Schutzgedankens im Bereich des Betriebes war Motivation und Zielvorstellung der Betriebsverfassung[77].

---

[72] Vgl. dazu neuerdings *Löwisch*, in: Mitbestimmung — Ordnungselement oder politischer Kompromiß, 1971, 131 ff.; ähnlich schon *Neumann-Duesberg* (I), 57 ff.; so auch *Strasser*, Die Betriebsvereinbarung, 1957, 18 ff.; *Adomeit* (II), 142 ff.

[73] *v. Nell-Breuning*, Streit um Mitbestimmung, 1968, 40 ff.; *Lieser*, Der Mensch im Mittelpunkt? Thesen und Dokumentation, 1971, 13.

[74] So auch *Gester* (I), 28.

[75] Vgl. *Müller*, G., DB 1970, 1078.

[76] So *Söllner* (VI), 438; ders., Einseitige Leistungsbestimmung im Arbeitsverhältnis, 1966, 66; *Müller*, G. (III), 3; *Rüthers*, JZ 1970, 628; vgl. dazu neuerdings *Simitis*, in: Simitis - Weiss, DB 1973, 1241, am Beispiel des Mitbestimmungsrechts bei Kurzarbeit nach § 87 Abs. 1 Nr. 3 BetrVG.

[77] Vgl. *Hueck - Nipperdey*, Lehrbuch des Arbeitsrechts, 7. Aufl., II/2, 1962 (1065); *Söllner* (VI), 439 f.; *Schmidt* (III), 309; *Rüthers* (VI), 14 f., 31 f.; *Neumann-Duesberg*, Betriebsverfassungsrecht, 53 (79); in den Normen des § 75 des neuen BetrVG, die dem Betriebspartner die Aufgabe stellen, „darüber zu wachen, daß alle im Betrieb tätigen“ Personen nach den Grundsätzen von Recht und Billigkeit behandelt werden“, sowie die freie Entfaltung der Persönlichkeit der Arbeitnehmer zu schützen und zu fördern, manifestiert sich die überwiegende Schutzfunktion der Betriebsverfassung; über die Funktion und Bedeutung des § 75 Abs. 2 BetrVG siehe neuerdings *Löwisch*, AuR 1972, 359 ff. Abgesehen von obigem Paragraphen tragen die zum ersten Mal dem einzelnen Arbeitnehmer zugewiesenen Mitwirkungs- und Beschwerderechte (§§ 81 - 86 BetrVG), wie auch die Erweiterung und Verstärkung der kollektiven Mitbestimmungsrechte den andernorts aufgezeigten Verdinglichungsgefahren besondere Rechnung und bestätigen die Notwendig-

Die Mitbestimmung dient also dem wichtigsten Gestaltungsziel des modernen Arbeitsrechts, den Schutz des Arbeitnehmers zu verstärken[78], und trägt entscheidend dazu bei, den Rahmen einer „größtmöglichen Arbeitsautonomie im Betrieb“[79] zu schaffen, damit der Arbeitnehmer den ihm drohenden Entfremdungsgefahren effektiv begegnen kann[80].

Das oben Angeführte möchte zumindest angedeutet haben, wie wichtig und aktuell eine besondere Berücksichtigung der vielfältigen Gefahren ausgesetzten Menschenwürde im Betrieb zur Deutung, Auslegung und Untersuchung Betriebsverfassungsrechtlicher Probleme ist. Unter diesem Blickwinkel wird in den folgenden Ausführungen der Versuch unternommen werden, das eigentlich die Menschenwürde tangierende betriebsverfassungsrechtliche Problem der *Regelungsbefugnis* der Betriebspartner zu untersuchen und insbesondere die *Inhaltsgrenzen* dieser kollektivrechtlichen Regelungsmöglichkeiten zu ziehen.

---

keit der sozialen Funktion des Rechts in unserer Industrie- und Massengesellschaft; vgl. dazu die Begründung des neuen BetrVG in: Drucksache VI/1786, 31 ff., insbes. 46 ff.

[78] *Hueck - Nipperdey*, 1062; vgl. dazu *Rüthers* (VI), 15; *Simitis*, DB 1973, 1241 f.

[79] *Neumann-Duesberg* (I), 55.

[80] Vgl. dazu *Söllner* (VI), 438; *Isele* (I), 374; *Rüthers* (III), 141.

Zweiter Abschnitt

Die Regelungsbefugnis der Betriebspartner

A. Die Herkunft der betriebsverfassungsrechtlichen Gestaltungsmacht

I. Allgemeines

Es wurde andernorts angedeutet, daß die Mitbestimmungsrechte der Arbeitnehmer die Realisierung des Grundsatzes der „sozialen Selbstverwaltung"[1] auf betrieblicher Ebene darstellen. Dieses fundamentale Prinzip, das die gesamte Arbeits- und Sozialordnung durchzieht, ist durch das Verfassungspostulat der Sozialstaatlichkeit (Art. 20 und 28 GG) *institutionell* garantiert[2]. Seine Funktion, die primär durch die „Selbstgesetzgebung" der Sozialpartner, d. h. durch die *selbstverantwortliche* Regelung ihrer Angelegenheiten sich verwirklicht[3], ist an der Leitidee der *demokratischen* und *freiheitlichen* Rechtsordnung, dem *Schutz der Menschenwürde* und der *Gewährleistung der freien Entfaltung der Persönlichkeit* orientiert[4] (Art. 1 Abs. 1 und 2 Abs. 1 GG).

Im Rahmen dieser *„Kollektivautonomie"*[5] sind die Tarif- und die Betriebspartner befugt, innerhalb ihres Zuständigkeitsbereiches die Arbeitsbedingungen sowie die betriebliche Ordnung *normativ*, d. h. unmittelbar und zwingend zugunsten der Arbeitnehmer zu gestalten

[1] Über die Bedeutung und die Funktion dieses Grundsatzes siehe *Rüthers*, Streik und Verfassung, 1960, 65 f.; *Richardi*, Kollektivgewalt und Individualwille, 1968, 1 f.; *Hinz*, Tarifhoheit und Verfassungsrecht, 1971, 148 ff. Dieser Begriff als mehr rechtssoziologisch geprägt erweist keinen großen rechtsdogmatischen Erklärungswert; ebenso *Richardi* (I), 2 und *Adomeit*, Rechtsquellenfragen im Arbeitsrecht, 1969, 132 f.

[2] Vgl. dazu *Hueck - Nipperdey*, Lehrbuch (III), 41 ff.; *Dütz*, JuS 1972, 687 f.; auf dieses Problem wird an anderer Stelle (siehe darüber unten 2. Abschnitt, A. V.) des Näheren eingegangen.

[3] Vgl. dazu statt aller *Hueck - Nipperdey* (III), 27 f.

[4] Ebenso *Gester*, Die betriebsverfassungsrechtliche Stellung von Belegschaft und Betriebsrat, 1958, 27 ff.

[5] Der Begriff „Kollektivautonomie" wird als Synonym zum Begriff „soziale Selbstverwaltung" benutzt; vgl. dazu *Hueck - Nipperdey* (III), 27 f.; *Gester* (I), 27 ff.

(§§ 4 Abs. 1 TVG und 77 Abs. 4 BetrVG). Die dem Kollektivpartner vom Gesetzgeber zur Verwirklichung ihrer Aufgaben zugewiesenen *Gestaltungsmittel* sind der *Tarifvertrag* und die *Betriebsvereinbarung*. Obwohl die Betrachtung dieser Gesamtvereinbarungen als *Quellen objektiven Rechts* als eine Selbstverständlichkeit des modernen Kollektivarbeitsrechts gilt[6], besteht noch keine Einigkeit hinsichtlich der Frage nach der Begründung der Normsetzungsmacht der Kollektivpartner[7].

Angesichts des Untersuchungsgegenstandes der vorliegenden Arbeit beschränkt sich die Auseinandersetzung mit der anstehenden Frage auf die betriebsverfassungsrechtliche Gestaltungsmacht. Man darf jedoch dabei die zwischen Tarifvertrag und Betriebsvereinbarung bestehende *soziale und rechtliche funktionelle Ähnlichkeit und Konvergenz*[8], die mit Recht die Lehre zur Annahme einer *teleologischen Einheit* des Gesamtvereinbarungsrechts geführt hat[9], keineswegs aus den Augen verlieren. Im Rahmen dieser rechtsdogmatischen und teleologischen Einheit läßt sich der bei der Beantwortung der hier gestellten Frage beschrittene Weg einer allgemeinen, beide Rechtsinstitute erfassenden Untersuchung nicht nur unschwer rechtfertigen; er erweist sich vielmehr als *erkenntnistheoretisch, rechtstheoretisch* und *methodisch* unumgänglich.

Zunächst ist zu fragen, ob diese Normsetzungsmacht der Betriebspartner *originären Charakter* hat, den der Gesetzgeber lediglich anerkannt hat, oder ob sie allein durch *staatliche Verleihung* ins Leben gerufen worden ist. Eine derartige Fragestellung setzt voraus, daß die Vorfrage, ob es neben dem Staat auch andere, *nichtstaatliche, naturgegebene Rechtsetzungsmächte* gibt oder nicht, bereits geklärt ist[9a].

---

[6] Vgl. dazu statt aller neuerdings *Säcker*, ZfA Sonderheft Mai 1972, 49 ff.

[7] Über den gegenwärtigen Stand der Meinungen vgl. vor allem *Bickel*, ZfA 1971, 181 ff.

[8] Dazu vgl. statt vieler *Strasser*, Die Betriebsvereinbarung, 18; als der wichtigste Ausfluß dieser *funktionellen Homogenität* ist wohl die *Unabdingbarkeit* der Bestimmungen sowohl des Tarifvertrages als auch der Betriebsvereinbarung anzusehen; sie soll die durch das Versagen der Vertragsfreiheit bei der Gestaltung des Arbeitsverhältnisses zerstörte Gleichberechtigung der Arbeitsvertragsparteien wiederherstellen; dazu vgl. *Säcker* (X), 53.

[9] Vgl. dazu statt vieler *Hueck - Nipperdey* (IV), Nachtrag, 1668 ff.; *Säcker*, Gruppenautonomie und Übermachtskontrolle im Arbeitsrecht 1972, 344. Diese teleologische Einheit lehnt praktisch *Richardi* (I) ab, 297, 309 ff.; 316 ff.; (ähnlich, aber nicht so weitgehend *Canaris*, AuR 1966, 139 f. und *Biedenkopf*, Grenzen der Tarifanatomie, 1964, 297 ff.;) indem er der Betriebsvereinbarung einen *korporativen Zwangscharakter* beimißt und daher die von ihr vorgenommene Regelung materieller Arbeitsbedingungen als unzulässig erklärt. Über die gebrechliche Basis der Argumentation *Richardis* wird andernorts (unten 3. Abschnitt, A. III.) ausführlich gesprochen.

[9a] Ähnlich *Strasser*, 144.

Denn: Erwiesen sich solche außerstaatlichen Regelungsmächte als mit der Struktur unserer Rechtsordnung unvereinbar, dann wäre die obige Frage überflüssig. Hätten wir dagegen die *Monopolstellung des Staates* angezweifelt, verbindliche Rechtsnormen zu setzen, so wäre zu untersuchen, inwieweit und unter welchen Bedingungen eine originäre Normsetzungsmacht zulässig sein könnte. Damit wären wir zur Frage gelangt, ob die betriebsverfassungsrechtliche Regelungsmacht die *strukturnotwendigen Merkmale* einer solchen selbständigen Macht aufweisen könnte oder nicht[10]. In diesem Punkt scheint es methodisch geboten, vor der Frage nach der Existenz eines staatlichen Rechtsetzungsmonopols, in Kürze den *Autonomiebegriff* zu klären. Denn manche Autoren meinen, daß dieser Begriff schon die Eigenständigkeit der durch ihn bezeichneten Rechtsmacht *impliziert*[11].

II. Klärung des Autonomiebegriffes

Das Wort *„Autonomie“* ist als Rechtsbegriff vieldeutig und löst des öfteren in der wissenschaftlichen Auseinandersetzung eine solche Verwirrung aus, daß sein *rechtsdogmatischer Erklärungswert* für die uns hier angehende Problematik als recht fragwürdig erscheint. Nicht selten weiß man nicht, in welchem Sinn ihn ein Autor verwendet[12]. *Strasser*[13], *Zöllner*[14] und neuerdings *Adomeit*[15] sind zum Ergebnis gelangt, daß fast jeder Autor diesem Begriff eine *unterschiedliche Bedeutung* beimißt. Allerdings ist in diesem Rahmen keine umfassende Katalogisierung der Nuancierungen dieses Begriffes in der Rechtswissenschaft erforderlich. Die folgenden Ausführungen sollen ermitteln, ob und inwieweit dieser Begriff zur *Klärung* der Normsetzungsbefugnis der Kollektivpartner beitragen kann.

1. Im *Wortsinne* bedeutet „Autonomie“[16] „Handeln nach eigenen Regeln“[17]; d. h. im Rechtssinne *„Selbstgesetzgebung“*[18], also die Macht einer nichtstaatlichen Menschengemeinschaft ihre Angelegenheiten ver-

[10] Vgl. dazu auch *Strasser*, 144.

[11] So z. B. unter anderen *Schnorr*, JR 1966, 327 ff. und *Galperin*, in: Festschrift für Molitor, 1962, 143 ff.

[12] Vgl. dazu *Adomeit* (II), 128 f.; *Nebinger*, Verwaltungsrecht Allg. Teil, 2. Aufl., 181, sieht sich zur Feststellung veranlaßt, daß auf diesem Gebiet eine „verheerende Unsicherheit“ herrsche.

[13] *Strasser*, 148 f.

[14] *Zöllner*, Die Rechtsnatur der Tarifnormen nach Deutschem Recht, 1966, 13 ff.

[15] *Adomeit* (II), 128 ff.; vgl. auch *Hinz*, 148.

[16] Auf griechisch αὐτονομία; dies läßt sich wörtlich als *„Selbst-Gesetzgebung“* übersetzen.

[17] *Galperin* (III), 143.

[18] Vgl. dazu *Bogs*, RdA 1956, 2.

bindlich zu regeln[19]. Darüber, ob diese Regelungsmacht *originär* oder vom Staate *übertragen* ist, vermag der so verstandene Autonomiebegriff nichts Zuverlässiges auszusagen[20], so daß in der Lehre diametral entgegengesetzte Auffassungen vertreten werden[21].

2. Autonomie kann auch als eine Normsetzung verstanden werden, *„bei der eine enge Verbindung zwischen ihrem Urheber und den Regelungsadressaten besteht"*[22].

Enger formuliert bedeutet diese Autonomie eine *Beteiligung* der Normunterworfenen *an der Normschöpfung*[23]. In diesem Sinne setzt sich die Autonomie der *Heteronomie* entgegen[24]. Dieser Autonomiebegriff läßt sich in *unmittelbare* und *mittelbare* Autonomie unterscheiden. Die *Identität* von Normschöpfer und Normunterworfenen bzw. die bloße *Zurückführbarkeit* der Zuständigkeit des Normurhebers auf den Willen des Normadressaten entscheidet, ob die Autonomie unmittelbar oder mittelbar ist[25].

Obwohl diesem Autonomiebegriff aufgrund seiner *Geeignetheit* zur Beschreibung und zur Kritik der Rechtsordnung große Bedeutung zuzusprechen ist[26], läßt er die Frage nach seiner Herkunft unbeantwortet. Denn er setzt die Geltung einer von ihm beschriebenen Regelung voraus[27].

3. Darüber hinaus kann unter Autonomie die den Trägern der Regelungsmacht gegebene *Garantie* verstanden werden, *diese Befugnis zu behalten*[28]. Diese Autonomie steht allerdings unter dem steten Vorbehalt einer eventuellen Aufhebung durch Gesetz oder Verfassung, je

---

[19] *Bogs* (I), 2; *Reuss*, AuR 1958, 321.

[20] Ebenso zutreffend *Adomeit* (II), 129.

[21] Vgl. z. B. die Ausführungen von *Reuss*, 321 ff., der das Recht auf Autonomie nicht als originäres sondern als vom Staate verliehenes charakterisiert im Gegensatz zu *Schnorr* (II), 328 ff., der die Autonomie als einen „aus der staatlichen Rechtsetzung ausgeklammerten Bereich originärer Regelungsbefugnisse" betrachtet; *Hinz*, 191 Fußn. 19 scheint einen mittleren Weg zu gehen, wenn er eine „delegierte Autonomie" für möglich hält; vgl. dazu auch *Rehbinder*, JR 1968, 169; ähnlich *Strasser*, 149.

[22] *Adomeit* (II), 130; vgl. dazu schon *Kelsen*, Reine Rechtslehre, 1934, 107.

[23] *Zöllner* (II), 16; *Adomeit* (II), 130.

[24] *Strasser*, 149; *Adomeit* (II), 130.

[25] *Adomeit* (II), 131.

[26] Dies zeigt sich unter anderem dadurch, daß der Notwendigkeitsgrad der Unterwerfung einer Regelung unter eine *gerichtliche Billigkeitskontrolle* sich nach dem jeweils bei ihrem Zustandekommen herrschenden autonomen bzw. heteronomen Moment richtet; die ganze Entwicklung des Kollektivarbeitsrechts läßt sich durch ein unaufhörliches *Spannungsverhältnis* zwischen Autonomie und Heteronomie kennzeichnen, wobei eine weitgehende *Verdrängung* von heteronomen Regelungen zugunsten der autonomen zu bemerken ist, wie die Realisierung der Mitbestimmung zeigt; vgl. dazu *Adomeit* (II), 131; *Gester* (I), 27 ff.; *Bogs* (I), 2; *Rüthers* (I), 65 ff.

[27] So zutreffend *Adomeit* (II), 132.

[28] *Adomeit* (II), 132.

nach dem Garantiegrund. Ihre Funktionsfähigkeit ist nur dann gesichert, wenn die Ermächtigungsnorm und die Garantienorm auf verschiedenen Stufen beruhen, wie der Fall beim *Tarifvertrag* ist. Diese Autonomiedeutung indiziert schon die *etatistische* Herkunft der Rechtsetzungsmacht[29].

4. Schließlich kommt noch ein Autonomiemodell in Betracht, das wegen seiner großen Bedeutung für die *Dogmatik* des Kollektivarbeitsrechts[30] eine besondere Unterstreichung verdient. Es geht auf die *Genossenschaftstheorie Otto v. Gierkes* zurück. Dabei wird davon ausgegangen, daß „das Recht eine Manifestation des menschlichen Gemeinlebens nicht des Einzellebens ist“[31]. Nur der Gemeingeist, der in der Gemeinüberzeugung und dem Gemeinwillen wurzele, könne Recht erzeugen[32]. In diesem Sinne mißt *Gierke* den Verbänden eine *originäre Regelungsmacht* bei[33]. Dieser Autonomiebegriff bezieht sich *im Unterschied* zum vorangegangenen nicht auf die Stellung des Regelungsadressaten, sondern auf die Stellung des *Rechtserzeugers* und fragt nach dessen Unabhängigkeit[34]. Deshalb ist dabei irrelevant, ob eine freiwillige Unterwerfung oder eine Eingliederung des Normadressaten in einen Zwangsverband vorliegt oder nicht. Von Bedeutung ist allein, daß überhaupt ein von der Rechtsordnung *anerkannter Verband* vorhanden ist[35].

Diese Theorie hat das Kollektivvertragsrecht stark beeinflußt, indem sie der sozialen Autonomie *rechtserzeugende* Kraft zuschreibt[36]. Ihr großes Verdienst liegt darin, daß sie auf die *Gesellschaftsbezogenheit* des Rechts und die entscheidende Rolle der *sozialen Selbstbestimmung* hingewiesen hat[37, 38]. Dieser Aspekt ist zwar für die *rechtstheoretische* Arbeit sehr wichtig; er vermag jedoch keinen *rechtlich bindenden* Maßstab zu bieten[39]. Man darf allerdings die *„selektive“*[40] Haltung der

---

[29] So richtig *Adomeit* (II), 132.

[30] Siehe insbes. die kritischen Bemerkungen *Richardis* (I), 13 ff.

[31] *v. Gierke*, Deutsches Privatrecht, 1895, Bd. I, 119.

[32] *v. Gierke*, 119.

[33] *v. Gierke*, 142.

[34] Dies bemerkt richtig *Adomeit* (II), 134.

[35] *v. Gierke*, 486.

[36] Vgl. dazu *Sinzheimer*, Grundzüge des Arbeitsrechts, 1927, 48 ff.; *Kaskel*, Arbeitsrecht, 1928, 19 f.; *Nipperdey*, Beiträge zum Tarifrecht, 1924, 138 ff.; *Richardi* (I), 15 ff. mit weiteren Nachweisen.

[37] So richtig *Adomeit* (II), 134; *Richardi* (I), 15 ff.; *Hinz*, 150 f.

[38] Schon aber *Sinzheimer*, Ein Arbeitsgesetz, die Idee der sozialen Selbstbestimmung im Recht, 1916, 181 ff. hat die Notwendigkeit erkannt, die *Kluft* zwischen den gesellschaftlichen Bedürfnissen und den gesetzgeberischen Regelungen durch eine weitgehende Reorientierung des Rechts an die soziale Wirklichkeit zu überbrücken.

[39] *Adomeit* (II), 134 f.; *Rehbinder*, 169.

[40] Über die *Reduktion hoher sozialer Komplexität durch Selektivität* als Funktion des positiven Rechts siehe *Luhmann*, in: Die Funktion des Rechts in der modernen Gesellschaft, Jahrbuch für Rechtssoziologie und Rechtstheorie, 1970, Bd. I, 185 ff.

Rechtsordnung gegenüber sozialer Gegebenheiten oder faktischen Institutionen nicht verkennen[41]. Nur *der Akt der Anerkennung* und nicht die faktische Entwicklung bestimmt die *Zugehörigkeit* eines Institutes zur Rechtsordnung. Dies hat eine Eingliederung der Institution in die staatlichen Sanktionsmechanismen zur Folge und unter Umständen, je nach dem Sinn und Inhalt der Rezeption, entfaltet es eine normative Gestaltungskraft[42].

Die aus dem obigen Explikationsversuch des Autonomiebegriffs gewonnenen Ergebnisse lassen sich folgendermaßen zusammenfassen:

Der Autonomiebegriff weist eine solche, weitgehende *Variabilität* bei seiner jeweiligen Verwendung begünstigende *Vieldeutigkeit* auf, daß sein Erklärungswert höchst fragwürdig erscheint[43]. Dies expliziert seine mehr verwirrende Wirkung in der wissenschaftlichen Diskussion[44]. Je nach Betrachtungsweise und Wunschvorstellung läßt dieser Begriff mehrfach aufgrund formallogischer bzw. entwicklungshistorischer Aspekte — sowie einer Verquickung beider Aspekte — *interpretieren* und *manipulieren*[45].

Es darf nicht die *Genesis* einer Institution, ihr gesellschaftshistorischer Hintergrund mit ihrer *Rechtszugehörigkeit* bzw. mit ihrer *Rechtsverbindlichkeit* verwechselt werden[46]. Daraus folgt, daß die Frage nach dem *Normsetzungsmonopol des Staates* dem Bereich der *Rechtsphilosophie* angehört und auch nur dort gelöst werden kann. Gleichzeitig ergibt sich damit, daß die *rechtsphilosophische Legitimierung* des staatlichen Rechtsetzungsmonopols ohne unmittelbare praktische Bedeutung für das Problem der *Begründung* der Regelungsmacht der Betriebspartner ist[47]. Diese gewinnt es erst, wenn man die Frage, ob der Staat

41 Dazu vgl. die besonders kritischen Bemerkungen *Adomeits*, 53 ff., zur Frage, ob soziale Gewohnheiten den Rang einer Rechtsquelle haben oder nicht. Bei dieser Problematik tritt die Relevanz des Rezeptionsaktes für die *rechtsverbindliche Qualifikation* sehr deutlich zutage.

42 Die Betriebsvereinbarung ist demzufolge Rechtsinstitut, weil sie die Rechte und Pflichten zwischen den Parteien des Arbeitsverhältnisses schafft, die vor Gericht einklagbar und unter Umständen auch vollstreckbar sind. Wie aber die sogenannten Agreements des englischen Tarifwesens zeigen, die jeder rechtlichen Bindung ermangeln, muß dies nicht so sein; vgl. dazu *Adomeit* (II), 136.

43 Ebenso *Zöllner* (II), 20; *Adomeit* (II), 128 f.; *Nebinger*, 181.

44 So vor allem *Nebinger*, 181.

45 Als charakteristische Beispiele dafür bieten sich die Versuche von *Galperin* (III), 143 ff. und *Schnorr* (II), 327 ff., die offensichtlich den Wunsch Vater des Gedankens werden lassen.

46 *Adomeit* (II), 134 f.; *Rehbinder*, 169; *Hinz*, 150 f.; *Säcker*, RdA 1969, 297; a. A. aber *Galperin* (III), insbes. 155, der aus dem *„Abtrotzungsargument“* den originären Charakter der Tarifautonomie herleitet; wie aber *Rehbinder*, 169, dazu mit Recht bemerkt, „widerlegt der Umstand, daß es genetisch die Verbände sind, die das Tarifrecht setzen, keinesfalls die Lehre vom staatlichen Rechtsetzungsmonopol“.

47 Ebenso *Strasser*, 144.

ein Rechtsetzungsmonopol besitzt oder nicht, auf die rechtsdogmatische Basis der verfassungsrechtlichen Ordnung zurückführt[48].

III. Das staatliche Rechtsetzungsmonopol und sein Verhältnis zum Subsidiaritätsgedanken

1. Das Rechtsetzungsmonopol ist eines der grundlegenden Strukturmerkmale des modernen Rechtsstaates. Diese Auffassung hat sich heute nahezu allgemein durchgesetzt[49]. Danach findet alle rechtliche Regelungsbefugnis ihre Grundlage in der staatlichen Verfassung.

Aus der Kombination der Art. 70 ff. *(Verteilung der Gesetzgebungskompetenz zwischen Bund und Ländern)* 30 i. V. mit Art. 70 *(Gesetzgebung als staatliche Befugnis und Aufgabe)* und 80 *(Enge Voraussetzungen für Rechtsverordnungen)* GG läßt sich entnehmen, daß der Staat die Kompetenz zur Gesetzgebung als seine *originäre und ausschließliche Macht* geltend macht[50].

Nach den Vorschriften der §§ 1 Abs. 1, 3 Abs. 2, 4 Abs. 1 TVG und 77 Abs. 3, 4, 87, 88 BetrVG erfolgt nun die kollektivrechtliche Regelung der Individualarbeitsverhältnisse *typischerweise* im normativen Teil der Gesamtvereinbarungen, der nach allgemeiner Ansicht objektives Recht beinhaltet[51]. Unterliegt die Rechtsetzung dem Staatsmonopol, *dann ist jede materielle Normsetzung, d. h. auch die Regelungsbefugnis der Kollektivpartner als vom Staate übertragen anzusehen*[52]. Nicht zu leugnen ist allerdings die Tatsache, daß die „*Kollektivautonomie*“ sich *außerhalb* des Staates, sogar *entgegen* seinem Willen im Wege der *Selbsthilfe* entwickelt und durchgesetzt hat[53]. Dieses „*Abtrotzungsargument*“ spricht dennoch nur für die Genesis der „Kollektivautono-

[48] So im Ergebnis auch *Strasser*, 144; vgl. dazu *Säcker* (VII), 297.

[49] Das gilt offenbar seit Jacobi als ausgemacht; vgl. *Jacobi*, Grundlehren des Arbeitsrechts, 1927, 78 ff.; vgl. *Strasser*, 144; *Sieg*, RdA 1955, 441; *Prost*, NJW 1955, 1464; *Rüthers* (I), 43; *Reuß*, AuR 1958, 321; *Neumann-Duesberg*, RdA 1962, 408; *Säcker* (VII), 297; *Misera*, Tarifmacht und Individualbereich unter Berücksichtigung der Sparklausel, 1969, 12 ff.; *Rehbinder*, 169; *Biedenkopf* (I), 103.

[50] Vgl. dazu *Ridder*, Zur verfassungsrechtlichen Stellung der Gewerkschaften im Sozialstaat nach dem Grundsatz für die Bundesrepublik Deutschland, 1960, 14, 30, 31; *Misera*, 12 ff. Besondere Aufmerksamkeit verdient in diesem Zusammenhang der Art. 74 Ziff. 12 GG, aufgrund dessen der Bund die Rechtsbefugnisse für das Arbeitsrecht einschließlich der Betriebsverfassung beansprucht.

[51] Vgl. dazu oben S. 29.

[52] Ebenso *Misera*, 14; hier kommt es nicht auf die Qualifikation dieser Normsetzung bzw. Ableitungskonstruktion an.

[53] Vgl. dazu *Brecher*, in: Festschrift für Nipperdey, 1965, Bd. II, 32; *Floretta*, in: Floretta - Kafka, Zur Rechtstheorie des kollektiven Arbeitsrechts, 1970, 15 f.; *Adomeit* (II), 136; *Galperin* (III), 155.

mie"; über die rechtsdogmatische Erklärung ihrer Normwirkung sagt es nichts aus[54].

2. Ebensowenig vermag die Heranziehung des *Subsidiaritätsprinzips*[55] haltbare rechtstheoretische Anhaltspunkte für die Begründung der Regelungsbefugnis der Kollektivpartner zu liefern. Dieses Prinzip bedeutet, daß die Gesellschaft dem einzelnen bzw. jeder untergeordneten Gemeinschaft nicht das in deren Fähigkeiten und Kenntnissen Stehende abnehmen darf[56]. Über die Frage, ob der Subsidiaritätsgrundsatz lediglich ein *sozialethisches Postulat* darstellt oder ob er vielmehr eine *normative, verfassungsrechtlich fundierte Gestaltungskraft* beinhaltet, besteht keine Einigkeit[57]. Sähe man im TVG und im BetrVG eine weitgehende Verwirklichung und Bestätigung des Subsidiaritätsgedankens als *Ordnungsprinzip,* so könnte man ihm normativen, und zwar originären naturrechtlichen Charakter zusprechen. Dieser Schluß wäre dennoch voreilig[58]. Denn selbst die Annahme einer Normativität des Subsidiaritätsprinzips bedeutet nicht, daß es originären Charakter aufweist. Es ist durchaus ein *Staatsbild* mit diesem Prinzip vereinbar, das ein Rechtsetzungsmonopol beansprucht, sich aber zugleich zur Übertragung eines Teils seiner Normsetzungsmacht verpflichtet[59]. Darüber hinaus

---

[54] So zutreffend *Adomeit* (II), 136; auch *Rehbinder,* 169; *Hinz,* 150 f.; dies scheint Galperin nicht einsehen zu können, vgl. dazu oben S. 33 Fußn. 46.

[55] Über dieses Prinzip siehe vor allem *Küchenhoff,* RdA 1959, 201 ff.; ders., RdA 1969, 97 ff.; *Hueck - Nipperdey,* II/1, 28, 44; *Richardi* (I), 52 ff.; *Herzog,* Staat 1963, Bd. II, 399 ff.; *Schutz,* Der Grundsatz der Subsidiarität im Grundgesetz, Diss. 1965.

[56] Vgl. dazu *Küchenhoff,* RdA 1959, 203; *Rüthers* (I), 66, Fußn. 261.

[57] Für die Anerkennung einer *normativen, mittelbar verfassungsrechtlich gestützten Qualität des Subsidiaritätsprinzips* sprechen vor allem: 1. Die föderalistische Architektonik des Staatsaufbaus der Bundesrepublik Deutschland; dazu etwa Art. 30, 70, 72 Abs. 2, 79 Abs. 3, 83, 91 Abs. 2 usw. GG; 2. Das zu der Sozialstaatlichkeit gehörende Sozialhilfeprinzip, wie es z. B. durch das Bundessozialhilfegesetz (BSHG) vom 30. 6. 1961 realisiert wurde; dazu vgl. BVerfGE 22, 180; und 3. Die Anerkennung zwischenstaatlicher Ordnungen; vgl. dazu Art. 1 Abs. 2, 2 Abs. 1, 6, 9, 19 Abs. 3, 28 Abs. 2 GG; eine *mittelbare verfassungsrechtliche Fundierung des Subsidiaritätsprinzips* vertreten u. a. *Fechner,* RdA 1955, 163; *Dürig,* in: Maunz - Dürig, GG, Art. 1 Abs. 1 Rdnr. 54; Art. 2 Abs. 1 Rdnr. 52, Art. 19 Abs. 3 Rdnr. 47, S. 31, Fußn. 1; *Maunz,* Deutsches Staatsrecht, 1971, 67 f.; a. A. *Zacher,* Freiheit und Gleichheit in der Wohlfahrtspflege, 1964, 72 ff.; *Thieme,* Subsidiarität und Zwangsmitgliedschaft, 1962, 16 ff.; *Herzog,* 411 ff.; kritisch dazu *Bender,* in: Laisser-faire-Pluralismus, 1966, 358 ff.; *Peters-Ossenbühl,* Die Übertragung von öffentlichrechtlichen Befugnissen auf die Sozialpartner, 1967, 19 ff.

[58] So zutreffend *Misera,* 17; vgl. dazu auch *Rüthers* (I), 67; *Peters-Ossenbühl,* 19 ff.

[59] Vgl. *Peters-Ossenbühl,* 19 ff., der diese Möglichkeit folgendermaßen formuliert: „Bei der Regelung der Arbeits- und Wirtschaftsbedingungen hat das staatliche Gesetz den Vorrang (Manifestation des staatlichen Normsetzungsmonopols), die Initiative und Vorhand (Anerkennung des Subsidiaritätsprinzips) gebührt jedoch den Tarifpartnern"; vgl. dazu auch *Misera,* 17. Daß die „soziale Vorhand" dem staatlichen Vorrang im Falle einer „Grenzsituation" (vgl. dazu *Peters-Ossenbühl,* 22) weicht, zeigt auch das Verhältnis von

muß man die Funktion des modernen sozialen Rechtsstaates darin sehen, daß er *„in dem Maße, in dem Gesellschaft und Staat ineinander verschmelzen, die Verantwortung für den gesellschaftlichen Raum übernehmen muß“*[60]. Würden wir auf's Subsidiaritätsprinzip die Begründung einer originären Regelungsbefugnis der Kollektivpartner zurückführen, so wäre es mit der *Ordnungs-, Einheits- und Schutzfunktion* des Staates unvereinbar[61], denn die Gesellschaft würde in einem solchen Fall *zum freien Kampffeld für die verschiedenen Machtgruppen*, wo die stärkere Gruppe der schwächeren ihren Willen diktieren und die Erfüllung der Selbst- und Mitbestimmungsgedanken, zu denen sich die Bundesrepublik bekennt, ein für allemal in die Sphäre der Utopie versetzen würde[62]. Diese Gefahren, die eine solche Interpretation des Subsidiaritätsprinzips in sich schließt, haben in einem Teil der Lehre zu dessen Ablehnung als mit den Grundentscheidungen der Verfassung unvereinbar, geführt[63]. *Richardi*[64] führt gegen dieses Prinzip aus, daß es einerseits die Freiheit der Einzelpersönlichkeit *mediatisiere*, indem sie sich nach einer bestimmten Ordnungsvorstellung verwirklichen müsse, und andererseits daß es dem Staate die Möglichkeit nehme, die Freiheit der Einzelpersönlichkeit gegenüber den sogenannten *sozialen Zwischenmächten* zu gewährleisten.

Aus all diesen Gründen liegt es nahe, den Versuch, der Regelungsbefugnis der Kollektivpartner mit Hilfe des Subsidiaritätsprinzips originären Charakter zuzuweisen, als gescheitert anzusehen[65].

IV. Das Delegationsmodell als Erklärungsgrundlage der Regelungsmacht der Betriebspartner

Das bisher Ausgeführte weist mit Deutlichkeit darauf hin, daß die Normsetzungsbefugnis der Kollektivpartner *aus der Übertragung durch den Staat* zu erklären ist. Diese Ansicht teilt der überwiegende Teil

---

Tarifvertrag und Betriebsvereinbarung (allgemeiner Vorrang des Tarifvertrages — Subsidiarität der Betriebsvereinbarung; vgl. §§ 2 Abs. 1, 77 Abs. 3, 87 Abs. 1 BetrVG, obwohl die Betriebsvereinbarung auf der niedrigeren Stufe erfolgt); vgl. auch *Misera*, 18.

[60] So zutreffend *Rüthers* (I), 63.

[61] *Rüthers* (I), 63.

[62] So auch *Rüthers* (I), 44.

[63] Vgl. *Richardi* (I), 55 (58); *Herzog*, 339 ff.; *Schütz*, 244 ff.; vgl. ferner *Ramm*, Arbeitskampf und Gesellschaftsordnung, 1965, 172.

[64] *Richardi* (I), 58.

[65] Vgl. auch *Rüthers* (I), 43 f., 59 ff., insbes. 63; so auch *Misera*, 18, der von der Gefahr einer Verabsolutierung des Subsidiaritätsprinzips warnt; *Küchenhoff*, RdA 1959, 205.

der Lehre und die Rechtsprechung[66]. Streit besteht lediglich darüber, welche Rechtskonstruktion diese übertragenen Befugnisse begründen kann[67]. Man muß dabei davon ausgehen, daß die Ableitung einer Normsetzungsbefugnis vom Staat in *verschiedenen Formen* stattfinden kann[68]. Das *Ausschlaggebende* ist jedoch, daß alle in Frage kommenden Ableitungsformen sich innerhalb des Rechtsetzungsmonopols des Staates befinden, und ihre Begründung auf seine gesetzgeberische Zentralgewalt zurückgeht[69]. Eine Auseinandersetzung mit den verschiedenen Übertragungsmodellen würde den Rahmen dieser Untersuchung überfordern, ohne entsprechenden praktischen Wert aufzuweisen. Maßgebend ist dabei nur der *etatistische Charakter* der kollektivrechtlichen Gestaltungsmacht. Man kann dabei von einem *allgemeinen Delegationsmodell* dergestalt ausgehen, *daß der Staat im Rahmen seiner Normsetzungsmacht auf die Aufstellung einer eigenen Ordnung verzichtet, aus seiner Souveränität einen Teil abspaltet und ihn partiell und unter bestimmten Modifikationen zu rechtsverbindlicher Gestaltung an nicht staatliche Gebilde überläßt*[70]. Der kollektivrechtlichen Regelungsmacht liegt diese Ordnungsvorstellung zugrunde. Ob nun der Gesetzgeber einen bereits realfaktisch gegebenen Zustand *rezipiert* oder eine Institution erst *geschaffen hat*, ist rechtstheoretisch gesehen ohne Bedeutung[71]. Das *entscheidende ist die Einbezogenheit in die staatlichen Sanktionsmechanismen, die Rechtsverbindlichkeit der geschaffenen Regeln, insbesondere für die staatlichen Gerichte*[72]. In diesem Punkt sei betont, daß man nicht die *rechtsphilosophische* Frage nach der Legitimierung die *rechtssoziologische* Frage nach dem *entwicklungshistorischen Grund*

---

[66] Vgl. dazu *Adomeit* (II), 136 ff.; *Zöllner* (II), 24 ff.; *Säcker* (VII), 297; ders. (III), 344; *Peters-Ossenbühl*, 8 f., 83 ff.; *Reuss*, 322; *Sieg*, RdA 1955, 441; *Prost*, NJW 1955, 1464; *Rüthers* (I), 43 f.; *Biedenkopf* (I), 103 ff.; *Meissinger*, RdA 1956, 407; *Müller*, W., Die Grenzen der normativen Gestaltungswirkung der Betriebsvereinbarung, Diss. 1966, 71 ff.; *Karakatsanis*, Die kollektivrechtliche Gestaltung des Arbeitsverhältnisses und ihre Grenzen, 1963, 26, 57 ff., 74, 123; BAG AP Nr. 18 zu Art. 3 GG, dagegen: *Molitor*, TarifVG Einl. C, 12 f.; *ders.*, Anm. AR-Blattei Tarifvertrag I. B, Entscheidung I; *Bogs*, in: Festschrift für Julius v. Gierke, 1950, 39 ff.; *ders.* (I), 1 ff.; *Herschel*, Festschrift für Bogs, 1959, 125 ff.; *Galperin* (III), 143 ff.

[67] Über den Stand der Meinungen siehe neuerdings *Bickel*, 181 ff.

[68] *Neumann-Duesberg*, RdA 1962, 406 ff. unterscheidet in diesem Rahmen zwischen „Delegation", „Ermächtigung" und „Anerkennung".

[69] Ebenso *Strasser*, 145.

[70] Vgl. *Peters-Ossenbühl*, 13 ff.; *Adomeit* (II), 136 ff.; *Strasser*, 145 f.; *Prost*, 1464; *Reuss*, 322.

[71] Damit soll allerdings die Relevanz der rechtsphilosophischen und besonders der rechtssoziologischen Hinweise keineswegs unterschätzt werden; dazu vgl. oben S. 32 ff.

[72] *Adomeit* (II), 135 ff.; *Zöllner* (II), 14, 17; *Krüger*, in: Verhandl. des 46. DJT Bd. I, Teil 1 (Gutachten), 1966, 13; *Karakatsanis*, 58, Fußn. 1; *Söllner* (I), 111, der von einer durch den Gesetzgeber ermöglichten Ausstattung „mit Rechtsqualität" spricht.

und die *positiv-rechtliche* Frage nach dem *Geltungsgrund* einer Institution miteinander verwechseln darf[73]. Während die Beantwortung der ersten Frage auf die verfassungsrechtliche Verankerung des sozialphilosophischen Postulats der Selbstbestimmung des Menschen zurückgreift[74], sich die Erklärung der zweiten Frage innerhalb des Tätigwerdens und der Selbsthilfeaktionen der sozialen Verbände findet[75], kann die rechtsdogmatische Frage sich nur mit einer positivrechtlichen Begründung begnügen[76].

Eine solche *Verwechslung,* der häufig *rechtspolitische* Aspekte und Erwartungen zugrundeliegen, würde die hier gestellte Problematik verdunkeln[77]. Es ergibt sich also, daß das *Delegationsmodell* die im geltenden Arbeitsrecht *geeignetste* Rechtskonstruktion für die *Erklärung* der kollektivrechtlichen Regelungsmacht darstellt[78, 79]. Im Gegensatz zum alten enthält das neue BetrVG eine *ausdrückliche „Delegationsnorm“,* die die Betriebspartner zu unmittelbarer und zwingender Regelung der Einzelarbeitsverhältnisse befugt[80] (§§ 77 Abs. 3, 37, 88). Die *„Betriebsautonomie“* ist, wie jeder nicht staatliche Autonomiebereich, den obigen Ausführungen zufolge nicht originär[81]. *Die Betriebspartner leiten ihre Befugnisse direkt vom Staate her, der allein objektives Recht schaffen und deshalb übertragen kann; sie können diese Befugnisse nur ausüben, weil sie ihnen vom Staate durch Gesetz verliehen sind*[82].

---

[73] Ebenso *Adomeit* (II), 135 ff.; *Peters-Ossenbühl,* 16 f.; *Söllner* (I), 111; *Säcker* (VII), 297.

[74] So richtig *Säcker* (VII), 297.

[75] Vgl. auch *Adomeit* (II), 135 ff.; *Rehbinder,* 169; *Hinz,* 149.

[76] *Säcker* (VII), 297; *Adomeit* (II), 134, 136; *Zöllner* (II), 17.

[77] Vgl. dazu *Adomeit* (II), 136 f.

[78] Ebenso *Peters-Ossenbühl,* 16 f. insbes. 18; *Adomeit* (II), 136 ff.; *Karakatsanis,* 26; *Strasser,* 145; *Krüger,* RdA 1957, 203; *Hueck - Nipperdey* (III), 347 f.; *Nikisch* (II), 213 ff.; *Säcker* (X), 50. So auch im Ergebnis *Müller,* W., insbes. 83 f.

[79] Die damit verbundene bildhafte Vorstellung der Übertragung wirkt zwanglos aus sich selbst verständlich; so richtig *Adomeit* (II), 137.

[80] Dem von *Wolf* (Anm. zu BAG v. 13. 6. 1969, AP Nr. 138 zu 242 BGB Ruhegeld) unternommenen Versuch, den normativen Charakter der Betriebsvereinbarung wegen Fehlens einer dem § 4 Abs. 1 TVG entsprechenden betriebsverfassungsrechtlichen Bestimmung zu bestreiten, wurde mit der Geltung des neuen BetrVG jeder Anhaltspunkt entzogen. Zur Unhaltbarkeit dieser sog. Vertretungstheorie vgl. *Richardi* (I), 133 ff.; *Zöllner,* RdA 1964, 443 ff.; *Bickel,* 189 ff.

[81] A. A. aber *Galperin* (III), insbes. 149 f., der die Normsetzungsmacht der Betriebspartner auf die lebensvolle Gebundenheit von Arbeitgeber und Arbeitnehmer in der betrieblichen Wirklichkeit zurückführt (Verbandstheorie); vgl. auch ders. in: Das Arbeitsrecht der Gegenwart, hrsg. v. G. Müller, 1964, 75 ff. und *Bogs,* RdA 1956, 8.

[82] Vgl. dazu *Sieg,* 441; *Karakatsanis,* 57 ff.; *Müller,* W., 83 ff.; *Strasser,* 145; *Adomeit* (II), 136 ff., 146; *Floretta,* in: Festschrift für Nipperdey, 1965, 193; ders. in: Zur Rechtstheorie des kollektiven Arbeitsrechts, 23, 26 f.; *Säcker* (III), 344; *Fitting-Auffarth,* BetrVG 1972, § 77 Anm. 17; *Frauenkron,* BetrVG 1972, § 77 Anm. 7; unklar *Brecht,* BetrVG 1972, § 77 Anm. 16.

Die etatistische Begründung der betriebsverfassungsrechtlichen Regelungsmacht ist für die Feststellung ihres *Umfangs* und ihrer *Schranken* von ausschlaggebender Bedeutung. Denn eine auf staatlicher Delegation basierende Normsetzungsmacht unterliegt zweierlei Bindungen: *Erstens* darf sie nicht über den ihr zugewiesenen funktionellen Zuständigkeitsbereich hinausgehen und *zweitens* ist sie an dieselben Schranken gebunden, an die auch die delegierende Macht, d. h. der Staat gebunden ist[83, 83a].

---

[83] Vgl. dazu *Hueck - Nipperdey* (III), 347; *Karakatsanis,* 58 f.; *Rüthers* (I), 43; vgl. ferner BAG APNr. 4 zu Art. 3 GG.

[83a] Neuerdings ist von *Bickel,* 181 ff., der Versuch unternommen worden, durch die Betrachtung der Betriebsvereinbarung *als bloßen Tatbestand des Betriebsverfassungsgesetzes,* ihre normativen Wirkungen als unmittelbare Wirkungen gerade der Realisierung dieses Gesetzes zu erklären. Diese durch scheinbare Simplizität und Klarheit auf den ersten Blick bestehende Ansicht ist jedoch aus mehrfachen *rechtsdogmatischen* Gründen zu verwerfen. Daß zunächst jede rechtliche Verpflichtung, sei sie durch *Rechtsgeschäft* oder *Staatsakt* begründet, ihren letzten Rechtsgrund auf staatlichem Gesetz hat, ist schon von *Kelsen* im Rahmen seiner *Stufenbaulehre* überzeugend dargestellt worden. Man darf aber dabei nicht aus den Augen verlieren, daß die *normlogische Theorie* lediglich logische Deutungszusammenhänge zu beschreiben vermag. Vgl. dazu richtig *Säcker* (VII), 196; *ders.* (II), 271. Dies bedeutet, daß der Unterschied zwischen *Rechtsnorm* und *Rechtsgeschäft* nur unter rechtsformalem Blickwinkel auf eine quantitative Ebene zu reduzieren ist. Die Suche nach einer rechtsdogmatisch simplen Begründung mag verständlich sein. Sie darf gleichwohl für die Rechtsordnung existenzwichtige *funktional-teleologische* Zusammenhänge nicht bagatellisieren und aushöhlen. Ähnlich *Säcker* (III), 274. Vom Rechtsinhaltsstandpunkt her gesehen, läßt sich also ein *spezifischer, teleologisch-funktionaler* Unterschied zwischen Rechtsnorm und Rechtsgeschäft unterstreichen. *Der Rechtssatz,* als Ausfluß eines *Kollektivwillens* wirkt auch *auf die Rechtsposition von an seiner Schöpfung nicht beteiligten Dritten* ein, die im Falle der Betriebsvereinbarung die Betriebsangehörigen zusammensetzen. *Das Rechtsgeschäft* dagegen, als Produkt einer *individuellen Willensbildung* regelt allein die Rechtsposition *der an seinem Ausfluß Beteiligten.* Vgl. dazu *Hueck - Nipperdey* (III), Nachtrag, 1651 f.; *Säcker,* 274. Aus diesem Grunde erfordert es *keine Delegationsnorm,* um Rechtsfolgen entfalten zu können, wie dies bei der Betriebsvereinbarung wegen ihrer Normwirkung der Fall ist. So zutreffend auch *Säcker,* 274. Diese auf die *delegatarische* Herkunft der Betriebsvereinbarung unmißverständlich hinweisende *Differenz* zwischen Rechtsnorm und Rechtsgeschäft läßt *Bickels Tatbestandstheorie* außer Acht. Sie vermag mit ihrer schematisierenden Simplizität weder die Eigentümlichkeit des Rechtsgeschäfts zu begreifen noch die Rechtsquelleneigenschaft der Betriebsvereinbarung zu erklären. Daher ist sie *privatrechtsdogmatisch* unannehmbar. Vgl. dazu auch neuerdings *Säcker* (X), 52. Hinzu kommt ein *verfassungsrechtliches* Bedenken in Betracht. Sie übergeht nämlich die Frage, ob der Gesetzgeber Blankettgesetze erlassen kann, die beliebigen Regelungen privater Verbände normative Wirkung zusprechen, was eine Umgehung des Art. 80 GG, unter Verzicht auf Rechtsaufsicht bedeuten würde. So richtig *Säcker,* 52. Aus all diesen Gründen erweist das Modell *Bickels* keinen rechtsdogmatischen Erklärungswert und ist daher abzulehnen.

V. Die „Betriebsautonomie" als institutionell garantierte Komponente des sozialen Rechtsstaates

Wir haben bereits gesehen, daß die den Betriebspartner eingeräumte Gestaltungsmacht und vor allem die Mitbestimmungsrechte primär auf den Schutz der abhängigen Arbeitnehmer ausgerichtet sind[84]. Diese *Schutzfunktion,* die das Betriebsverfassungsmodell trägt, realisiert und konkretisiert das verfassungsrechtlich verankerte Postulat des sozialen Staates[85]. Zu klären ist nun die Frage, ob Betriebsautonomie und Mitbestimmungsrechte als in der Sozialstaatlichkeit letzten Endes wurzelnde Institution eine *institutionelle Garantie* genießen, ob m. a. W. sie als integrierte Strukturkomponente des sozialen Rechtsstaates fungieren oder ob sie mit diesem Prinzip lediglich verfassungsrechtlich programmiert sind[86].

An anderer Stelle ist schon auf die Verantwortlichkeit des modernen sozialen Rechtsstaates für die Ausübung von *Gesellschaftspolitik* hingewiesen, so wie es im Zeitalter der großen Industriegesellschaften realisiert und unumgänglich ist[87]. Die zunehmende Verdrängung von heteronomen Regelungen und ihre Ersetzung durch autonome Gestaltungsformen als *determinierendes Strukturmerkmal des Kollektivarbeitsrechts* gehört den fundamentalen Aufgaben des Sozialstaatsgrundsatzes an und stellt seine aktuellste und wichtigste Interpretation und Realisation dar[88].

Die Erhaltung und weitere Entwicklung einer Gesellschaft auf der Basis der *sozialen Gerechtigkeit,* die Ermöglichung eines *ausgeglichenen Verhältnisses* zwischen den verschiedenen Sozialgruppen, die *Kanalisierung* und *Neutralisierung* von *Konfliktsituationen* und vor allem der *Schutz* des Einzelnen vor zunehmenden *Gefährdungen* und *Sachzwängen* „läßt sich in der massengesellschaftlichen Wirklichkeit unserer Zeit nicht mit hoheitlichen Weisungen und Zwangsmitteln allein erreichen"[89]. Unter diesem Blickwinkel läßt sich die Norm des Art. 9 Abs. 3 GG als die charakteristische Realisierung der Idee der sozialen Selbstverwaltung im Sinne einer sozialstaatlichen Prägung des Verfassungslebens verstehen[90]. Das dialektische Verhältnis von Recht und Wirklichkeit dessen Beachtung diese Regelung widerspiegelt, weist auf die entscheidende *kompensierende und stabilisierende soziale Schutz- und*

---

[84] Vgl. dazu oben S. 25 ff.
[85] Siehe oben S. 26, 28.
[86] Vgl. auch *Peters-Ossenbühl,* 88 f.
[87] Vgl. dazu oben S. 25 f.
[88] Ebenso neuerdings *Ossenbühl,* DÖV 1972, 26.
[89] So zutreffend *Rüthers* (I), 65; vgl. auch *Gester* (I), 89 und *Olbersdorf,* AuR 1955, 134 ff.
[90] Vgl. dazu statt vieler *Hueck - Nipperdey* (III), 45.

Integrationsfunktion der Sozialstaatsklausel hin[91]. So ist die Sozialstaatlichkeit nicht als bloßer Programmsatz oder substanzloser Blankettbegriff zu verstehen. Sie ist vielmehr *verbindliche Verfassungsnorm*[92], die soziale Gerechtigkeit und Rechtsstaatlichkeit, das Spannungsverhältnis von Freiheit und Bindung zu einer sinnvollen Synthese bringt und dem schutzbedürftigen Individuum ein menschenwürdiges Leben erst ermöglicht und garantiert[93]. Dies impliziert, daß die Verfassungsentscheidung für den Sozialstaat als *Einrichtungsgarantie* für jene sozialen Institutionen gelten muß, *„deren bewährter und gesicherter Bestand zur Selbstverständlichkeit im Sozialbereich des Verfassungslebens geworden ist“*[94].

Im Bereich des Kollektivarbeitsrechts ist die Verwirklichung des Sozialstaates weitgehend vorhanden[95]. Die *Betriebsverfassung* und ihr Kernstück, die *Mitbestimmungsrechte* der Arbeitnehmer stellen einen besonders ausgeprägten Ausfluß dieser sozialstaatlichen Wirklichkeit dar[96]. Die Mitbestimmungsrechte sind in ihrer gesamten Stufung nicht nur „Zukunftsprogramm“. Sie bilden *integrierte Bestandteile des Verfassungslebens* und infolgedessen sind sie *verfassungsrechtlich garantiert*[97] in dem Sinne, daß ihr *Kernbereich* dem Schutz der Sozialstaatsentscheidung untersteht[98]. Insoweit kann man das BetrVG als *„Ausführungsgesetz“* zu Art. 20 GG bezeichnen[99].

Nipperdey[100], der grundsätzlich diese Position teilt, will zu Unrecht die Mitbestimmung in wirtschaftlichen Angelegenheiten von der verfassungsrechtlichen Garantie ausschließen, weil sie sich noch *im Stadium des Experiments und der politischen Auseinandersetzung* befinde. Es ist nicht einzusehen, weshalb die den Gedanken des Sozialstaates *am effektivsten* verwirklichende Mitbestimmung in wirtschaftlichen Ange-

---

[91] Ebenso *Rüthers* (I), 63.

[92] So richtig *Hueck - Nipperdey* (III), 41; vgl. ferner BVerfGE, 6, 55 (72); 9,; 20 (35); 19, 303 (319) und BAG AP Nr. 1 zu § 620 BGB; AP Nr. 4 zu Art. 3 GG, APNr. 2 zu Art. 13 KSchG.

[93] So auch *Olbersdorf*, 135; *Rüthers* (I), 64.

[94] So zutreffend *Rüthers* (I), 67; *ders.* (III), 22, 26; vgl. auch *Ramm*, Der Arbeitskampf und die Gesellschaftsordnung des Grundgesetzes, 1965, 158; *Hueck - Nipperdey* (III), 46; *Huber*, in: Rechtsstaatlichkeit und Sozialstaatlichkeit, 1968, 610 ff.; *Söllner* (I), 41; *Dütz*, JUS 1972, 687 f.

[95] Vgl. *Gester* (I), 93.

[96] *Hueck - Nipperdey* (III), 30 ff.

[97] Ebenso *Gester* (I), 93; *Oldersdorf*, 138; *Rüthers* (I), 67.

[98] *Hueck - Nipperdey* (III), 47; *Rüthers* (I), 67, der zu Recht darauf hinweist, daß die sozialstaatliche Einrichtungsgarantie nur das Wesen aber nicht die rechtlichen und tatsächlichen Einzelheiten ihrer Ausführung erfasse; sonst würde der Fortgang der sozialen Entwicklung eingeengt und gehemmt.

[99] So *Gester* (I), 93; vgl. auch *Olbersdorf*, 138.

[100] *Hueck - Nipperdey* (III), 47.

legenheiten den Schutz der Einrichtungsgarantie nicht genießen soll. Dieser Bereich der Mitbestimmung, der die *Partnerschaftsidee* (§ 2 Abs. 1 BetrVG) mitprägt und für die Realisierung der sozialen Gerechtigkeit und der Selbstbestimmung des Arbeitnehmers eine conditio sine qua non bildet, *gehört zu der betriebsverfassungsrechtlichen und sozialen Wirklichkeit.* Diese weitgehend integrierte und aktualisierte Wirklichkeit zu ignorieren, bedeutet *die dynamische Dialektik von Verfassungsleben und Verfassungsnorm* aus den Augen zu verlieren und folgerichtig den dringenden sozialen Erfordernissen unserer Industriegesellschaft nicht gerecht werden zu können[101].

B. Die betriebsverfassungsrechtliche Stellung der Träger der Betriebsautonomie auf Arbeitnehmerseite

I. Der Träger der Betriebsautonomie

Im Anschluß an die oben untersuchte Problematik bedarf nun die Frage nach der *Trägerschaft* der betriebsverfassungsrechtlichen Regelungsmacht einer näheren Klärung. Was zunächst die Eigenschaft des Arbeitgebers[1] anbetrifft, *Mitträger* dieser Macht zu sein, besteht keine Schwierigkeit. Dies ergibt sich unmittelbar aus dem BetrVG, dessen

---

[101] Ebenso *Gester* (I), 93; *Olbersdorf,* 138; ähnlich offenbar auch *Rüthers* (I), 67, der vom Schutz der Betriebsverfassung und der sozialen Selbstverwaltung im allgemeinen spricht. Vgl. ferner *Lenz,* in: Hamann - Lenz, GG (1970), 235 ff., der aber die institutionelle Garantie der wirtschaftlichen Mitbestimmung nicht, wie hier im Sozialstaatlichkeitsgrundsatz, sondern im *Grundsatz der Koalitionsfreiheit* (Art. 9 III GG) erblickt. Es versteht sich weithin von selbst, daß die *Betriebsvereinbarung* als innerbetriebliches Rechtsetzungsinstitut und klassisches Mittel für die Ausübung der Mitbestimmung (darüber siehe unten S. 51) *in die Einrichtungsgarantie der Betriebsautonomie mit eingeschlossen ist.* Andernfalls würde der Betriebsautonomie das zu ihrer Realisierung bestimmte Mittel fehlen; vgl. die verfassungsrechtlichen Gewährleistungen in den Länderverfassungen: Bremen Art. 47; Hessen Art. 37; Rheinland-Pfalz Art. 67; Nordrhein-Westfalen Art. 26.

[1] Zum Begriff des Arbeitgebers vgl. statt aller *Hueck - Nipperdey* (I), 38 f. Die von manchen Autoren (so *Galperin - Siebert,* BetrVG 1952, § 1 Anm. 62 ff. und *Fitting - Auffarth,* BetrVG 1972, § 1 Anm. 29 ff. BetrVG); dem Arbeitgeber beigemessene Eigenschaft als Organ der „*Betriebsgemeinschaft*" bzw. der „*Betriebsverfassung*", ist abzulehnen. Denn Arbeitnehmer und Arbeitgeber bilden weder eine Gemeinschaft noch einen Verband im Rechtssinne, was die Annahme einer Organschaftsbezeichnung voraussetzt; — allerdings lehnen die Letzteren die Konstruktion einer „*Betriebsgemeinschaft*" sowohl *soziologisch* als auch *rechtlich* ab; Anm. zu § 1 BetrVG — zu dieser Frage vgl. neuerdings *Leinemann,* BUV 1971, 53 ff., 57 ff., ders. AuR 1970, 137 mit überzeugenden Argumenten.

§ 77 Abs. 2 bestimmt, daß Betriebsvereinbarungen von Betriebsrat und Arbeitgeber *gemeinsam* zu beschließen sind[2]. Daraus könnte man auch den Schluß ziehen, die Festlegung des Betriebsrates als Partner des Arbeitgebers bei der innerbetrieblichen Normsetzung implizierte bereits seine Eigenschaft als Träger der Normsetzungsbefugnisse auf Arbeitnehmerseite. Diese Folgerung ist jedoch voreilig. Sie übersieht, daß der § 77 Abs. 2 BetrVG sich lediglich auf die arbeitstechnische Seite des Abschlusses einer Betriebsvereinbarung bezieht und er die *handelnden Parteien* erwähnt, ohne der Entscheidung über die anstehende Frage vorgreifen zu wollen[3].

Wie wenig der Wortlaut des BetrVG sich uns zur Lösung dieser Frage anbietet, zeigt sich auch dadurch, daß, während die Überschrift seines vierten Teils von *„Mitwirkung und Mitbestimmung der Arbeitnehmer“* spricht, in §§ 87 Abs. 1 und 98 Abs. 1 von *Mitbestimmung des Betriebsrates* die Rede ist. Zur Vermeidung von eventuellen Mißverständnissen sei an dieser Stelle darauf aufmerksam gemacht, daß die vorliegende Frage *durchaus* mit der Frage nach dem Träger der Mitbestimmungsrechte *übereinstimmt*. Denn die Betriebsvereinbarung ist *nicht nur* das Rechtsinstitut für die innerbetriebliche Rechtsetzung. Sie bildet *zugleich* das klassische Mittel für die Realisierung der betrieblichen Mitbestimmung[4]. Träger der Mitbestimmung und Träger der Normsetzung fallen in dem Sinne zusammen, *daß jeder Betriebsvereinbarung wesensgemäß eine Mitbestimmungsfunktion zusteht*[5], die angesichts der *Vormachtstellung*[6] des Arbeitgebers bei der Gestaltung des Arbeitsverhältnisses und vor allem bei der Regelung der Betriebsordnung den Arbeitnehmern ein *Ausgleichsinstrument* in die Hände gibt[7].

Der überwiegende Teil der Lehre vertritt die Meinung, daß nicht der Betriebsrat[8] sondern die *Arbeitnehmer* des einschlägigen Betriebes als

---

[2] Auf der Arbeitgeberseite kommt es eigentlich als Betriebsvereinbarungspartei der Betriebsleiter in Betracht; vgl. dazu *Neumann-Duesberg*, Betriebsverfassungsrecht, 358.

[3] So auch im Ergebnis *Hueck - Nipperdey*, (IV), 1085, wenn sie meinen, es handle sich dabei um eine abgekürzte Ausdrucksweise, die den bezeichne, der die Rechte ausübe.

[4] Dazu vgl. statt aller *Richardi* (I), 278 ff. Über die rechtliche Funktion der Betriebsvereinbarung vgl. auch unten S. 50 f.

[5] Dieses Betriebsverfassungsverständnis liegt der Unterschied von notwendiger und freiwilliger Mitbestimmung zugrunde; vgl. dazu *Hueck - Nipperdey* (I), 350 ff.; es geht dabei also um einen graduellen Unterschied; vgl. dazu auch *Strasser*, 108. *Rüthers* (III), 141, 145, unterscheidet offensichtlich zwischen *Trägerschaft der Mitbestimmungsrechte* (Betriebsrat) und *Trägerschaft der Normsetzungsbefugnis* (Belegschaft).

[6] Dazu vgl. vor allem *Säcker* (III), 92 ff.

[7] Ebenso auch *Strasser*, 18.

[8] So aber *Huber*, WVR, Bd. II, 485 ff.; vgl. dazu auch *Rüthers* (III), 141; *Dütz*, JuS 1972, 690.

Träger der Mitbestimmungsrechte zu betrachten seien[9]. Dabei erhebt sich weiter die Frage, ob den Arbeitnehmern als *natürlichen Personen* oder als *Kollektiv* diese Befugnisse zustehen.

Es ist zwar zutreffend, daß dem Mitbestimmungsgedanken die Schutzbedürftigkeit des einzelnen Arbeitnehmers gegenüber der Vormachtstellung des Arbeitgebers zugrundeliegt[10]. Aus dieser Sicht haben die Mitbestimmungsbefugnisse sowie ihr klassisches Ausübungsmittel, die Betriebsvereinbarung, *eine ausgleichende Funktion* bei der Gestaltung des Arbeitsverhältnisses[11]. Dies greift auf die rechtliche Bezeichnung des Arbeitsverhältnisses als *Dauerschuldverhältnis*[12] zurück, die zugegebenermaßen allein die *Verdinglichung der Arbeitskraft* rechtlich zu erfassen, den *faktischen Interessengegensatz* zwischen Arbeitgeber und Arbeitnehmer zu erkennen und ihn zu einem *funktionsfähigen Ausgleich* zu bringen vermag[13]. Unter diesem Blickwinkel spiegelt die Gewährleistung der *„Betriebsautonomie"* den *Wandel der sozialen Funktion des Arbeitsvertrages* wieder, der durch *das Versagen der individuellen Vertragsfreiheit* ausgelöst wurde[14].

Diese Betrachtungsweise, die den *Ursprung der Mitbestimmungsrechte* zutreffend in dem Einzelarbeitsverhältnis erblickt hat, liefert gleichwohl keine *rechtsdogmatischen* Gesichtspunkte dafür, daß diese Befugnisse den einzelnen Arbeitnehmern zuzuerkennen sind[15]. Wäre diese abzulehnende Deutung maßgebend, dann würden *folgerichtig* den einzelnen Arbeitnehmern eines Betriebes ohne Rücksicht auf deren Zahl und auf das Bestehen eines Betriebsrates Mitbestimmungsrechte

---

[9] *Strasser*, 108 ff.; *Schnorr v. Carosfeld*, Arbeitsrecht, 414; *Gester* (I), 47; *Neumann-Duesberg* (I), 204 ff.; *Säcker*, RdA 1965, 376; *Hueck - Nipperdey* (IV), 1083 ff.; *Fitting - Auffarth*, § 1 Anm. 42; *Brecht*, § 1 Anm. 12.

[10] Vgl. dazu oben S. 23 ff.

[11] Über die soziale und rechtliche Funktion der Betriebsvereinbarung siehe unten S. 49 ff.

[12] So bezeichnen das Arbeitsverhältnis zutreffend, *Söllner*, 209 f.; *Simitis* (I), 384 ff.; *Mavridis*, RdA 1956, 444 ff. *Wolf*, Das Arbeitsverhältnis 1970, insbes. 79 ff.; *Schwerdtner*, Fürsorgetheorie und Entgeltstheorie im Recht der Arbeitsbedingungen 1970, insbes. 76; a. A. *Nikisch* (I), 32; *Wiedemann*, Das Arbeitsverhältnis als Austausch- und Gemeinschaftsverhältnis, 1966, insbes. 26 ff.

[13] So zutreffend vor allem *Simitis*, 266 ff., 384 ff.

[14] Vgl. dazu *Fechner*, ZstW Bd. 102, 88; *Simitis* (I), 270, 386; *Richardi* (I), 48 f., 119 ff.

[15] Unklar *Hueck - Nipperdey* (IV), 1083 ff., die einerseits die „Belegschaft in ihrer Gesamtheit" als Träger der Mitbestimmungsrechte anerkennen (1084) andererseits aber die Mitbestimmung inhaltsrechtlich auf das Einzelarbeitsverhältnis begründen zu wollen scheinen (1089). Vgl. dazu neuerdings *Adomeit*, BB 1972, 54, der in der Zubilligung von individualrechtlichen Mitbestimmungsrechten (§§ 81, 82 BetrVG ff.) die Bestätigung der These sieht, auf Grund derer die Mitbestimmungsbefugnisse ursprünglich den einzelnen Arbeitnehmern zustehen.

zugestanden[16]. Dies ist jedoch nach dem BetrVG nicht möglich. Denn der Gesetzgeber, der Tatsache Rechnung tragend, daß die kollektive einheitliche Ausübung der Mitbestimmungsbefugnisse den Erfordernissen und Gegebenheiten des Betriebs sowie dem wohlverstandenen Interesse der Arbeitnehmer im Prinzip gerecht wird[17], *hat die Realisierung dieser Rechte dem Betriebsrat als Beauftragten der Arbeitnehmer vorbehalten.* Nach § 1 BetrVG sind aber nur dann Betriebsräte zu errichten, wenn sich der in Frage kommende Betrieb aus mindestens fünf ständigen wahlberechtigten Arbeitnehmern zusammensetzt, von denen drei wählbar sein müssen. Erfüllt ein Betrieb diese Voraussetzungen nicht, so stehen seinen Arbeitnehmern keine Mitbestimmungsrechte zu, obwohl dabei Arbeitsverhältnisse vorhanden sind. Daraus läßt sich unschwer der Schluß ziehen, daß die Mitbestimmungsrechte zwar ihre *Wurzel* und ihre *Rechtfertigung* im Arbeitsverhältnis finden; *sie gehören jedoch nicht zu seinem Inhalt*[18]. Haben sich aufgrund unserer Ausführungen die einzelnen Arbeitnehmer als Träger der Mitwirkungsrechte ausgeschlossen, dann kommen wir zwangsläufig zur Feststellung, daß diese Rechte den Arbeitnehmern als *Ganzes,* als *Kollektiv* zugesprochen sind[19].

II. Die Rechtsnatur der Arbeitnehmerschaft und des Betriebsrates

1. Die Rechtsnatur der Arbeitnehmerschaft

Es wurde bereits zwar geklärt, wem die Mitbestimmungs- und Normsetzungsbefugnisse auf Arbeitnehmerseite zustehen. Jedoch bleibt die

---

16 Darauf hat schon zutreffend *Gerlach,* Die Geschäftsführungskosten der Betriebsvertretung 1931, 28 hingewiesen; vgl. auch *Leinemann,* BUV 1971, 149.

17 Dies erkennen zu Recht auch *Hueck - Nipperdey* (IV), 1084, 1088, an.

18 Ebenso *Leinemann* (III), 149; dies scheinen auch *Hueck - Nipperdey* (IV), 1084, im Ergebnis anzunehmen, wenn sie von einem „vermittelnden Weg" zwischen der individualrechtlichen und der verbandsrechtlichen Auffassung sprechen; a. A. offenbar *Adomeit* (V), 54, der die stärkere Betonung des Persönlichkeitsschutzes vom neuen BetrVG als eine bei seiner Auslegung mit zu berücksichtigende Liberalisierung betrachtet. Das ist zweifelsohne der Zweck des Betriebsverfassungsrechts, das auf den Schutz der Menschenwürde im Betrieb auszurichten ist; vgl. dazu BT-Drucksache VI/1786, 47; dies vermag jedoch aus den obigen Gründen nicht die Mitbestimmungsbefugnisse zu rechtlichem Inhalt der Einzelarbeitsverhältnisse zu machen.

19 Vgl. dazu *Strasser,* 112; *Hueck,* G., Die Betriebsvereinbarung, 66; *Neumann-Duesberg* (I), 203; *Gester* (I), 113; *Säcker* (V), 376; *Galperin,* RdA 1959, 33; *Hueck - Nipperdey* (IV), 1085, 1088; *Fitting - Auffarth,* § 1 Anm. 42; *Brecht,* § 1 Anm. 12; a. A. *Nikisch,* in: Beiträge zum Betriebsverfassungsrecht 1963, 28 ff., der die Beteiligungsrechte als „*Funktionen*" bezeichnet und demzufolge die Frage nach dem Träger der Mitbestimmungsrechte ablehnt, insbes. S. 33 f.

Frage nach der rechtlichen Qualifikation der Belegschaft und des Betriebsrates offen, was sich als wichtig für die Klärung der Rechtsbeziehungen zwischen diesen beiden arbeitnehmerischen „Kollektiven" erweist und eine notwendige Ergänzung der Thematik der Regelungsbefugnis der Betriebspartner darstellt.

Dabei muß man im Auge behalten, daß aus objektiven, betriebsbezogenen eine gemeinsame, einheitliche Ausübung erfordernden Gründen diese Befugnisse der Arbeitnehmerschaft in ihrer *Gesamtheit* zugewiesen sind, obwohl sie ihre *rechtssoziologische Wurzel* im Einzelarbeitsvertrag haben[20]. Diese *Zweckgebundenheit* der Mitbestimmungsrechte könnte durchaus dergestalt in der Praxis funktionieren, daß die Arbeitnehmer einen aus ihrer Mitte oder einen Dritten zur Wahrnehmung ihrer Interessen und zur Ausübung ihrer Befugnisse *beauftragen*. Seine Willensentscheidung könnte in diesem Fall maßgebend sein[21]. Auf diesem Gedanken ist das BetrVG aufgebaut, das zwischen *Trägerschaft* und *Geltendmachung* der Befugnisse unterscheidet. Als *Beauftragter* der Arbeitnehmer fungiert der *Betriebsrat*, der als Partner des Arbeitgebers bei der Ausübung ihrer Rechte und Befugnisse erscheint[22]. Es liegt daher nahe, daß diese vom Gesetzgeber bevorzugte Konstruktion es nicht erforderlich macht, der Belegschaft *eine eigene volle oder teilweise Rechtsfähigkeit* zuzusprechen. Es mag allerdings richtig sein, daß die Belegschaft *körperschaftliche Züge* aufweist[23]. Dies kann jedoch nicht als Beweis für die Existenz ihrer vollen oder teilweisen Rechtsfähigkeit verwendet werden[24]. Diese Ansicht findet außerdem im Gesetz keinerlei Anhaltspunkte[25]. Allerdings muß man zugeben, daß die tatsächlich im Betrieb bestehende *„Interessengemeinschaft"* der Arbeitnehmer *nicht nur als schlichte, einfache Rechtsgemeinschaft* aufzufassen ist[26]. Dies spricht indessen *nicht* für deren Rechtspersönlichkeit. Denn eine rechtlich anerkannte Gemeinschaft setzt *keine Rechtspersönlichkeit* voraus[27].

---

[20] Dazu vgl. oben S. 43 ff.

[21] So richtig *Hueck - Nipperdey* (IV), 1088.

[22] *Hueck - Nipperdey* (IV), 1088.

[23] So *Hueck - Nipperdey* (IV), 1084, unter Einfluß von *Galperin*, Das Arbeitsrecht der Gegenwart, Bd. I, 1964, 84 ff. Vgl. dazu auch *Gester* (I), insbes. 58 ff., 109 ff.

[24] So aber *Kaskel*, Arbeitsrecht, 3. Aufl., 280; *Dietz*, BetrVG, 1967, § 1 Anm. 12; ähnlich *Galperin - Siebert*, BetrVG, 1963, § 1 Anm. 70, die von einer *„Sonderrechtsfähigkeit"* der Arbeitnehmerschaft sprechen; vgl. auch dazu *Fitting - Auffarth*, § 1 Anm. 32; *Brecht*, § 1 Anm. 24.

[25] Ebenso zutreffend *Hueck - Nipperdey* (IV), 1084; vgl. dazu auch *Strasser*, 113 ff., und *Nikisch* (II), 30 f.

[26] So aber *Strasser*, 117; ähnlich auch früher *Hueck - Nipperdey* (I), 302; wie hier auch neuerdings *Hueck - Nipperdey* (III), 1088; *Richardi* (V), 11, spricht von einer bloßen *„tatsächlichen Gemeinschaft"*.

[27] Auf die Richtigkeit dieser These weisen außerdem die Beispiele des nichtrechtsfähigen Vereins, der schlichten Rechtsgemeinschaft und der Gesellschaft des BGB hin; dazu vgl. auch *Neumann-Duesberg* (I), 187 ff.

Die Arbeitnehmerschaft könnte jedoch als *Verband* in dem Sinne angesehen werden, *daß sie als Personenmehrheit, deren Existenz nicht vom Wechsel ihrer Mitglieder abhängig ist, einen Gesamtwillen bildet und eine nach außen handelnde Repräsentation hat*[28]. Die Grundlage dieses Verbandes stellt *das BetrVG* dar[29]. Als Voraussetzung für seine Entstehung erweist sich die Eingehung von Arbeitsverhältnissen mit dem Arbeitgeber und damit der „freie Eintritt in den Betrieb und die Belegschaft“[30]. Geht man davon aus, daß durch die *freie Wahl* des Betriebsrates das *Demokratie- und Rechtsstaatsprinzip* im Betrieb realisiert wird[31], dann kann man die Belegschaft keineswegs als Zwangsverband bezeichnen[32].

2. Die Rechtsnatur des Betriebsrates

Der *Betriebsrat* als der vom Gesetzgeber mit der Ausübung der arbeitnehmerischen Befugnisse und Rechte anvertraute „Beauftragte“ kann rechtlich als *„Repräsentant“*[33] der Belegschaft bezeichnet werden[34].

---

[28] Vgl. dazu *Galperin,* 81 f.; *Bogs,* RdA 1956, 5; *Adomeit,* RdA 1962, 1249; *Fabricius,* ÖJZ 1969, 228; *Hueck - Nipperdey* (III), 1090; *Leinemann* (III), 152 ff.

[29] Darüber besteht Einigkeit unter den obigen Autoren; dazu vgl. statt aller *Leinemann* (III), 153.

[30] So zutreffend *Hueck - Nipperdey* (IV), 1090.

[31] Ebenso *Hueck - Nipperdey* (IV), 1090 f.; *Säcker* (III), 345; *ders.* (X), 50.

[32] Die Relevanz der *demokratischen Legitimation* des Betriebsrates scheint *Leinemann* (III), 155, vollkommen zu verkennen. Sein Versuch, die Eingehung von Arbeitsverhältnissen und damit folgerichtig die Wahl des Betriebsrates als bloße *Tatbestandsvoraussetzung* der Betriebszugehörigkeit zu degradieren, kann nur zur Folge haben, die Betriebsvereinbarung als *„korporative Zwangsordnung“* (so zu Unrecht *Richardi* (I), 316 ff.; vgl. aber ders., RdA 1972, 10 ff., wo er in offensichtlicher Abweichung von dieser These *das auf dem Repräsentationsmandat beruhende demokratische Mehrheitsprinzip als Legitimationsbasis des Betriebsrates* stark hervorhebt) anzusehen und demzufolge die Regelungsbefugnis der Betriebspartner unzulässigerweise zu beschränken. Dazu vgl. unten 3. Abschnitt A. III.

[33] Der Begriff *„Repräsentation“* stammt aus dem *Staatsrecht* und fand seine juristische Deutung und Anerkennung *mit der Genesis der Repräsentativdemokratie;* vgl. dazu *Leibholz,* Das Wesen der Repräsentation, 3. Aufl. 1966, 48 ff. Das entscheidende Merkmal dieser Rechtsfigur besteht darin, „daß ein Dritter (ein soziales Substrat) ausschließlich aufgrund gesetzlicher Ermächtigung und Befähigung ein anderes soziales Substrat in der Weise gegenwärtig macht, d. h. repräsentiert, daß die selbständigen, im eigenen Namen abzugebenden Willensäußerungen des Repräsentanten noch von diesem weisungsabhängig ist, kraft Gesetzes (im Staatsrecht kraft Verfassung) dem Repräsentierten zugerechnet werden, ohne daß sie als Willensäußerungen des Repräsentierten (nach dem Prinzip der Identität) angesehen werden und ohne daß der Repräsentierte dadurch im juristischen Sinne der Vertretung berechtigt oder verpflichtet wird“; so zutreffend *Gester* (I), 128.

[34] So auch *Gester* (I), 127 ff.; *Richardi* (I), 124; *Maus,* Handbuch des Arbeitsrechts; BetrVG § 1 Anm. 19; *Söllner* (I), 146; *Hueck - Nipperdey* (IV), 1092; *Richardi* (V), 10; *Hanau - Adomeit,* Arbeitsrecht, 92; unklar *Rüthers*

Seine Aufgaben nimmt er vermöge seiner vom § 1 BetrVG vorgesehenen freien Wahl *im eigenen Namen* wahr[35]. Diese Wahrnehmung richtet sich nach den organisatorischen und materiellrechtlichen Bestimmungen dieses Gesetzes. Die sich aus seinen Rechtshandlungen ergebenden Folgen treten in erster Linie bei der Belegschaft ein[36].

Das spezifische Merkmal dieses Verhältnisses zwischen Belegschaft und Betriebsrat ist in der *Unabhängigkeit bzw. fehlenden Weisungsgebundenheit* des Repräsentanten gegenüber den Repräsentierten zu erblicken[37]. Wie aus § 23 Abs. 1 BetrVG hervorgeht, setzt die Realisierung des Abberufungsrechts der Arbeitnehmer eine grobe Verletzung der gesetzlichen Pflichten des Betriebsrates voraus. Ebenfalls kann die Betriebsversammlung dem Betriebsrat nur Anträge vorlegen und zu seinen Beschlüssen Stellung nehmen (§ 45 BetrVG), nicht aber ihn zu einer bestimmten Handlungsweise verpflichten. Die Rechtsfigur der Repräsentation eignet sich am besten, um diese Rechtsstellung des Betriebsrates zu erfassen und zu explizieren[38].

(III), 141 ff., der einerseits (S. 141) den Betriebsrat als *Repräsentationsorgan* der Belegschaft, andererseits aber (Überschrift des siebenten Kapitels, A I 5, S. 141 und S. 146) von Betriebsrat als *Repräsentation der Belegschaft* spricht. Vgl. dazu auch BAG AP Nr. 1 zu § 23 BetrVG, AP Nr. 1 zu § 66 BetrVG und neuerdings BAG, AP Nr. 142 zu § 242 BGB (Ruhegehalt) = SAE 1970, 266 ff. A. A. *Fitting - Auffarth,* § 1 Anm. 32; *Halberstadt - Zander,* Handbuch des BetrVG, 2. Aufl., 23; unentschieden *Brecht,* § 1 Anm. 24, § 1 Anm. 11 BtrVG.

[35] Vgl. dazu statt vieler *Hueck - Nipperdey* (IV), 1090; *Richardi* (X), 10 ff.

[36] *Gester,* RdA 1960, 411; *Maus,* § 1 Anm. 19. In manchen Fällen treten sie gewiß auch für einzelne Arbeitnehmer ein; vgl. dazu § 99 BetrVG.

[37] Vgl. dazu *Hueck - Nipperdey* (IV), 1090; ähnlich auch *Gester* (I), 118; *Neumann-Duesberg* (I), 231; *Gramm,* AR-Blattei, D VIII, A IV 2; *Adomeit* (V), 54; *Richardi* (X), 10.

[38] So auch *Gester* (I), 127 ff.; *Maus,* § 1 Anm. 19; *Söllner* (I), 146; *Gramm,* A IV 3; *Hueck - Nipperdey* (IV), 1090; *Richardi,* 10, Fußn. 24. Der ganze Komplex der Repräsentationsaufgaben des Betriebsrates kann *rechtstechnisch-funktional gesehen* in Übereinstimmung mit §§ 21, 24 und 37 Abs. 1 und 2 BetrVG auch als *„Betriebsratsamt"* bezeichnet werden. Vgl. dazu *Säcker,* RdA 1965, 372 ff.; *Maus,* § 1 Anm. 19; *Söllner* (I), 147; *Hueck - Nipperdey* (IV), 1093. Wie richtig *Säcker* (S. 379) ausführt, gelte dieser *Amtsbegriff* überall dort, wo eine Person bestimmte gesetzlich fixierte Aufgaben unter Bindung an eine fremd gesetzte objektive Interessenordnung zu erfüllen habe. Unter diesem Aspekt kommt es nicht darauf an, wie man den Betriebsrat rechtlich qualifiziert. Der hier vertretene Standpunkt darf nicht mit der Ansicht *Nikischs* (VII), 34 f., verwechselt werden, der die Qualifikation *„Repräsentation"* sowie die Existenz der Beteiligungsrechte schlechterdings ablehnt.

C. Die Betriebsvereinbarung als das Rechtsinstrument zur Ausübung der Normsetzungsmacht der Betriebspartner

I. Die sozialpolitische Funktion der Betriebsvereinbarung

Es wurde bereits andernorts von der überwiegenden Schutzfunktion der Betriebsverfassung unter besonderer Berücksichtigung der den Arbeitnehmern zuerkannten Beteiligungsrechte gesprochen[1]. Sie trägt, wie gesehen, dem Herrschaftscharakter der Betriebswirklichkeit Rechnung und zielt auf die Realisierung *des Selbstbestimmungsgedankens* innerhalb der Ordnung des Arbeitsverhältnisses[2]. Unter diesem Aspekt stellt *die Betriebsvereinbarung* ein *strukturnotwendiges Ergänzungs- und Korrekturelement* der in den letzten Jahrzehnten sich abzeichnenden *Wandlung der sozialen Funktion* des Arbeitsverhältnisses dar[3].

Die Entstehung der Kollektivautonomie sowie ihre Ausstattung vom Staate mit rechtsverbindlicher Kraft spiegeln am ausgeprägtesten diesen strukturellen Wandel wider[4]. Die Betriebsvereinbarung als *kollektivrechtliches innerbetriebliches Rechtsetzungsinstrument* bildet eine *Ergänzung* des überbetrieblichen Tarifvertrages[5]. Wie der Tarifvertrag bezweckt zunächst die Betriebsvereinbarung einen *Machtausgleich* zwischen Arbeitgeber und Arbeitnehmer bei Abschluß und Gestaltung des Arbeitsverhältnisses[6, 7]. Angesichts der Tatsache, daß die Fremdbestimmung des Arbeitsverhältnisses seitens des Arbeitgebers sich in einem herrschaftsbedingten soziologischen Gebilde, d. h. im Betrieb[8], abspielt, und im Hinblick auf die daraus resultierende personelle Abhängigkeit und Gefährdung der Menschenwürde des Arbeitnehmers[9],

---

[1] Vgl. oben 1. Abschnitt E.

[2] 1. Abschnitt E.

[3] Über die *Wandlung der sozialen Funktion des Arbeitsverhältnisses* und die daraus resultierenden Folgen vgl. vor allem *Simitis* (I), 270 f., 386 f.; vgl. auch oben S. 44.

[4] Dazu vgl. *Hueck - Nipperdey* (III), 27 ff.; *Söllner* (I), 37 ff., 43 ff., 67 ff., 110 f., 138 ff.; *Richardi* (I), insbes. 37 ff., 92 ff. und 111 ff.; *Rüthers* (III), 21 ff.

[5] So zutreffend *Strasser*, 18.

[6] Vgl. *Hueck - Nipperdey* (III), 28; *Kaskel*, Arbeitsrecht, 3. Aufl. 1928, 56 f.; *Strasser*, 18; *Adomeit* (II), 139; *Säcker* (X), 53; *Weiss*, in: *Simitis - Weiss*, DB 1973, 1246.

[7] Dieser Ausgleichsfunktion der Betriebsvereinbarung liegt die Schutzbedürftigkeit des sozial und wirtschaftlich schwächeren Arbeitnehmers zugrunde; vgl. dazu *Hueck - Nipperdey* (III), 28; *Hueck*, G. (I), 15 ff., 31 ff.; *Säcker* (X), 53.

[8] Vgl. oben 1. Abschnitt B.

[9] Oben 1. Abschnitt C.

kommt der Betriebsvereinbarung eine besondere *sozialpolitische Aufgabe* zu: Sie soll zu einer weitgehenden *„Demokratisierung“*[10] und *„Humanisierung“* der betrieblichen Herrschaftsordnung beitragen[11]. Dies kann nur durch die Beschränkung des absoluten Führungsprinzips im Betrieb, d. h. durch eine zunehmende Bevorzugung von *autonomer* (mit entsprechender Verdrängung von heteronomer) Gestaltung erfüllt werden[12]. Zu diesem Zweck gab der Staat dem Betriebsrat als dem Repräsentanten der Arbeitnehmer die Mitbestimmungsbefugnisse in die Hand[13].

II. Begriff und rechtliche Funktion der Betriebsvereinbarung

1. Allgemeines

Die Betriebsvereinbarung ist neben dem Tarifvertrag der zweite wichtige arbeitsrechtliche *Kollektivvereinbarungstypus*[14]. Seitdem sie von *Flatow*[15] analysiert und entwickelt wurde, war die Betriebsvereinbarung Gegenstand heftiger wissenschaftlicher Auseinandersetzungen[16]. Dies läßt sich aus dem Fehlen einer erschöpfenden gesetzlichen Regelung dieses Rechtsinstituts erklären[17]. Trotz der erheblichen Fortschritte zur Klärung bisher bestehender Zweifelsfragen, die das neue BetrVG

[10] Vgl. dazu *Hilger*, in: Verhandlungen des 43. DJT, 1960, Bd. II, F 9 f.

[11] So im Ergebnis auch *Strasser*, 18; vgl. dazu auch *Säcker* (III), 345, und *ders.* (X), 51, wo er das dem Abschluß einer Betriebsvereinbarung zugrunde liegende *Demokratie- und Rechtsstaatsprinzip* hervorhebt.

[12] Vgl. *Adomeit* (II), 138 und 142 ff.; so auch *Strasser*, 18; 18 f. Autonomie wird hier als Normsetzung verstanden, bei der eine enge Verbindung zwischen Normschöpfer und Normunterworfenen — im Gegensatz zur Heteronomie — besteht.

[13] Vgl. *Adomeit* (II), 130 und 142 ff.; *Richardi* (I), 122 ff. und 291 ff.; *Söllner*, Einseitige Leistungsbestimmungen im Arbeitsverhältnis, insbes. 66; ders., RdA 1968, 437 ff.; *Hueck - Nipperdey* (III), 30 ff.; *Preis*, DB 1973, 477; *Simitis*, in: *Simitis - Weiss*, 1241, 1245 f.; ebenso im Ergebnis *Rüthers*, in: Aktuelle Fragen des Arbeitsrechts 1972, 21, der zugleich jedoch vor der Gefahr eines Mißverständnisses der totalen Übertragung des die staatliche Organisationsform auszeichnenden Demokratisierungsbegriffs auf die Organisationsstruktur des Industriebetriebes warnt.

[14] Vgl. *Söllner* (I), 167; *Adomeit* (II), 139, 144 f.; *Hueck*, G. (I), 15 f.; *Strasser*, 19; *Säcker* (III), 341; *Rüthers* (III), 144 f.; *Hanau - Adomeit*, 101.

[15] *Flatow*, Betriebsvereinbarung und Arbeitsordnung, 1923.

[16] Zur Nachkriegsliteratur über die Betriebsvereinbarung vgl. vor allem: *Hueck*, G. (I), 15 ff.; *ders.*, RdA 1952, 366 ff.; *ders.*, RdA 1962, 376 ff.; *Strasser*, 12 ff.; *Adomeit*, BB 1962, 1246 ff.; *Müller*, W., 1 ff.; *Richardi* (I), 277 ff.; *Bickel*, 181 ff.; *Quasten*, Zulässigkeit und Unzulässigkeit von Betriebsvereinbarungen, Diss. 1971, 13 ff.; *Säcker* (X), 41 ff.

[17] So zutreffend auch *Kauffmann*, H., DB 1956, 988.

vom 19. 1. 1972 herbeiführte[18], bleiben die Fragen nach dem *Wesen* und der *Rechtsnatur* der Betriebsvereinbarung *offen*[19].

Die Betriebsvereinbarung kommt durch *schriftliche Einigung zwischen den Betriebspartnern* zustande (§ 77 Abs. 2 BetrVG). Im Rahmen der Regelungsbefugnisse der Betriebspartner werden hierdurch sowohl betriebliche und betriebsverfassungsrechtliche Angelegenheiten als auch Arbeitsverhältnisse geregelt, soweit diese Fragen *zum Aufgabenbereich des Betriebsrates* gehören[20]. Die Betriebsvereinbarung kann aber auch durch den Spruch der Einigungsstelle zustande kommen (§ 76 BetrVG). Dieser Spruch ist selbst keine Betriebsvereinbarung, er ersetzt nur die Einigung zwischen den beiden Parteien und hat die Wirkung einer Betriebsvereinbarung (§ 76 Abs. 5 und 6).

Wie schon angedeutet, stellt die Betriebsvereinbarung das zur Ausübung der den Arbeitnehmern zustehenden Mitbestimmungsrechte geeignetste und klassische Rechtsinstrument dar[21]. Da die Betriebsvereinbarung mit *normativer Kraft* ausgestattet ist (so nun expressis verbis § 77 Abs. 4 BetrVG), gilt sie unmittelbar und zwingend für die von ihr geregelten Arbeitsverhältnisse bzw. für die von ihr erfaßten Betriebsangehörigen. Dies weist auf ihre *normsetzende Funktion* innerhalb des Betriebes hin[22, 23].

---

[18] Die im Rahmen des alten BetrVG offen gelassenen Fragen nach Rechtswirkungen, Kündbarkeit und Nachwirkung von Betriebsvereinbarungen — um die wichtigsten zu nennen — wurden vom neuen BetrVG expressis verbis gelöst; vgl. § 77 Abs. 4, 5 und 6 BetrVG.

[19] Das neue BetrVG geht vom Begriff der Betriebsvereinbarung als feststehendem Rechtsinstitut aus, ohne ihn näher zu erläutern.

[20] Vgl. *Hueck - Nipperdey* (I), 329; *Fitting - Auffarth,* Anm. 30 ff. zu § 77 BetrVG; *Maus,* Erl. 16 f. zu § 52 des BetrVG von 1952. Allerdings ist es umstritten, ob die Regelung betriebsverfassungsrechtlicher Fragen normativ wirken kann. Dazu vgl. statt vieler *Hueck - Nipperdey* (IV), 1266 f.; *Fitting - Auffarth,* Anm. 18 und 33 zu § 77 BetrVG. — Keine Einigkeit besteht auch über die Frage, ob die den Abschluß von Arbeitsverhältnissen bestimmenden Betriebsvereinbarungen eine normative Wirkung entfalten oder nicht; über den Stand der Meinungen siehe statt aller *Marzen,* RdA 1966, 296 ff.

[21] Vgl. *Sitzler,* A I 2; *Kauffmann* (I), 988; *Hueck,* G. (II), 366; *Richardi* (I), 277; *Säcker* (X), 58. — Neben der Betriebsvereinbarung bietet sich auch die sog. Regelungsabrede als Ausübungsform der Mitbestimmung. So die überwiegende Meinung und die Rechtsprechung; vgl. dazu statt vieler *Galperin,* BB 1960, 453 f.; *Neumann-Duesberg* (I), 411 ff.; *Nikisch* (II), 308 ff.; *Adomeit,* Regelungsabrede, 1961, 66 ff.; *ders.* (II), 153 ff.; BAG AP Nr. 1 zu § 56 BetrVG Arbeitszeit; AP Nr. 4 zu § 56 BetrVG Akkord. A. A. *Dietz,* BetrVG, Anm. 46 ff. zu § 56 BetrVG 1952; ders., in: Festschrift für Nipperdey 1955, 147 ff.; *Richardi* (I), 285 ff.; *ders.* (IV), 628 f.

[22] Dazu vgl. statt vieler *Richardi* (I), 297 ff.; *Söllner* (I), 167; *Neumann-Duesberg* (I), 122 ff.; *Rüthers* (III), 145.

[23] Die Betriebsvereinbarung ist zwar das einzige Gestaltungsmittel, das für alle Betriebsangehörige einheitliche Arbeitsbedingungen mit normativer Wirkung schafft; sie ist aber nicht der einzige zu einheitlichen Arbeitsbedingungen führende Weg; vgl. dazu *Richardi* (I), 297 f.

2. Die Rechtsnatur der Betriebsvereinbarung

a) Die Problemstellung

Während die Anerkennung der Betriebsvereinbarung als Quelle objektiven Rechts heute — zumal nach der Norm des § 77 Abs. 4 BetrVG — kaum bestritten wird[24], besteht keine Einigkeit über ihre *Rechtsnatur*[25]. Dieser wissenschaftliche Streit läßt sich grundsätzlich in vier verschiedene Ansichten einteilen: Die Verfechter der *Satzungs- und Beschlußtheorie* stehen den Vertretern der *Vertragstheorie* unmittelbar gegenüber, während die Anhänger der *Vereinbarungstheorie* einen gewissermaßen mittleren Weg gehen[26].

b) Kritische Auseinandersetzung mit den verschiedenen in der Lehre entwickelten Theorien

aa) Satzungs- und Beschlußtheorie

Der Grundgedanke, der die *Satzungs-*[27] *und die Beschlußtheorie*[28] gemeinsam stützt, ist die Annahme einer tatsächlich bestehenden und rechtlich fundierten *Betriebsgemeinschaft*[29]. Der Arbeitgeber und der Betriebsrat als ihre Organe verfolgen durch ihr Handeln ein gemeinsames Ziel: Die Schaffung und die Bewahrung einer sinnvollen Ord-

---

[24] Vgl. oben S. 51.

[25] Nicht immer besteht Klarheit in der Literatur bei der Untersuchung der Fragen nach der Rechtsnatur und den Rechtswirkungen der Betriebsvereinbarung. Dies führt häufig zur *Vermischung* und sogar zur *Identifizierung* der beiden Probleme. Ein charakteristisches Beispiel dafür bietet neuerdings der Aufsatz von *Bickel*, 181 ff. Man muß sich dabei aber im klaren sein, daß die Frage nach der Rechtsnatur sich lediglich auf den *rechtlichen Begründungsakt* bezieht (so zutreffend *Strasser*, 73 und neuerdings *Quasten*, 32), was letztlich auf einer Überbetonung einzelner Aspekte basiert (so richtig *Söllner* (I), 167) und unerhebliche praktische Bedeutung hat (der Große Senat des BAG konnte deshalb diese Frage ausdrücklich offenlassen), BAG AP Nr. 1 zu § 57 BetrVG. Im Gegensatz dazu weist die Ermittlung der Herkunft der Normwirkungen der Betriebsvereinbarung eine große rechtstheoretische und praktische Relevanz, insbesondere hinsichtlich der Grenzen ihrer Zulässigkeit, auf; dazu vgl. oben S. 39.

[26] Das Problem der *rechtlichen Einordnung des Betriebsverfassungsrechts* braucht hier nicht untersucht zu werden. Denn während seine Lösung auf erhebliche Schwierigkeiten stößt, erweisen sich die daraus resultierenden Folgerungen für die rechtliche Behandlung der Betriebsvereinbarung als im wesentlichen indifferent, vgl. dazu zu Recht auch *Adomeit* (III), 1248.

[27] Vgl. zur Satzungstheorie *Herschel*, RdA 1948, 47 ff.; ders., RdA 1956, 161 ff.; ders., in: Juristen-Jahrbuch Bd. 2 (1961/62), 80 ff.; ähnlich *Galperin*, BB 1949, 374 ff.; *Galperin - Siebert*, BetrVG 1952, § 52 Rdz. 23.

[28] Zur Beschlußtheorie vgl. *Adomeit* (III), 1246 ff.; *ders.* (I), 86 ff., 96 ff. (anders aber in: Rechtsquellenfragen, 139 f., 146 f.); vgl. ferner *Bogs* (I), 5 ff.

[29] *Herschel*, RdA 1948, 47; ders., RdA 1956, 164; *Adomeit*, BB 1962, 1249.

nung im Betriebe[30]. Die beiden Theorien unterscheiden sich voneinander in der Entstehungsart der Rechtsnormen, die die bezweckte Ordnung gestalten sollen. Während die Satzungstheorie die Betriebsvereinbarung als Ergebnis des *parallelen Tätigwerdens* der Betriebsorgane ansieht, wie im *Zwei-Kammer-System* die Normen eines Gesetzes entstehen[31], kommt sie nach der Beschlußtheorie durch ihr *einheitliches Handeln* als *gemeinsamer Beschluß* zustande[32].

Diese Theorien vermögen indessen nicht, überzeugende Gesichtspunkte für die Lösung der anstehenden Frage herauszuarbeiten. Schon ihr Ausgangspunkt, die Betrachtung des Betriebes als *„überindividueller" Organismus*[33] oder die Annahme einer *Betriebsgemeinschaft* zwischen Arbeitgeber und Arbeitnehmer[34] sind wirklichkeitsfremd und rechtsdogmatisch unbegründet. Die Fremdbezogenheit der Arbeit[35] und die Herrschaftsbezogenheit der betrieblichen Struktur[36] lassen sich nicht durch eine gekünstelte sozialromantische bzw. nicht existierende rechtspolitische Forderungen hypostasierende Konstruktion aus der Welt schaffen. Das Arbeitsverhältnis als *Dauerschuldverhältnis* durch seine *gewandelte soziale Funktion* stellt die Basis dar, von der jede rechtliche Betrachtung seiner weitgehenden Kollektivierung im Betriebe ausgehen soll[37]. In diesem Kollektivierungsprozeß des Interessengegensatzes[38] bildet die Betriebsvereinbarung das zur kollektivrechtlichen Wahrnehmung der arbeitnehmerischen Interessen bestimmte Rechtsinstitut[39]. Weder individualrechtlich noch kollektivrechtlich stehen Arbeitgeber und Arbeitnehmer in einem Gemeinschaftsverhältnis zueinander[40]. Eine gemeinschaftsbezogene Zweckverfolgung liegt im Betriebe nicht vor[41].

---

[30] *Herschel* (II), 49 und 168; *Bogs* (I), 6; *Adomeit* (I), 100.

[31] Vgl. dazu *Herschel* (II), 47 ff.; *Galperin* (I), 49.

[32] *Adomeit* (III), 1248 ff.; ders. (I), 96 ff.; vgl. auch *Neumann-Duesberg*, RdA 1958, 372; vgl. dazu neuerdings auch *Halberstadt - Zander*, Handbuch des Betriebsverfassungsrecht, 1972, 175; dazu neigen auch *Stege-Weinspach*, BetrVG 1972, 123.

[33] *Herschel*, RdA 1956, 164.

[34] *Adomeit* (I), 100.

[35] Die Gewährleistung der Kollektivautonomie darf nicht darüber hinwegtäuschen, daß das wirtschaftliche Übergewicht des Arbeitgebers bei der Gestaltung des Arbeitsverhältnisses aufgehoben worden ist; so richtig *Säcker*, Allgemeine Arbeitsbedingungen im Schnittpunkt von Privat- und Kollektivautonomie, Diss. 1968, 80.

[36] Dazu siehe oben 1. Abschnitt B.

[37] Vgl. S. 44 und die dort genannten Autoren.

[38] So zutreffend auch *Karakatsanis*, 24.

[39] Vgl. S. 49 f.

[40] Ebenso *Leinemann* (II), 53 f.; *ders.* (I), 137; *Wolf* (I), 14 ff.; 33 ff.; *Schwerdtner* (I), 56 ff., 69 ff. Daß es sich dabei weder um eine *Gemeinschaft* noch um einen *Verband im rechtlichen Sinne* handelt, ist schon von mehreren Autoren überzeugend dargestellt worden, vgl. dazu *Neumann-Duesberg* (I), 171 ff.; *Leinemann* (II), 52 ff.; *Quasten*, 298.

[41] *Neumann-Duesberg* (I), 183 f.; *Leinemann* (II), 57 f.; *Müller*, W., 11 ff.

Von einem nach außen vertretbaren, handlungs- und vermögensfähigen Gesamtwillen kann nicht die Rede sein[42]. Somit ist die Bezeichnung der Betriebspartner als Organe fehl am Platze[43].

Der § 77 Abs. 2 BetrVG bietet überdies den Anhängern der Satzungs- und Beschlußtheorie keinen Anhaltspunkt. Seine Bezugnahme auf die *„gemeinsam zu beschließenden"* Betriebsvereinbarungen kann nur den Sinn haben, *die Einigungsnotwendigkeit für die wirksame Ausübung der betriebsverfassungsrechtlichen Normsetzungsmacht zu unterstreichen*[44]. Hielte man gleichwohl am Wortlaut des Gesetzes fest, dann könnte man daraus einen Hinweis mehr dafür entnehmen, daß der Gesetzgeber durch die Ersetzung des Wortes *„Beschluß"* mit dem Wort *„Vereinbarung"* im § 77 Abs. 1 unter Beibehaltung der Formulierung des § 77 Abs. 2 der Entscheidung der ihm bekannten Streitfrage über die Rechtsnatur der Betriebsvereinbarung nicht vorgreifen wollte[45].

Schließlich sei auf die *historische Entwicklung* des Betriebsvereinbarungsrechts hingewiesen. Es wäre nicht annehmbar, die durch das AOG erfolgte *Perversion des Rechtswesens des Arbeitsverhältnisses* durch dessen Absorbtion durch eine gekünstelte und stark ideologisierte Betriebsgemeinschaftskonstruktion[46] aufgrund unhaltbarer Erklärungsmodelle aufrechterhalten zu wollen[47].

---

[42] Denn der Betrieb ist *ein reiner und auf gemeinsame Vermögensbildung nicht abgestellter Innenverband,* wie auch *Adomeit* (I), 100, erkennt.

[43] Die Frage, ob die angeblichen Organe *getrennt und parallel* oder *einheitlich* tätig werden, braucht nicht speziell untersucht zu werden, nachdem die Voraussetzung der Annahme einer Organschaft, nämlich ein übergeordnetes Rechtsgebilde, (Betriebsgemeinschaft) als unbegründbar gezeigt wurde. Zur Ablehnung der Organschaft der Betriebspartner vgl. ferner *Leinemann* (II), 58; *Quasten,* 30 f.; *Müller,* W., 12; *Hueck,* G. (I), 29 ff.

[44] Ebenso zum § 52 Abs. 2 BetrVG v. 1952 *Hueck,* G. (II), 371; ähnlich *Dietz,* BetrVG, § 52 Anm. 2; vgl. dazu auch *Müller,* W., 14 f.; *Quasten,* 32.
Angesichts des faktisch bestehenden *Interessengegensatzes* zwischen Arbeitgeber und Arbeitnehmer und der bisherigen Entwicklung des Betriebsvereinbarungsrechts hätte der Gesetzgeber im übrigen expressis verbis die Verleihung einer auf gleicher Interessenlage beruhenden Organstellung der Betriebspartner bestimmen müssen. Das *Partnerschaftsgebot* des § 2 Abs. 1 bewirkt keineswegs den *Zusammenschluß* der Betriebspartner zu irgendeiner *Körperschaft,* vgl. dazu *Dietz,* BetrVG, § 49 Anm. 6 b.

[45] Vgl. dazu die Begründung des neuen BetrVG Drucksache VI/1786, 47, die von *„geringfügigen redaktionellen Anpassungen"* spricht; *Fitting - Auffarth,* § 77 Anm. 17, gehen einen Schritt weiter und leiten aus dieser Ersetzung ein Argument für die Vertragstheorie her. Zur entsprechenden Stellungnahme zu § 52 Abs. 2 BetrVG vgl. *Strasser,* 70; *Hueck,* G. (II), 371; *Maus,* § 52 Anm. 9; *Müller,* W., 14 f.; *Quasten,* 32. *Hueck - Nipperdey* (IV), 1271; *Erdmann - Jürging - Kammann,* BetrVG, Anm. 3 zu § 77.

[46] Dazu vgl. die kritischen Darstellungen *Rüthers,* AuR 1970, 97 ff.; *Richardi* (I), 306 ff.; *Unterseher,* Arbeitsvertrag und innerbetriebliche Herrschaft, 1969, 52 ff.; *Ramm,* KJ 1968, 108 ff.

[47] Ebenso *Hueck,* G. (I), 32 ff.; *Strasser,* 88 ff.; *Hueck - Nipperdey* (IV), 1273; *Leinemann* (II), 54 ff.

bb) Die Vertragstheorie

Als *Antipode* zur Satzungs- und Beschlußtheorie kommt die *Vertragstheorie* in Betracht. Von der betrieblichen Wirklichkeit ausgehend, betrachten sich die Betriebsvereinbarungsparteien *als Vertreter gegenläufiger Interessen, die einen gerechten Ausgleich bezwecken*[48]. Die Betriebsvereinbarung stellt die *Willensübereinstimmung* zweier *gegenüberstehender, korrespondierende Willenserklärungen abgebender Parteien,* d. h. einen Vertrag nach § 145 BGB, dar[49]. *Sozialpolitisch* gesehen geht es um einen *Kompromiß zwischen Kapital und Arbeit,* der unter der Voraussetzung der Gewährleistung der Lebens- und Funktionsfähigkeit des Betriebes Mitwirkungsmöglichkeiten der Arbeitnehmerschaft in betrieblichen Angelegenheiten schafft[50]. Unter diesem Gesichtspunkt ist das *Partnerschaftsgebot* des § 2 Abs. 1 BetrVG als *Institutionalisierung* dieses *Interessengegensatzes* mit dem Ziel seiner *sozialen Integration* anzusehen[51].

Zur Erklärung der Normwirkung der Betriebsvereinbarung wird die Rechtsfigur des *Normenvertrages* herangezogen[52]. Ihre normativen Bestimmungen werden dementsprechend als *Quellen objektiven Rechts* bezeichnet[53].

cc) Die Vereinbarungstheorie

Schließlich steht als ein *vermittelndes* Erklärungsmodell die *Vereinbarungstheorie* zur Debatte[54]. Sie geht auf den Versuch *Jacobis*[55] zurück, den normativen Charakter der Betriebsvereinbarung außerhalb der staatlichen Gesetzgebung rechtsdogmatisch zu begründen. Der *gemeinsame Nenner* der Vertrags- und der Vereinbarungstheorie besteht in der Abgabe von Willenserklärungen unter den Beteiligten[56]. Während aber beim Vertrag die gegenüberstehenden Parteien *entgegengesetzte*

---

[48] Vgl. dazu statt vieler *Strasser,* 93 ff.; *Hueck,* G. (I), 32 ff., 42 ff.; *Richardi* (I), 310 ff., 316 f.; *Müller,* W., insbes. 25; *Quasten,* 35.

[49] Dazu vgl. statt aller *Hueck - Nipperdey* (IV), 1275.

[50] Ähnlich neuerdings *Halberstadt,* BUV 1971, 75 f.; ders., BUV 1972, 82 ff., 90 f.

[51] Ebenso richtig *Adomeit* (I), insbes. 54 f., der aber zu Unrecht daraus den Zusammenschluß einer Betriebsgemeinschaft schließt; vgl. auch *Halberstadt* (I), 79; *van Gelder,* BUV 1971, 122, vgl. dazu ferner unten S. 62 f.

[52] *Hueck,* G. (I), 49; *Hueck - Nipperdey* (IV), 1275; *Strasser,* 96; *Richardi* (I), 310.

[53] Dazu vgl. statt aller *Hueck - Nipperdey* (IV), 1275.

[54] Der Begriff „Vereinbarung" stammt aus dem öffentlichen Recht, vgl. dazu *Binding,* Die Gründung des Norddeutschen Bundes, 1889; Festgabe der Leipziger Juristenfakultät für Winscheid, 69 ff.; *Jellinek,* Die Lehre von den Staatenverbindungen, 1882, 101 ff.

[55] *Jacobi,* Grundlehren des Arbeitsrechts, 1927, 261.

[56] Vgl. dazu *Hueck,* G. (I), 43.

korrespondierende Willenserklärungen abgeben, erfaßt die Vereinbarung *inhaltsgleiche, von auf gemeinsame oder einheitliche Interessen gerichteten Parteien abgegebene Willenserklärungen*[57]. In der Verfolgung eines gemeinsamen Zieles wird also im Ergebnis eine *Überschneidung* zwischen Satzungs- bzw. Beschlußtheorie mit Vereinbarungstheorie besonders deutlich[58]. Der durch die Vereinigung des inhaltsgleichen Einzelwillens gebildete *übergeordnete Gesamtwille* hat die Fähigkeit, objektives Recht zu erzeugen[59]. Überträgt man nun diese Konstruktion auf die Betriebsvereinbarung, dann muß man ihr notwendigerweise den schuldrechtlichen Teil absprechen[60].

Die Inhaltsgleichheit der Willenserklärungen und somit die Interessengemeinsamkeit, die als Spezifikum der Vereinbarung zur Unterscheidung vom Vertrag herangezogen wird, scheint jedoch im Privatrecht mehr oder weniger als Abgrenzungskriterium nicht zwingend zu sein[61]. Dies zeigt sich dadurch, daß es Vertragsformen gibt, bei denen die Verfolgung eines gleichgerichteten Zieles den dominierenden Akzent gibt oder sich nach Momenten und Punkten differenzieren läßt[62]. Man muß vielmehr solche rechtsgeschäftlichen Einigungsfiguren als *Spannungsverhältnisse* zweier oder mehrerer Parteien ansehen. Nach den konkreten Gesichtspunkten, Vorstellungen und Zielsetzungen, die während des Verhandlungsprozesses mehr oder weniger als *selbständige, qualitative Größen* auftreten können, treten *das Gemeinsame und Inhaltsgleiche bzw. das Verschiedene und Korrespondierende* entsprechend in den Vordergrund oder in den Hintergrund. Im Endeffekt, und dies ist das Entscheidende dabei, vereinigen sie sich in eine *neue Qualität:* in das Zustandekommen der Willenseinigung[63].

Angesichts dieser Dialektik, die die Entstehung solcher Rechtsgeschäfte kennzeichnet, ist es nicht einzusehen, warum ein *rechtlich einheitliches Handeln* nach fragwürdigen rechtsformalen Kriterien aufgespalten werden sollte. Dies könnte nur die Folge haben, die *Einheit* und die *Kontinuität* des *Vertragsrechtssystems* ohne stichhal-

---

[57] So *Jacobi*, 262; vgl. auch *Neumann-Duesberg*, RdA 1962, 409 f.

[58] Ebenso *Quasten*, 27.

[59] Vgl. dazu *Binding*, Zum Werden und Leben der Staaten 1920, 224; ähnlich *Jacobi*, 263.

[60] So richtig *Müller*, W., 23.

[61] Ebenso *Hueck*, G. (I), 45; *Müller*, W., 20; *Hueck - Nipperdey* (IV), 1274.

[62] So gehört z. B. der *Gesellschaftsvertrag* (§ 705 BGB) zu den schuldrechtlichen Verträgen im Sinne des § 145 BGB, obwohl die Beteiligten ein gleichgerichtetes Ziel verfolgen; vgl. dazu auch *Müller*, W., 22 f.; *Quasten*, 33.

[63] Ebenso *Müller*, W., 22 ff.; *Quasten*, 33. Daraus ergibt sich, daß die Entscheidung für die Vereinbarungs- oder die Vertragstheorie zur unterschiedlichen Behandlung der Betriebsvereinbarung führen kann. Vgl. dazu *Hueck*, G. (I), 47; *Richardi* (I), 310.

tigen Grund aufzulösen[64]. Auch die mit der Vereinbarungstheorie verbundene Absicht, die Normwirkungen der Betriebsvereinbarung zu explizieren, kann nicht als haltbares Argument für die Akzeptierung dieser Theorie vorgebracht werden. Denn sie beruht auf einer rechtsdogmatisch abzulehnenden Vermischung zwischen dem *Entstehungsakt* und der *Rechtswirkung* eines Rechtsinstitutes[65]. Es ist schon gleichwohl andernorts aufgezeigt[66], daß die *Normwirkungen* der Betriebsvereinbarung unmittelbar aus der *staatlichen Delegation* abzuleiten sind, ohne daß es dabei auf die Form ihres Zustandekommens ankommt[67].

dd) Eigene Stellungnahme

Die obigen Ausführungen haben deutlich gemacht, daß weder die Satzungs- bzw. die Beschlußtheorie noch die Vereinbarungstheorie geeignet sind, eine tragfähige Basis für eine überzeugende Erklärung der Rechtsnatur der Betriebsvereinbarung zu bieten.

Die soziale und rechtliche Funktion der Betriebsvereinbarung, einen Interessenausgleich zwischen Arbeitgeber und Arbeitnehmer zu erzielen[68], impliziert bereits das *ausschlaggebende Moment* für ihre Rechtsnatur, *nämlich die Notwendigkeit einer übereinstimmenden Ausübung der betriebsverfassungsrechtlichen Rechtsetzungsmacht*[69]. Der Abschluß einer Betriebsvereinbarung ist m. a. W. von einer *Willenseinigung* der Betriebspartner abhängig[70].

Das Zustandekommen einer solchen Einigung findet seinen positivrechtlichen Ausdruck in den §§ 145 ff. BGB unter dem Begriff „*Vertrag*". Trotz fehlender Auskunft über das Vertragsinstitut durch das Gesetz besteht weitgehende Einigkeit über sein wichtigstes Strukturmerkmal[71]: *Die Willensübereinstimmung der Vertragsparteien*[72].

In diesem allgemeinen Sinne ist der *Vertragsbegriff* zu sehen, wobei es auf die Variationen und Differenzierungen der jeweiligen Einigungs-

---

64 Ähnlich wie hier auch *Müller*, W., 23. Zu Unrecht halten daher *Neumann-Duesberg* (II), 409 f., und *Nikisch* (III), 270, das Merkmal der Gleichgerichtetheit der Willenserklärungen für ein stichhaltiges Abgrenzungskriterium.

65 Dazu siehe oben S. 52; ebenso neuerdings *Quasten*, 33 f.

66 Vgl. oben S. 36 ff.

67 So auch *Müller*, W., 18; *Strasser*, 147; ähnlich im Ergebnis auch *Hueck*, G. (I), 48 f.; *Hueck - Nipperdey* (IV), 1274; *Quasten*, 32.

68 Darüber siehe oben S. 49 f.

69 Ebenso zutreffend *Adomeit* (II), 139.

70 Darauf weist unmißverständlich der § 77 Abs. 2 BetrVG hin; vgl. dazu auch oben S. 51.

71 Gewiß von der Entstehungsphase und nicht von dem Funktionsvorgang her gesehen; dazu vgl. neuerdings *Zweigert*, „Rechtsgeschäft" und „Vertrag" heute, Festschrift für Max Rheinstein, 1969, Bd. II, 499.

72 Dazu vgl. statt vieler *Hueck*, G. (I), 45 ff.; *Enneccerus - Nipperdey*, Allg. Teil, 1959, 911, Fußn. 10; *Müller*, W., 20 f.; *Richardi* (I), 310; *Hueck - Nipperdey* (IV), 1275; *Quasten*, 34; *Adomeit* (II), 140.

form und der zugrunde liegenden Interessenlage nicht ankommt. Unter diesem Vertragsbegriff, der *ein Zweier-Einigungsmodell* darlegt, fallen auch die Betriebsvereinbarungen[73].

Dennoch scheint dieser Übertragungsversuch auf erhebliche Bedenken zu stoßen. Denn das beim Abschluß einer Betriebsvereinbarung vorhandene *Regelungsurheber-Regelungsunterworfenen-Verhältnis* erweckt den Anschein einer *fehlenden Identität,* die jedoch die Beziehungen der Vertragspartner charakterisiert[74]. In einem solchen Fall würde die Betriebsvereinbarung mehr eine *heteronome Regelung* darstellen. Greift man dabei auf die Rechtsbeziehungen zwischen Belegschaft und Betriebsrat zurück[75], dann kann man unschwer feststellen, daß das sie tragende *demokratische Majoritätsprinzip* diesen Schluß verbietet[76]. Allerdings handelt es sich bei der normativen Gestaltung von Einzelarbeitsverhältnissen *nicht um unmittelbare Autonomie*[77]. Die damit tangierende Frage, wie die Verwendung des *Vertragsbegriffes* zur Qualifizierung der Betriebsvereinbarung mit ihrer Eigenschaft in Einklang steht, *objektives Recht* zu setzen, ist schon andernorts im wesentlichen beantwortet worden[78]. Wie öfter gesagt, geht es bei dem Problem der Rechtsnatur der Betriebsvereinbarung allein um ihren Entstehungstatbestand. Ihre Normwirkungen liegen an der den Betriebspartnern eingeräumten Normsetzungsbefugnis[79]. Nicht nur die *Träger* und den Aufgabenbereich der Betriebsautonomie, sondern auch die *Form* ihrer Ausübung kann der Staat im Rahmen seines Rechtsetzungsmonopols bestimmen[80]. Der Begriff des *Normenvertrags* bringt mit Prägnanz die Vereinbarkeit des *Vertragsinstitutes* mit der *Normsetzung* zum Ausdruck[81]. Gerade in dieser *Symbiose des Rechtsgeschäftlichen und des Normativen,* in diesem Charakteristikum der Betriebs-

---

[73] Ebenso *Müller,* W., 21; *Hueck,* G. (I), 50; *Strasser,* 96; *Hueck - Nipperdey* (IV), 1275; *Adomeit* (II), 146; *Quasten,* 35; *Säcker* (III), 341.

[74] Darüber schon *v. Savigny,* System des heutigen Römischen Rechts, 1840, Bd. III, 301: „Vertrag ist die Vereinigung mehrerer zu einer übereinstimmenden Willenserklärung, wodurch ihre Rechtsverhältnisse bestimmt werden."

[75] Wie andernorts gesagt wurde, handelt der Betriebsrat beim Abschluß einer Betriebsvereinbarung als Repräsentant der Arbeitnehmer; dazu oben S. 47 f.

[76] So zutreffend *Hueck - Nipperdey* (IV), 1245; *Säcker* (III), 345; *ders.* (X), 51.

[77] Dies bemerkt richtig *Adomeit* (I), 140; vgl. dazu auch *Hueck - Nipperdey* (IV), 1275.

[78] Vgl. dazu S. 57 ff.

[79] Siehe auch oben S. 36 ff.

[80] So die überwiegende Ansicht: vgl. dazu statt vieler *Prost,* NJW 1955, 1464; *Sieg,* RdA 1955, 441; *Strasser,* 145; *Hueck - Nipperdey* (III), 347.

[81] Diese Vereinbarkeit indiziert schon die Einheit und Urteilbarkeit der Staatsgewalt, was als das größte Verdienst der Stufenbaulehre zu betrachten ist; vgl. dazu *Säcker* (VII), 296 f.

vereinbarung, erblickt man ihre entscheidende Schutz- und Ordnungsfunktion[82].

Die Betriebsvereinbarung ist dem oben geschilderten allgemeinen Vertragsbegriff einzuordnen und kann als zweiseitiger Kollektivvertrag bezeichnet werden[83], der, genau wie der Tarifvertrag, Bestimmungen sowohl über die Einzelarbeitsverhältnisse als auch über betriebliche und betriebsverfassungsrechtliche Fragen enthalten kann[84]. Soweit diese Bestimmungen normativ auf die von ihnen erfaßten Tatbestände einwirken, sind sie als Normenverträge zu qualifizieren[85]. Als normsetzende Ausübungsform der innerbetrieblichen Gestaltungsmacht stellt die Betriebsvereinbarung eine autonome Rechtsquelle im Sinne der herrschenden Rechtsquellenlehre dar, die objektives Recht erzeugt und daher Gesetz im materiellen Sinne ist[86].

---

[82] Vgl. dazu richtig schon *Hueck*, A., Normenverträge, IhrJB, Bd. 73 (1923), 33; ähnlich auch *Strasser*, 94 ff., 147; *Hueck - Nipperdey* (IV), 1275.

[83] So die überwiegende Auffassung: *Hueck*, G. (I), 50; *ders.* (II), 371; *v. Carolsfeld*, 438; *Sitzler*, B I 2; *Strasser*, 94 ff., 171; *Günther*, Die Normativbestimmungen der Betriebsvereinbarung und das Einzelarbeitsverhältnis, Diss. 1957, 28 ff.; *Musa*, Betriebsverfassung 1959, 84; *Müller*, W., 25; *Richardi* (I), 310; *Bulla* (I), 146; *Quasten*, 35; *Säcker* (III), 341, 344; *ders.* (X), 50; *Fitting - Auffarth*, Anm. 17 zu § 77; *Quade - Kehrmann - Schneider*, BetrVG 1972, Anm. 6 zu § 77; *Brecht*, Anm. 8 zu § 77; unentschieden *Frauenkron*, Anm. 8 zu § 77; *Hautmann-Schmitt*, BetrVG, § 77 II 2; *Rüthers*, (III), 145.

[84] Statt aller *Fitting - Auffarth*, Anm. 30 zu § 77.

[85] Vgl. dazu statt vieler *Hueck*, G., 27; *Strasser*, 171; *Müller*, 25; *Richardi* (I), 310; *Säcker* (X), 59; *Fitting - Auffarth*, Anm. 17 zu § 77.

[86] Statt aller dazu *Hueck - Nipperdey* (IV), 1275.

Dritter Abschnitt

Die Spannung von Betriebsautonomie und Individualwille bei der Gestaltung des Arbeitsverhältnisses

A. Grundsätzliches zu den funktionellen und inhaltlichen Grenzen der Betriebsautonomie

I. Die Subsidiarität der Betriebsvereinbarung in ihrem Verhältnis zum Tarifvertrag

Wie bereits gesagt wurde, kann die Betriebsvereinbarung als Gesamtvereinbarung — ebenso wie der Tarifvertrag — Normen über Arbeitsverhältnisse sowie über betriebliche und betriebsverfassungsrechtliche Fragen enthalten[1]. Diese rechtliche *funktionelle Zuständigkeit* der Betriebspartner entspricht ihren *sozialpolitischen Aufgaben*, den Arbeitnehmern sowohl bei der Gestaltung der Arbeitsverhältnisse als auch bei der Regelung der betrieblichen Ordnung eine gleichberechtigte Position zu verschaffen[2].

Anders jedoch als die Tarifpartner, deren Zuständigkeitsbereich — vorgezeichnet durch die Verfassung (Art. 9 Abs. 3 GG) und konkretisiert durch das Tarifvertragsgesetz (§ 1 TVG) — sich umfassend auf die Wahrung und Förderung der Arbeits- und Wirtschaftsbedingungen erstreckt[3], sind die Regelungsbefugnisse der Betriebspartner durch die *Zweckbestimmung* der Betriebsverfassung begrenzt[4]. Diese *funktionelle Gebundenheit* impliziert bereits die begrenzte Gestaltungsfreiheit der Betriebspartner. Sie dürfen nur Betriebsvereinbarungen schließen, die

---

[1] Vgl. dazu oben S. 59.

[2] Darüber siehe oben S. 49 f.

[3] Zu Sinn und Grenzen der Vereinbarungsbefugnis der Tarifpartner vgl. statt vieler *Biedenkopf* (I), 1964; *Richardi* (I), insbes. 127 ff., 212 ff., 391 ff., 360 ff.; *Söllner*, AuR 1966, 257 ff.; *Schnorr*, JR 1966, 327 ff.; *Säcker* (III), insbes. 235 ff., 417 ff.

[4] Vgl. dazu *Canaris*, AuR 1966, 129 ff., 139 f.; *Biedenkopf* (I), 296 f.; *Müller*, W., 88; *Adomeit* (II), 146 f.; *Rüthers* (VI), 31; *Säcker* (III), 342 f.; *ders.* (X), 48 f.; *Quasten*, 45.

in ihren gesetzlich bestimmten Aufgabenbereich fallen[5]. Bei den *sozialen Angelegenheiten,* wo die Betriebspartner über eine *umfassende* Regelungsmacht verfügen[6] (§ 88 BetrVG), wo m. a. W. die Tragweite der Betriebsautonomie mit der der Tarifautonomie zusammenfällt[7], hat die Betriebsvereinbarung eine *subsidiäre Ergänzungsfunktion*[8]. Diese *Subsidiarität* kommt in einer Reihe von Bestimmungen des BetrVG zum Ausdruck. Das zeigt besonders § 77 Abs. 3, nach dem die Regelungsbefugnis der Betriebspartner bei bestehender Regelung bzw. bei Tarifüblichkeit von Arbeitsentgelten und sonstigen Arbeitsbedingungen verdrängt wird; es sei denn, daß der Tarifvertrag den Abschluß ergänzender Betriebsvereinbarungen ausdrücklich zuläßt[9].

Der dadurch vom Gesetzgeber vorgenommenen *Kompetenzabgrenzung* der betrieblichen und überbetrieblichen Sozialpartner liegt der Ordnungsgedanke zugrunde, den Tarifpartnern eine *Normsetzungsprärogative* zu gewährleisten, die bei der konkreten Regelung eines Tatbestandes in ein *Normsetzungsmonopol* umgesetzt wird[10]. Dieses Ordnungskonzept greift auf die verfassungsrechtliche *Einrichtungsgarantie* des Art. 9 Abs. 3 GG zugunsten der Tarifpartner zurück, die ihnen einen weiten Bereich *ausschließlicher* Zuständigkeiten zuerkennt[11].

Die durch die gesetzliche Gewährleistung der Normsetzungsprärogative der Tarifpartner vorgenommene *Reduktion* der Betriebsvereinbarung auf ein *subsidiäres kollektivrechtliches Gestaltungsmittel* geht auf die verschiedene faktische und rechtliche Machtposition der Tarif- und Betriebspartner zurück[12]. Während die Tarifpartner grundsätzlich

---

[5] Dazu vgl. statt vieler *Hueck - Nipperdey* (IV), 1262; *Fitting - Auffarth,* Anm. 30 und 34 zu § 77 BetrVG.

[6] Vgl. dazu *Hueck - Nipperdey* (IV), 1403; *Säcker* (X), 45, 47; *Fitting - Auffarth,* Anm. 2 ff. zu § 88 BetrVG; BAG AP Nr. 1 und 5 zu § 67 BetrVG 1952.

[7] So zutreffend *Säcker* (X), 47.

[8] Darüber siehe vor allem *Säcker* (X), 45; ähnlich schon *Müller,* G., DB 1967, 904.

[9] Ausgeschlossen ist ebenfalls im Gegensatz zu der Rechtsprechung zu § 59 BetrVG 1952 die unveränderte Übernahme von Tarifnormen durch Betriebsvereinbarung; dies ergibt sich aus dem abweichenden Wortlaut des § 77 Abs. 3 „können nicht Gegenstand einer Betriebsvereinbarung sein" (§ 59 BetrVG 1952: „sind Betriebsvereinbarungen nicht zulässig"); ebenso *Säcker,* 47; *Richardi* (IV), 623; *Fitting - Auffarth,* Anm. 50 zu § 77 BetrVG; *Hanau - Adomeit,* 101.

[10] Vgl. dazu *Nikisch* (III), 382; *Richardi* (I), 323 ff.; *Säcker* (X), 43; *Fitting - Auffarth,* Anm. 50 zu § 77 BetrVG; *Rüthers* (III), 145; *Hanau - Adomeit,* 101.

[11] *Biedenkopf* (I), 232; *Säcker,* Grundprobleme der kollektiven Koalitionsfreiheit, 1969, 58 ff.; *Fitting - Auffarth,* Anm. 50 zu § 77 BetrVG.

[12] Auf diesen Gesichtspunkt stellt auch *Richardi* (I), 325, ab, der aber zu Unrecht die Betriebsvereinbarung auf die Regelung der betrieblichen Ordnung beschränken will; dazu siehe unten S. 63 ff., wie hier neuerdings *Weiss,* in: Simitis - Weiss, DB 1973, 1247.

unabhängig von inhaltlicher Nachprüfung ihrer Entscheidungen durch Dritte die Verfolgung ihrer Interessen auch durch Kampfmaßnahmen durchsetzen können[13], sind die Betriebspartner verpflichtet, *vertrauensvoll* zum Wohle der Arbeitnehmer und des Betriebes zusammenzuarbeiten (§ 2 Abs. 1 BetrVG; *Partnerschaftsgebot*). Sie haben Betätigungen zu unterlassen, durch die der Arbeitsablauf oder der Frieden des Betriebs beeinträchtigt werden könnte, und dürfen keine Arbeitskampfmaßnahmen gegeneinander ergreifen (§ 74 Abs. 2 BetrVG, *Friedenspflicht*)[14].

II. Das Partnerschaftsgebot als Prüfstein der normativen Pflichtbindung der Betriebsautonomie

Das Gebot des § 2 Abs. 1 BetrVG (sowie seine im § 77 Abs. 2 verankerte Konkretisierung) darf nicht als bloßer programmatischer Satz aufgefaßt werden[15]. Es bildet vielmehr eine die ganze Struktur der Betriebsverfassung durchziehende Verhaltens- und Verantwortungsrichtlinie, die eine die gesamten Rechte und Pflichten der Betriebspartner erfassende normative Kraft entfaltet[16]. Der Interessengegensatz zwischen Kapital und Arbeit soll innerhalb des Betriebs entschärft und möglicherweise durch eine konfliktsneutralisierende Kanalisation ausgeglichen werden[17]. Dem Betrieb als einem Herrschaft und Entfremdung erzeugenden soziologischen System[18] kommt eine bedeutende Aufgabe zu: *Er soll den Schauplatz desjenigen sozialpolitischen systembedingten und stabilisierenden, durch Institutionalisierung gesetzlich geförderten Experiments darstellen, das soziale Konflikte durch Integration ihrer Ursachen zu lösen bezweckt*[19].

---

[13] Vgl. dazu *Säcker* (X), 48; ähnlich *Weiss*, 1247.

[14] Vgl. dazu auch § 76 Abs. 5 BetrVG, nach dem die Einigungsstelle ihre Beschlüsse unter angemessener Berücksichtigung der Belange des Betriebes und der betroffenen Arbeitnehmer nach billigem Ermessen fassen soll; diese Vorschrift gilt antizipativ auch für den Abschluß von Betriebsvereinbarungen.

[15] So die herrschende Auffassung, vgl. dazu statt vieler *Neumann-Duesberg* (I), 438; *van Gelder*, BUV 1971, 121; *Fitting - Auffarth*, Anm. 1 zu § 2 BetrVG; *Rüthers* (VI), 31.

[16] *van Gelder*, 127; *Fitting - Auffarth*, Anm. 1 zu § 2 BetrVG; *Söllner*, DB 1968, 572; *Säcker* (V), 376 f.; *ders.* (III), 44,; vgl. auch BAG, AP Nr. 142 zu § 242 BGB Ruhegehalt = SAE 1970, 262 mit zustimmender Anmerkung von Säcker; *Rüthers* (III), 147.

[17] Ebenso *Rüthers* (III), 26; *ders.* (VI), 33; *Bulla*, RdA 1965, 122 f.; *Halberstadt* (I), 79; *ders.* (II), 82 ff.; vgl. dazu ferner *Müller*, G., ZfA 1972, 237.

[18] Darüber siehe oben S. 20 ff.

[19] *Halberstadt* (I), 79, 84, 90; vgl. dazu auch *Bulla* (II), 123 ff.; *Müller*, G., 237 f.; *Rüthers* (III), 26, 140.

Dieser Partnerschaftsgedanke vermag jedoch die durch die *latente bzw. akute Interessengegensätzlichkeit* geprägte betriebliche Wirklichkeit nicht zu beschreiben[20]. Dies zu leugnen oder abschaffen zu wollen, konnte und sollte nicht der Sinn des Betriebsverfassungsgesetzes sein; *denn kein Gesetz verfügt über die Macht, die gesellschaftlichen Strukturen nach Belieben zu ändern*[21]. Die aus diesem Grundgedanken resultierende *normative Pflichtbindung* bewirkt keinerlei körperschaftlichen Zusammenschluß der Betriebspartner[22]. Das Partnerschaftsgebot kann daher weder als *Daseinszweck* des Betriebsrates noch als *Ziel* seiner Tätigkeit betrachtet werden[23]. *Es bildet nur den gesetzlich festgesetzten Rahmen, in dem der Betriebsrat sich zur Erreichung seines gesetzlich vorgeschriebenen Zieles bewegen soll*[24].

Diese faktisch und rechtlich reduzierte Machtposition des Betriebsrates wirkt zwangsläufig *abschwächend* auf die Realisierung der Schutzfunktion der Betriebsvereinbarung[25], insbesondere im Rahmen der *freiwilligen Mitbestimmungsrechte* § 88 BetrVG), ein, wo die Möglichkeit der Erzielung einer Lösung zugunsten der Arbeitnehmer über die Einigungsstelle nicht besteht.

III. Die Lehre von der Betriebsvereinbarung als „korporative Zwangsordnung" und eigene Stellungnahme

1. Die obigen Gedanken mögen auf den ersten Blick für eine *primäre Ordnungsfunktion* der Betriebsvereinbarung sprechen. Die gesetzliche Nachordnung der Betriebsvereinbarung hinsichtlich ihrer Einwirkungsmöglichkeiten auf die Gestaltung der Arbeitsverhältnisse legt nahe, daß ihre zweite Funktion, *die betriebliche Ordnung zu gestalten*, stark in den Vordergrund tritt[26]. Abgesehen davon, muß man auch immer vor

---

[20] Ebenso richtig *Bulla*, 123 ff.; *Neumann-Duesberg* (II), 406; *Hueck - Nipperdey* (IV), 1273; *Halberstadt*, 74, 79; *van Gelder*, 122; *Fitting - Auffarth*, Anm. 2 zu § 2 BetrVG.

[21] Ebenso zutreffend *Bulla*, 123; vgl. auch *Neumann-Duesberg*, 406.

[22] So richtig *Söllner*, DB 1968, 572; a. A. *Fitting - Auffarth*, Anm. 26 zu § 1 BetrVG, der die Betriebsverfassung als eine Art von körperschaftlichem Zusammenschluß auffaßt, deren Organe der Arbeitgeber und der Betriebsrat sind.

[23] *Söllner*, 572.

[24] *Canaris*, (I), 130; *Söllner* (V), 572; *Rüthers* (VI), 31; *van Gelder*, 122; vgl. dazu auch BAG AP Nr. 26 zu § 81 BGB Fürsorgepflicht; = BB 1959, 778 f.; BAG AP Nr. 142 zu § 242 BGB Ruhegehalt.

[25] Ähnlich *Canaris* (I), 140; *Biedenkopf* (I), 301 ff.; *Säcker* (X), 48 f.; *Weiss*, DB 1973, 1247.

[26] So vor allem *Richardi* (I), 319; vgl. dazu auch *Gift*, BB 1959, 47, und *Wehr*, Arbusozpol 1960, 268, erheben aus diesem Grunde Bedenken gegen die Zulässigkeit einer Betriebsvereinbarung, die ein Nebenbeschäftigungsverbot beinhaltet.

Augen haben, daß vornehmlich die Betriebsvereinbarung *das Bedürfnis nach Einheitlichkeit* in der Betriebsordnung *normativ* befriedigen kann[27]. Daß man das Modell der notwendigen Mitbestimmung in sozialen Angelegenheiten erst im Rahmen der *sog. formellen Arbeitsbedingungen* zu praktizieren begann und es sich immer noch auf ähnliche Maßnahmen erstreckt (§ 87 Abs. 1 Nr. 1, 2, 4, 5, 6, 78 BetrVG), zeigt, wie wichtig für den ungestörten Ablauf des Arbeits- und Produktionsprozesses im Betrieb die Ordnungsfunktion der Betriebsvereinbarung ist[28].

Diese Gedanken haben einige Autoren dazu geführt, die Regelungsbefugnis der Betriebspartner und dementsprechend den Gegenstand einer Betriebsvereinbarung auf die betriebliche Ordnung beschränken zu wollen[29]. Nur die der Ordnung des Betriebes dienenden bzw. in unmittelbarem Zusammenhang zu ihr stehenden Tatbestände seien durch Betriebsvereinbarung zu gestalten. Die Reduktion der betriebsverfassungsrechtlichen Regelungsbefugnis auf die betriebliche Ordnung hat vor allem *Richardi*[30] hervorgehoben. Er geht davon aus, daß der die Betriebsautonomie prägende Ordnungscharakter einen *Wesensunterschied* zu dem der Tarifautonomie aufweise. Denn: Während die Rechtsverbindlichkeit der Tarifnormen die Tarifgebundenheit des von ihr erfaßten Arbeitnehmers voraussetze, die sich als *individuelle Unterwerfung* unter den Kollektivwillen darstelle, unterliegt der Arbeitnehmer den normativen Bestimmungen einer Betriebsvereinbarung *nur kraft seiner Betriebszugehörigkeit*[31]. Aus diesem Grunde stelle die Betriebsvereinbarung für den einzelnen Arbeitnehmer eine *korporative Zwangsordnung* dar. Grundsätzlich sei daher die Regelung von materiellen Arbeitsbedingungen den Betriebspartnern untersagt[32].

Diese die bisherige *teleologische Homogenität* und *rechtsdogmatische Kontinuität des Gesamtvereinbarungsrechts* auflösende Differenzierung vermag jedoch nicht zu überzeugen[33].

---

[27] *Canaris* (I), 130; *Richardi* (I), 297, 319.

[28] Vgl. dazu *Rüthers* (VI), 31; ähnlich *Adomeit* (I), 53.

[29] Vgl. dazu *Richardi* (I), 319 ff.; *Gift*, 47; *Wehr*, 268; ähnlich anscheinend *Adomeit* (I), 53; BAG AP Nr. 1 zu § 399 BGB; BAG AP Nr. 8 zu § 399 BGB.

[30] *Richardi* (I), 312 ff., 316 ff.; nicht so weitgehend *Canaris* (I), 139 f.; vgl. dazu auch *Gift*, 47; *Wehr*, 268.

[31] *Richardi* (I), 313, 317; vgl. dazu *Canaris* (I), 139 f.; *Biedenkopf* (I), 297 ff.; *Rüthers* (VI), 27; dieser Gesichtspunkt ist bereits vom LAG Bremen, BB 1948, 609 = RdA 1949, 270, mit kritischen Anm. von Dietz anläßlich der Frage nach der Zulässigkeit der Stundung eines entstandenen Lohnanspruches; kritisch dazu auch *Siebert*, in: Festschrift für Nipperdey 1955, 135.

[32] *Richardi* (I), 319 ff.

[33] Ebenso richtig *Hueck - Nipperdey* (IV), Nachtrag, 1969; *Säcker* (VI), 294; *ders.* (III), 343 ff.; *ders.* (X), 50; *Hablitzel*, Verbands- und Betriebsratskompetenzen für rechtsetzende Vereinbarungen im Arbeitsrecht, Diss. 1970, 33 f.

2. Sie hängt eng mit der Auffassung *Richardis* über den Zweck der Mitbestimmung und darüber hinaus über die primäre Funktion der Betriebsverfassung zusammen, die lediglich die Macht des Arbeitgebers zur Betriebsgestaltung beschränken sollen. Daher stehe ihr vornehmlich eine *Ordnungs- und Integrationsaufgabe* zu[34].

Diese Grundthese Richardis beschneidet ohne einsehbare sachliche Gründe und entgegen Wortlaut und Sinn des Betriebsverfassungsgesetzes die betrieblichen Mitwirkungsmöglichkeiten der durch den Betriebsrat repräsentierten Arbeitnehmerschaft, *die der Schaffung einer gleichmächtigen Position gegenüber dem Arbeitgeber zu dienen bestimmt sind.* Somit verhindert sie im Endergebnis die von ihm selbst[35] als Ziel des Kollektivarbeitsrechts angenommene Ermöglichung einer „herrschaftsfreien Ordnung des Arbeitsverhältnisses". Der *Integrationszweck der Mitbestimmung,* auf den *Richardi* sich beruft, *ist als sozialpolitisches, rechtlich institutionalisiertes, konfliktlösendes Ordnungsmodell*[36] *wesens- und zweckgemäß auf die Subjektivierung und Selbstverwirklichung des Menschen ausgerichtet*[37]. Keine Institution bzw. Ordnungskonzeption verdankt ihre Existenz einem ihnen immanenten Selbstwert oder Selbstzweck. *Sie sind ausschließlich um des Menschen willen da.* Ihm zu dienen, sind sie bestimmt[38]. Es trifft allerdings zu, daß der *subsidiäre Charakter* der Betriebsvereinbarung vor allem bei der Gestaltung des Arbeitsverhältnisses eine gewisse *Herabsetzung* ihrer praktischen Bedeutung in sich trägt[39]. Selbst jedoch bei ihrer Ordnungs- und Integrationsaufgabe tritt ihr *Schutzmoment* besonders deutlich in Erscheinung. Denn gerade die *„Demokratisierung"* und *„Humanisierung"* der *„autoritären und entfremdeten" Arbeitsordnung und Betriebsorganisation* als dringendes Erfordernis unseres hochtechnisierten Zeitalters stellt das *Spezifikum* des Mitbestimmungskonzepts dar[40]. Nach alledem erweist sich das Mitbestimmungsverständ-

---

[34] So *Richardi,* 292; *ders.,* in: Festgabe für von Lübtow, 1970, 760 ff.; *ders.* (IV), 621 ff.

[35] So *Richardi* (I), 124; *ders.* (IV), 629.

[36] Dazu vgl. oben S. 62 f.

[37] *Adomeit* (I), 54 f., und *Siebert,* RdA 1958, 161 ff., auf den *Richardi* sich zur Bekräftigung seiner These stützt, fassen jedoch die Mitbestimmung als Verwirklichung des Schutzes des Persönlichkeitswerts des Arbeiters auf.

[38] Vgl. dazu auch *Hueck - Nipperdey* (III), 29; *Dietz,* Freiheit und Bindung, 18; *Ramm,* Freiheit der Willensbildung, 1960, 114; ferner *Rüthers* (VI), 24.

[39] Vgl. dazu oben S. 60 ff.

[40] Darüber siehe oben S. 26. Aus diesem Grunde schon scheint mir die Bezeichnung der die Ordnung des Betriebes betreffenden Betriebsvereinbarungen als *„Günstigkeitsneutral"* (so *Adomeit* (I), 53; *Richardi* (I), 328, 385; ferner *Säcker* (X), 55, nicht so weitgehend zu Recht *Canaris* (I), 131) mehr verwirrend als befruchtend zu sein. Denn das Ausschlaggebende bei der Günstigkeitsbeurteilung einer Regelung ist nicht nur in ihrem Zusammenhang mit der *Leistung-Gegenleistung-Relation,* sondern auch in ihrer Ein-

nis *Richardis* als unzulänglich gegenüber der Zweckgebundenheit des gesamten Betriebsverfassungsmodells.

Die sich aus der *neoliberalen Konzeption*[41] *Richardis* ergebende Divergenz zwischen der „Realisierung einer herrschaftsfreien Ordnung des Arbeitsverhältnisses" als Zielsetzung und den Ergebnissen, zu denen er gelangt, kulminiert in seiner Polemik gegen den Ausbau der erzwingbaren Mitbestimmung[42], den das neue BetrVG vorgenommen hat. Dies bedeutet nach seiner Auffassung „zugleich *einen Ausbau der partiellen Entmündigung der Arbeitnehmer*", die dadurch der Kuratel des Betriebsrates unterstellt würden[43]. Eine derartige *künstliche Bevormundung* sei keine sozialpolitische Maßnahme, die ein höchstmögliches Maß persönlicher Selbstbestimmung erreicht, sondern sie mache die Mitbestimmung zu *einem Akt der Fremdbestimmung*[44].

Diesem Gedanken mag ein sehr interessanter *rechtssoziologischer* Aspekt zugrunde liegen: nämlich die Gefahr, die bestehende Distanz zwischen Belegschaft und Betriebsrat durch die Verstärkung der Machtposition des letzteren zu vergrößern[45]. Dies könnte die Entstehung einer *atypischen Konfliktsituation* bewirken und die ohnehin benachteiligte Position des einzelnen Arbeitnehmers verschlechtern[46]. Dieser Aspekt darf aber angesichts der rechtstatsächlichen Machtkonstellation im Betriebe nicht überbetont werden[47]. Dies könnte eine *Verdeckung* und *Verharmlosung des primären Interessenkonflikts* heraufbeschwören, was mit dem Erfordernis des Schutzes der Menschenwürde im Betrieb unvereinbar wäre[48]. Die Machtlosigkeit des Arbeitnehmers bei der Gestaltung betrieblicher Angelegenheiten wird durch die Verstär-

---

wirkung auf die soziale und rechtliche Stellung des Arbeitnehmers zu sehen; ebenso *Rüthers* (VI), 15; im Ergebnis auch *Richardi*, (I) 385, offenbar zur Vermeidung einer ungerechtfertigten Beeinträchtigung der arbeitnehmerischen Interessen, zu der die angebliche Günstigkeitsneutralität einer betrieblichen Ordnung führen könnte.

[41] So charakterisiert *Hanau*, JZ 1969, 643, zutreffend das Denkmodell, das Richardi in seiner Habilitationsschrift entwickelt.

[42] *Richardi* (IV), 621; vgl. dazu auch *ders.*, zu BAG AP Nr. 5 zu § 56 BetrVG 1952, Entlohnung = SAE 1969, 184 ff.

[43] *Richardi* (IV), 628; *ders.*, Anm. zu BAG AP Nr. 5 zu § 56 BetrVG 1952, 185.

[44] *Richardi* (IV), 629; *ders.*, Anm. zu BAG AP Nr. 5 zu § 56 BetrVG 1952, 185.

[45] Vgl. dazu *Rüthers* (VI), 8 ff., der erstmalig in einer ausführlichen Untersuchung darauf hingewiesen hat; ferner *Pleyer*, RdA 1968, 447 f.

[46] Vgl. *Rüthers*, insbes. 35, darauf macht auch *Richardi* (IV), 631, aufmerksam; vgl. dazu auch *Mertz*, RdA 1971, 206.

[47] Ebenso *Schneider*, W., BlfStSozArb 1971, 273 f.; *Hoffmann*, AuR 1971, 276; zutreffend weist *Dütz*, JuS 1972, 693, darauf hin, „daß echte Mitbestimmung ohne derartige Mißbrauchsrisiken nicht erreichbar ist"; ebenso *Simitis* in: DB 1973, 1241, Fußn. 8.

[48] Zu Recht betont daher *Rüthers* (VI), 8 ff., des öfteren den „atypischen", „untraditionellen" und „ungewohnten" Charakter solcher Konflikte.

kung der Regelungszuständigkeiten des Betriebsrates, die die Verleihung größerer Macht an die Arbeitnehmerschaft bedeutet, nicht befestigt[49]. Im Gegenteil: *sie wird durch die Einschaltung des Betriebsrates entscheidend vermindert*[50]. Im Hinblick auf die weitgehende Unübersichtlichkeit und Komplexität des Arbeitsprozesses[51] erweist sich die Hilfsfunktion des Betriebsrates als unumgänglich, *dem einzelnen Arbeitnehmer ein Minimum an Transparenz und Information zu verschaffen, was die Grundvoraussetzung für seine bewußte Teilnahme an diesem Prozeß darstellt*[52]. An dieser Stelle sei betont, daß man für die Beurteilung einer durch den Betriebsrat initiierten und verwirklichten Regelung nicht allein auf ihren Inhalt abstellen darf. *Man muß sich vielmehr auch die Lage vorstellen, die ohne das Zustandekommen dieser Regelung vorhanden wäre. Erst der Vergleich der konkreten Regelung mit dieser Situation ermöglicht ein gerechtes und realistisches Urteil*[53]. Wollte man nun die Regelung eines Tatbestandes der Zuständigkeit des Betriebsrats entziehen, dann bliebe notwendigerweise die *tarifrechtliche bzw. die individualrechtliche Gestaltungsmöglichkeit* übrig. Käme eine tarifliche Regelung nicht zustande, *dann wäre der Arbeitnehmer dem Diktat des Arbeitgebers praktisch ausgeliefert*[54]. Von Selbstbestimmungsmöglichkeit dürfte angesichts des realen Machtverhältnisses nicht die Rede sein[55]. *Der einzelne Arbeitnehmer wird also durch die kollektive Mitbestimmung keineswegs entmündigt. Ihm wird nichts genommen, was er je zuvor typischerweise effektiv gehabt hätte, sondern es wird ihm erst die Gelegenheit gegeben, Einfluß auf die Gestaltung der Betriebs- und Arbeitsordnung zu nehmen, dadurch seine individuelle Position zu verstärken und damit seine Schutzbedürfigkeit effektiver zu befriedigen*[56].

Diese Rechtswirklichkeit verliert auch im Falle der freiwilligen Mitbestimmung nicht an praktischer Bedeutung. *Der Betriebsrat* ist *weit*

---

[49] So aber zu Unrecht *Richardi* (IV), 631.

[50] Vgl. dazu *Rüthers*, 32 ff.; *Hoffmann*, 276, 278; *Schneider*, W., 273; *Radke*, ArbSozPol, 1970, 358 ff.; *Säcker* (III), 451; *ders.* (X), 56; ferner BAG SAE 1970, 267.

[51] Dazu siehe oben S. 20 ff.

[52] Vgl. dazu auch *Müller*, G., DB 1967, 904. Über die aktive Beteiligung des einzelnen als existentielles Problem der modernen Demokratie, untersucht am Beispiel der inneren Beziehungen zwischen Gewerkschaft und ihren Mitgliedern, siehe vor allem *Mark van de Vall*, Die Gewerkschaften im Wohlfahrtsstaat, 1966, 150 ff.

[53] Dies hebt zutreffend *Säcker* (III), 455, anläßlich einer Entscheidung des BAG v. 5. 3. 1959 über die Unzulässigkeit einer Betriebsvereinbarung hervor, die einzig die Haftung des Arbeitgebers für Schaden der Fahrzeuge der Belegschaft ausschloß.

[54] *Herschel*, AuR 1969, 65; *Hoffmann*, 276; *Säcker* (X), 57.

[55] *Hoffmann*, 276; *Säcker* (X), 57; *Simitis - Weiss*, 1241.

[56] Ebenso *Hoffmann*, 278.

eher als der einzelne in der Lage, sich gegen unangemessene Maßnahmen zur Wehr zu setzen bzw. angemessene Regelungen zustandezubringen[57]. Daß solche Betriebsvereinbarungen den Vorteil einer höheren *Billigkeits- und Richtigkeitsgewähr* für einen fairen und gerechteren Ausgleich beinhalten, läßt sich unschwer ersehen[58]. Wer dementgegen den Selbstbestimmungsgedanken unter einem idealisierenden liberalistischen, von der Wirklichkeit abstrahierenden Blickwinkel betrachtet und ihm einen eigenen, absoluten Wert zuspricht, gelangt konsequenterweise zur Annahme eines generellen Ordnungsprinzips, das eine Verschlechterung des tatsächlichen Ungleichgewichts zur Folge hat[59]. Dieses Ergebnis hätte sicher mit den Anliegen des *Richardi'schen Modells* und seiner Zielsetzung nicht viel zu tun. Es stünde außerdem in krassem Widerspruch zu dem Recht der Arbeitsbedingungen.

3. Darüber hinaus darf die Schutzaufgabe der Betriebsvereinbarung nicht an der rechtsdogmatisch unklaren und unscharfen Unterscheidung zwischen *„formellen"* und *„materiellen"* Arbeitsbedingungen scheitern[60]. Die darüber im Rahmen des BetrVG von 1952 aufgetretene heftige Kontroverse[61], die erheblichen Schwierigkeiten im Bereich des § 56 Abs. 1 im Falle des mehrdeutigen Charakters eines betrieblichen Tatbestandes[62] sowie besonders die rechtspolitische Fragwürdigkeit der Herausnahme der „materiellen Arbeitsbedingungen" aus der Mitbestimmungspflichtigkeit[63] wiesen unmißverständlich auf die Zweifelhaftigkeit dieses bereits nicht unproblematischen Gegensatzpaares hin[64].

Der Versuch *Richardis*[65], diesen Streit auf den Bereich der freiwilligen Mitbestimmung zu übertragen, ist unglücklich. Lehre und Recht-

---

[57] So zutreffend BAG SAE 1970, 267; BAG AP Nr. 2 zu § 56 BetrVG Entlohnung, Bl. 4 R/5; vgl. ferner *Hoffmann*, 276.

[58] Ebenso *Säcker* (III), 451.

[59] *Säcker*, JurA 1970, 165 (172); *ders.* (X), 57; vgl. dazu *Rüthers* (VI), 15; vgl. ferner *Schmidt*, AcP 162 (1963), 309; so wohl auch *Simitis - Weiss*, 1241, Fußn. 8.

[60] Darüber siehe vor allem *Fahrtmann*, RdA 1966, 249 ff.; *Herschel*, AuR 1964, 258 ff.; *ders.*, AuR 1968, 129 ff.; *ders.*, AuR 1969, 65 ff.; *Söllner*, 149; ders. RdA 1968, 439; *Fitting - Auffarth*, Anm. 9 zu § 87 BetrVG.

[61] Vgl. dazu statt vieler: *Herschel* (XI), 65 ff. gegen diese Unterscheidung; *Nipperdey*, RdA 1968, 450 ff.; *Richardi* (I), 254 ff. und das BAG (vgl. u. a. AP Nr. 3, 6 zu § 56 BetrVG 1952 Wohlfahrtseinrichtung) dafür.

[62] So richtig *Herschel* (VI), 68 ff., 72; *Söllner* (VI), 439.

[63] *Herschel*, 65, sieht in dieser Herausinterpretation der herrschenden Lehre zu Recht den Riß einer Lücke in die Betriebsdemokratie.

[64] *Richardi* selbst gibt an anderer Stelle zu (Festgabe für von Lübtow Fußn. 5), daß dieser Unterschied nicht am Anfang eines juristischen Begründungsprozesses stehen darf.

[65] *Richardi* (I), 316 ff.; anders jedoch in Festgabe für von Lübtow, 755 ff., wo er scharf zwischen Mitbestimmungsrecht des Betriebsrates und seiner funktionellen Zuständigkeit unterstreicht. Damit will er offenbar nicht mehr die Regelungszuständigkeit des Betriebsrates, sondern nur die erzwingbare

sprechung haben einhellig und zu Recht eine umfassende funktionelle Zuständigkeit des Betriebsrates im Rahmen des § 57 BetrVG anerkannt, die sich sowohl auf *„formelle"* als auch auf *„materielle"* Arbeitsbedingungen erstreckte[66]. Dies ergab sich eindeutig aus dem Wortlaut dieses Paragraphen, aus seinem Verhältnis und dem § 59 BetrVG sowie aus dem Sinn und Zweck des Gesetzes. Diese Auffassung entsprach der Ablehnung von der herrschenden Lehre der Mitbestimmungspflichtigkeit der *„materiellen Arbeitsbedingungen"* im Rahmen des § 56 Abs. 1 BetrVG. Denn die *„Zwangsschlichtung"*[67], auf die die eigentlichen Bedenken der herrschenden Ansicht stoßen, existiert innerhalb der freiwilligen Mitbestimmung wesensgemäß nicht[68].

Das Inkrafttreten des Betriebsverfassungsgesetzes von 1972 scheint diesem Streit den Gnadenstoß gegeben zu haben, indem es unmißverständlicherweise auch *„materielle Arbeitsbedingungen"* in die erzwingbare Mitbestimmung miteinbezogen hat[69] (§ 87 Abs. 1 Nr. 10, 11 BetrVG). Damit ist dem Versuch *Richardis* im geltenden Recht jede Basis entzogen[70].

4. Allerdings ist *Richardi* zuzustimmen, daß die aufgrund einer individuellen Willenseinigung mit dem Arbeitgeber erfolgte *Eingliederung* des Arbeitnehmers in den Betrieb allein nicht ausreicht, seine Unterwerfung unter die Rechtsetzungsmacht der Betriebspartner zu legitimieren[71]. Die freiwillige Unterwerfung des Normadressaten bzw. seine Teilnahme an der Normschöpfung nach den Regeln des demokratischen Majoritätsprinzips sind *conditiones sine qua non* für die Verfassungsmäßigkeit der Normunterwerfung[72]. Gerade die Erfüllung der zweiten Grundvoraussetzung im Falle der Betriebsvereinbarung läßt jedoch *Richardi* außer acht. Die Betrachtung der Betriebsvereinbarung als „korporativer Zwangsordnung"[73], ohne daß in der Beteiligung des Ar-

---

Mitbestimmung auf die „formellen" Arbeitsbedingungen limitieren, vgl. dazu auch ders. DB 1971, 621 ff.

[66] Vgl. dazu statt vieler *Fitting - Kraegeloh - Auffarth*, BetrVG 1952, 1970, § 57 Anm. 2; *Galperin - Siebert*, BetrVG, 1963, § 57 Anm. 6; *Nikisch* (III), 355; vgl. ferner BAG AP Nr. 1 zu § 57 BetrVG.

[67] Vgl. dazu statt aller *Nipperdey*, 451.

[68] *Fitting - Auffarth*, Anm. 11 zu § 88 BetrVG.

[69] Vgl. dazu *Fitting - Auffarth*, Anm. 9 zu § 87 BetrVG; *Simitis - Weiss*, 1245.

[70] Vgl. ferner die Begründung des BetrVG, Drucks. VI 1786, 49; *Richardi* (IV), 624, findet zwar die Preisgabe der *„zweifelhaften Unterscheidung zwischen formellen und materiellen Arbeitsbedingungen"* durch den Gesetzgeber als „verständlich". Er bedauert jedoch, daß das Gesetz, ohne die Erkenntnisse der herrschenden Lehre und der Rechtsprechung zu beachten, der Minderheitsansicht gefolgt sei.

[71] So auch *Säcker* (III), 344; *ders.* (X), 51.

[72] *Säcker* (III), 344; *ders.* (X), 51.

[73] Der Konstruktion Richardis scheint sich auch *Rüthers* (VI), 27, anzuschließen.

beitnehmers an der Wahl des Betriebsrates eine *Legitimation* „für eine umfangreiche kollektivrechtliche Gestaltungsmöglichkeit auf betrieblicher Ebene“[74] gesehen wird, widerspricht der Struktur und Funktion der Betriebsautonomie. Die freie Wahl des Betriebsrates seitens der Arbeitnehmer und die jederzeitige Möglichkeit seiner Amtsenthebung bei grobem Pflichtenverstoß auf Antrag eines Viertels der Belegschaft § 23 BetrVG) sind *Wesensmerkmale einer im Rahmen des Demokratie- und Rechtstaatsprinzips verliehenen Autonomieermächtigung.* Sie schaffen daher eine durchaus ausreichende Legitimationsbasis für die Repräsentation der arbeitnehmerischen Interessen sowie für eine umfassende Rechtsetzungsmacht der Betriebspartner[75].

5. An dieser Stelle scheint mir noch ein Gesichtspunkt besondere Berücksichtigung zu verdienen: Der Beitritt eines Arbeitnehmers zu einem Verband stellt zwar eine individuelle Unterwerfung unter den Kollektivwillen dar; jedoch darf die *Freiwilligkeit* dieses Aktes angesichts der wirtschaftlichen und sozialen Verhältnisse, die einen solchen Beitritt motivieren, und im Hinblick auf eine gewisse Distanz zwischen Verband und einzelnen Mitgliedern nicht überbewertet werden[76]. Der Zwangsläufigkeit, sich einer fremdbestimmten Ordnung einzufügen *(Abschluß eines Arbeitsvertrages),* folgt die Notwendigkeit der Einbettung in ein wohl (mittelbar) selbstbestimmtes, aber unverkennbar bürokratisch strukturiertes und soziologisch beinahe in eine verselbständigte Machtposition hineingewachsenes Kollektiv *(Beitritt zu einer Gewerkschaft)*[77]. Die unbestreitbare objektive Gegebenheit dieser einander folgenden und ergänzenden sozialen *„Sachzwänge“* spricht mehr für eine *konvergierende* als für eine divergierende Beziehung und folgerichtig für eine *Wesensverwandtschaft* zwischen den beiden die *Tarif-* und die *Betriebsautonomie* verwirklichenden Gestaltungsmitteln[78]. Die Geltung des *Günstigkeitsprinzips*[79] auch für das Verhältnis

---

[74] So aber *Richardi* (I), 317; neuerdings (RdA 1972, 10) scheint er gleichwohl diesen extremen Standpunkt dadurch abgeschwächt zu haben, daß er im Demokratieprinzip die Legitimation des Betriebsrats als Repräsentanten der Arbeitnehmer erblickt.

[75] Ebenso zu Recht *Hueck - Nipperdey* (IV), Nachtrag 1669 f.; *Säcker* (III), 344; *ders.* (X), 51; *Hablitzel,* 33 f.

[76] Vgl. dazu auch *Hanau,* JZ 1969, 643.

[77] Darüber siehe neuerdings *Hanau - Stindt,* in: Der Staat 1971, Bd. 10, 539 ff.

[78] Ebenso *Hanau,* 643, der aber ungerechtfertigterweise zu weit geht, wenn er der Entscheidung des Arbeitnehmers bei den Betriebsratswahlen höheren freiheitlichen Wert beimißt als dem Gewerkschaftsbeitritt. Die kleine Zahl der gewerkschaftsorganisierten Arbeitnehmer im Vergleich zu den nicht organisierten weist eindeutig auf die Unzulässigkeit einer Gleichstellung der obigen *„Sachzwänge“* hin.

[79] Trotz der *hermeneutischen* und *methodischen* Bedenken, die die Nichtregelung des Günstigkeitsprinzips in Anlehnung an § 4 Abs. 3 TVG — wo es

zwischen Einzelvertrag und Betriebsvereinbarung, soweit allerdings der § 77 Abs. 3 BetrVG dem Abschluß einer Betriebsvereinbarung nicht im Wege steht, was dem Arbeitnehmer einen nicht zu unterschätzenden Spielraum für die individuelle Gestaltung seines Arbeitsverhältnisses gewährleistet, widerspricht auch der Annahme, einer *Zwangsordnung*[80]. *Richardi* selbst scheint den schwankenden Boden seiner Position zu spüren, indem er die Regelungsbefugnis der Betriebspartner auch auf die *„materiellen Arbeitsbedingungen“* erstreckt, soweit sie soziale Leistungen betreffen oder „zugleich die Ordnung des Betriebs zum Gegenstand haben“. *„Hier“*, setzt er fort, *„wäre ein Ausschluß der Betriebsvereinbarung nur durch die Starrheit dogmatischer Folgerichtigkeit zu rechtfertigen“*[81]. Angesichts aber der Häufigkeit einer Überschneidung von „formellen“ und „materiellen Arbeitsbedingungen“ — was den Unterscheidungswert recht fragwürdig macht — ist die Ansicht *Richardis* vom Ergebnis her *ständigen, unentrinnbar erscheinenden Modifikationen ausgesetzt*[82]. Dies zeigt nicht nur die Schwäche ihrer rechtsdogmatischen Basis[83]; es bedeutet vielmehr einen erheblichen Verlust an Aussagewert und an praktischer Bedeutung. Aus all diesen Gründen ist sie daher abzulehnen.

---

bei dem Fall der Normwirkung, der Kündigung und der Nachwirkung geregelt ist — in § 77 BetrVG von 1972 hervorrufen kann, kann von einer Abschaffung dieses Grundsatzes im Betriebsvereinbarungsrecht keine Rede sein. Es ist wohl anzunehmen, daß es dem Gesetzgeber darum ging, in den im Rahmen des alten BetrVG umstrittenen Fragen Klarheit zu verschaffen. Ein solches Bedürfnis lag aber bei dem Günstigkeitsprinzip nicht vor. *Denn es gilt als Selbstverständlichkeit in der Lehre und in der Rechtsprechung.* Zu diesem Ergebnis führt auch die enge Verzahnung zwischen Tarifvertrag und Betriebsvereinbarung, die in den §§ 2 Abs. 1, 77 Abs. 3 und 87 Abs. 1 Halbs. 1 BetrVG zu sehen ist. Es wäre sinn- und systemwidrig, wenn eine Tarifnorm über soziale Angelegenheiten durch einen günstigeren Einzelvertrag abänderbar wäre, eine entsprechende Betriebsnorm dagegen nicht; vgl. dazu *Säcker* (X), 53 f

[80] So auch *Hablitzel*, 33.

[81] *Richardi* (I), 321.

[82] Dies bemerkt prägnant *Säcker* (VI), 294; vgl. *ders.* (I), 344; ferner *Hueck - Nipperdey* (IV), Nachtrag, 1669 f.; *Hablitzel*, 34.

[83] *Säcker* (VI), 294, sagt charakteristisch dazu: „Der Topiker Richardi ist allerdings dem Systematiker Richardi weit unterlegen, weil der systematische Überbau ihn hindert, das Hauptaugenmerk auf eine eingehende sachliche Begründung der Ergebnisse zu legen.“ Diese Schwäche läßt sich erneut in der Stellungnahme Richardis zu einem Urteil des BAG vom 26. 3. 1971 (SAE 1972, 139 f.) über die Einführung einer Altersgrenze durch Betriebsvereinbarung bestätigen. Dort sieht er sich gezwungen, seine Ansicht nochmals einschränkend zu revidieren, indem er die ursprüngliche sich aus seinem Konzept folgerichtig ergebende These aufgibt, eine Betriebsvereinbarung könne keine Bestimmungen über die Beendigung des Arbeitsverhältnisses enthalten.

IV. Der gebundene Charakter der Betriebsautonomie und das Erfordernis einer gerichtlichen Billigkeitskontrolle der Betriebsvereinbarung

Die Gewährleistung der Betriebsautonomie soll allerdings, wie oben angedeutet, nicht bedeuten, daß eine *gleichberechtigte Gegenüberstellung* von Kapital und Arbeit auf betrieblicher Ebene schon vorhanden ist[84]. Die *Unterbindung von Kampfmaßnahmen* trifft in erster Linie die Arbeitnehmer, deren Repräsentanten als Betriebsangehörige typischerweise eine geringere soziale und intellektuelle Unabhängigkeit aufweisen[85]. Dies weist insbesondere wegen des Fehlens einer speziellen Vorbildung zur sachkundigen Erfüllung ihrer Aufgaben[86], des Fehlens eines ihnen zur Verfügung stehenden Beraterstabs sowie des Fehlens irgendwelcher legalen Druckmittel gegen den Arbeitgeber[87] auf eine nicht zu leugnende *funktionale Schwäche* hin, die die Bedeutung des Betriebsrates als Repräsentanten der Arbeitnehmer im Vergleich mit den Gewerkschaften zweifelsohne beschränkt[88].

Aus dieser *faktischen und rechtlichen Nachordnung des Betriebsrates* ergibt sich die Notwendigkeit der Annahme eines solchen *Wertbindungsmaßstabes* bei seiner Wahrnehmung der der Arbeitnehmerschaft zustehenden Befugnisse und Rechte, der dem gebundenen Charakter der Betriebsautonomie gerecht werden kann[89]. Trotz des bei der Wahl des Betriebsrates geltenden demokratischen Majoritätsprinzips werden die Beziehungen zwischen ihm und der Belegschaft durch eine *fehlende Weisungsgebundenheit* des Repräsentanten gegenüber den Repräsentierten[90] und durch die *Unmöglichkeit einer institutionellen Einwirkung* auf die Amtsführung der Betriebsratsmitglieder charakte-

---

[84] Ein solcher Ausgleich ist auch nicht auf überbetrieblicher Ebene durch die Gewährleistung der Tarifautonomie realisiert; so richtig *Säcker* (I), 80, der von einer Milderung des Übergewichtes der Arbeitgeber zur einseitigen Eigennützigkeit der Allgemeinen Arbeitsbedingungen spricht.

[85] Vgl. dazu BAG AP Nr. 63 zu § 611 BGB Gratifikation mit zust. Anm. von Gamillscheg = SAE 1968, 121, mit zust. Anm. von Küchenhoff; BAG AP Nr. 68 zu § 611 BGB Gratifikation; BAG AP Nr. 142 zu § 242 BGB Ruhegehalt; so auch *Falkenberg*, AR-Blattei D Gratifikation, Anm. zur Entscheidung 31; vgl. ferner *Canaris* (I), 140; *Biedenkopf* (I), 300 ff.

[86] So zutreffend *Säcker*, Anm. zu BAG Urt. vom 30. 1. 1970, SAE 1970, 273; *ders.* (III), 446 f.

[87] *Säcker*, SAE 1970, 273.

[88] *Säcker* (III), 446 f.; *Simitis - Weiss*, 1247.

[89] *Gamillscheg*, in: Anm. zu BAG AP Nr. 63 zu § 611 BGB Gratifikation; *Säcker* (III), 467; *ders.* (X), 48 f.; ders., AR-Blattei, D, Betriebsvereinbarung III; *Hueck - Nipperdey* (IV), 1264; BAG AP Nr. 63, 68 zu § 611 BGB Gratifikation; BAG AP Nr. 142 zu § 242 BGB Ruhegehalt.

[90] Vgl. dazu *Hueck - Nipperdey* (IV), 1092; auch neuerdings *Adomeit* (V), 54, und *Richardi* (V), 10.

risiert[91]. Diese nicht zu unterschätzende *Unabhängigkeit* des Betriebsrates von der Belegschaft kann seine — jedem Kollektiv innewohnende — Verselbständigungstendenz[92] stärker in den Vordergrund rücken. Dies führt im großen und ganzen hinsichtlich seiner Unterlegenheitsposition gegenüber dem Arbeitgeber zu einer engeren Abhängigkeit von ihm und folgerichtig zu einer *zusätzlichen Schwächung seiner Schutzfunktion*[93]. Es ist daher der Verdacht nicht von der Hand zu weisen, daß eine konkrete betriebsverfassungsrechtliche Regelung eine *Unbilligkeit,* sogar einen *Mißbrauch* der Regelungs- und Mitbestimmungsbefugnisse aufweisen könnte[94]. Um dieser funktionellen, einen Verstoß gegen den Sinn und Zweck der Betriebsverfassung darstellenden Entartung zu begegnen, hat es die Rechtsprechung zu Recht für erforderlich gehalten, die Betriebsvereinbarung einer nachträglichen *Billigkeitskontrolle*[95] ihres Inhalts zu unterziehen[96]. Dieses durchaus gerechtfertigte Mißtrauen gegenüber der minderen Billigkeitsgewähr, die eine Betriebsvereinbarung im Vergleich zu einem Tarifvertrag aufweist, hat der Dritte Senat des Bundesarbeitsgerichtes wiederum[97] mit allem Druck bestätigt.

Neuerdings hat *Adomeit*[98] die Ansicht vertreten, die Annahme einer allgemeinen Billigkeitskontrolle von Betriebsvereinbarungen im Rahmen des die Mitbestimmungsrechte erweiternden BetrVG von 1972 sei nicht mehr gerechtfertigt. Eine Ausnahme sei nur dann zuzulassen, wenn die betreffenden Betriebsvereinbarungen durch den verbindlichen Spruch der Einigungsstelle *(erzwingbare Mitbestimmung)* ok-

---

[91] So richtig *Adomeit* (II), 147.

[92] Dazu vgl. *Rüthers* (VI), 8 ff.; 25 ff.; 37 ff.; *Schneider,* W., 273 f.; *Mertz,* 206.

[93] BAG AP Nr. 63 zu § 611 BGB Gratifikation.

[94] Vgl. dazu *Canaris* (I), 140; *Biedenkopf* (I), 300 ff.; *Säcker* (III), 418 ff.; *ders.* (IX), Betriebsvereinbarung III; *ders.* (X), 48 f.; *Rüthers* (VI), 25 ff.

[95] Zur Inhaltskontrolle Allgemeiner Arbeitsbedingungen vgl. statt aller *Säcker* (I), 170 ff.; *ders.* (III), 201 ff.

[96] BAG AP Nr. 142, 143 zu § 242 BGB Ruhegehalt; AP Nr. 5 zu § 57 BetrVG 1952; vgl. dazu auch BAG AP Nr. 63 zu § 611 BGB Gratifikation mit zust. Anm. von Gamillscheg; BAG AP Nr. 66 zu § 611 BGB Gratifikation; vgl. ferner *Hueck - Nipperdey* (IV), 1264; *Blomeyer-Buchner,* Rückzahlungsklauseln im Arbeitsrecht, 1969, 30 f.; *Gamillscheg,* RdA 1968, 409.

[97] BAG, 30. 1. 1970, AP Nr. 142 zu § 242 BGB Ruhegehalt; in dieser grundlegenden höchstrichterlichen Entscheidung heißt es wörtlich: „Die betriebliche Ruhegeldvereinbarung ist zwar wie der Tarifvertrag ein kollektivrechtlicher Normenvertrag. Sie ist jedoch nicht in demselben Maße wie der Tarifvertrag autonom und der gerichtlichen Inhaltskontrolle entzogen. Der Tarifvertrag ist nur daraufhin zu überprüfen, ob er gegen die Verfassung, zwingendes Gesetzesrecht, die guten Sitten und tragende Grundsätze des Arbeitsrechts verstößt. Das rechtfertigt sich aus der Institutsgarantie des Art. 9 Abs. 3 GG und aus der Stärke und Unabhängigkeit der Tarifvertragsparteien, die auf den Kampf als ultima ratio zurückgreifen können. Diese Voraussetzungen sind bei der Betriebsvereinbarung nicht in gleicher Weise garantiert ... Aus diesen Gründen ist die gerichtliche Inhaltsprüfung bei der Betriebsvereinbarung nicht zu entbehren."

[98] In: *Hanau - Adomeit,* 102.

troyiert werden. Dieser abweichenden Auffassung ist jedoch nicht zuzustimmen. Die durch das neue Betriebsverfassungsgesetz hervorgerufene Stärkung der rechtlichen Stellung des Betriebsrates hat den Rechtfertigungsgrund einer Billigkeitskontrolle der Betriebsvereinbarungen nicht aufgehoben. *Dadurch ist lediglich eine graduelle Änderung zustande gekommen, denn der Betriebsrat unterliegt weiterhin der die funktionale Unterlegenheit des Betriebsrates gegenüber dem Arbeitgeber in erster Linie bedingten Friedenspflicht.* Faßt man ins Auge, daß die Einigungsstelle als *Ausgleich* zum bestehenden Kampfmaßnahmeverbot im betrieblichen Bereich fungiert[99], dann ist man sich über die verstärkte Bedürftigkeit einer Billigkeitskontrolle gerade bei den freiwilligen Betriebsvereinbarungen völlig im klaren. Es ist daher kein Zufall, daß das BAG eine inhaltliche Billigkeitskontrolle anläßlich zu entscheidender freiwilliger Betriebsvereinbarungen *(Ruhegelder, Gratifikationen)* postuliert hat. Aus all diesen Gründen ist die abweichende Ansicht Adomeits abzulehnen[100].

Die Notwendigkeit einer *differenzierten inhaltlichen Behandlung* zwischen Tarifvertrag und Betriebsvereinbarung ist nicht nur von der Rechtsprechung unterstrichen worden. Sie kommt auch im Rahmen der sogenannten *tarifdispositiven Gesetzgebung* deutlich zum Ausdruck, in der es zahlreiche Fälle gibt, bei denen nur die Tarifpartner, nicht aber die Betriebspartner abweichende Regelungen treffen können[101]. Denn,

---

[99] *Dütz,* JuS 1972, 689; *Simitis - Weiss,* 1246.

[100] Für *eine allgemeine Gerichtskontrollfreiheit von Betriebsvereinbarungen* tritt offensichtlich auch *Dütz,* 689, ein, der die Aufmerksamkeit auf die Gefahr einer die Betriebsautonomie auszuhöhlen drohende unbegrenzte richterliche Nachprüfung lenkt. Es ist das Verdienst Dütz', auf die Bedeutung einer effektiven Gewährleistung betriebsautonomer Gestaltungsmacht für das ausgewogene, problemgerechte Funktionieren des Rechts- und Regelungsräumemodells hingewiesen zu haben. Man darf dennoch nicht aus den Augen verlieren, daß die Betriebsautonomie nur dann ihren Aufgaben gerecht werden kann, *wenn sie sich auf der Basis einer gleichgewichtigen Macht- und Interessenlage bewegt und realisiert.* Dies ist aber bei den Beziehungen zwischen Arbeitgeber und Betriebsrat nicht der Fall (dazu vgl. oben S. 72 ff.). Diese Rechtswirklichkeit scheint *Dütz* bewußt zu sein, indem er das Risiko einsieht, „daß nicht ausgeglichene Machtverhältnisse im Betrieb zur Festlegung unausgewogener Berechtigungen und Verpflichtungen führen" (S. 689).

[101] Vgl. etwa § 622 Abs. 3 BGB, nach dem kürzere als die in den Absätzen 1 und 2 genannten Kündigungsfristen durch Tarifvertrag (nicht aber auch durch Betriebsvereinbarung) vereinbart werden können; § 12 Abs. 1 Satz 2 BUrlG nach dem von den vorstehenden Vorschriften mit Ausnahme der §§ 1, 2 und 3 Abs. 1 in Tarifverträgen (nicht aber auch in Betriebsvereinbarungen) abgewichen werden kann; § 7 Abs. 1 AZO aufgrund dessen die regelmäßige Arbeitszeit durch Tarifordnung, durch Tarifvertrag (dazu Meisel-Hiersemann, AZO-Komm. 1970 Anm. 3 zu § 7 AZO), nicht aber durch Betriebsvereinbarung bis zu zehn Stunden täglich verlängert werden kann; zu Recht hat daher die Rechtsprechung die den Tarifpartnern in einigen Fallgruppen bereits zuerkannte Möglichkeit, von richterlich geschaffenem Arbeitnehmerschutzrecht abzuweichen, den Betriebspartnern nicht eingeräumt;

wie besonders *Biedenkopf*[102] betont hat, das Vorhandensein der Kampfbereitschaft stellt eine *conditio sine qua non* für die Zulässigkeit der Abänderung einer zwingenden gesetzlichen Norm dar, was nur bei der Tarif-, nicht aber bei der Betriebsautonomie der Fall ist.

V. Die Grundrechtsbindung von Betriebsvereinbarungen

1. Der oben hervorgehobenen *strukturspezifischen verstärkten Wertbindung* der Betriebsautonomie, die in der Unerläßlichkeit einer richterlichen Inhaltskontrolle von Betriebsvereinbarungen kulminiert, liegt *die Grundwertung der freiheitlichen, demokratischen Rechtsordnung* zugrunde, wie sie verfassungsrechtlich verankert und geprägt ist[103]. Unter diesem Blickwinkel kann die inhaltliche Bindung der betriebsverfassungsrechtlichen Normsetzungsbefugnis in erster Linie als ein *problembedingter, partikulärer Ausfluß der fundamentalen Wertentscheidungen des Grundgesetzes* betrachtet werden[104]. *Sie bildet eine situationsrelative, fallspezifische Konkretisierung des Geltungsanspruchs der Grundrechte im Bereich der Betriebsautonomie*[105], die, wie jede andere Rechtsetzungsinstanz, in die verfassungsmäßige Rechtsordnung als integrierter und koordinierter Bestandteil eingefügt ist[106]. Dies impliziert bereits, daß die Bindung der Betriebspartner an die Grundentscheidungen der Verfassung die *wichtigste inhaltliche Grenze* der Betriebsautonomie darstellt[107].

Die auf einer gesetzlichen Ermächtigung beruhende Normsetzungsmacht der Betriebspartner darf, wie schon dargestellt wurde, die die delegierende Staatsmacht bindenden Schranken nicht überschreiten[108]. Die betriebsverfassungsrechtliche Delegationsnorm muß dahin inter-

---

vgl. dazu BAG AP Nr. 54 zu § 611 BGB Gratifikation mit zust. Anm. von Biedenkopf, aufgrund dessen die Tarifpartner von den für einzelvertragliche Gratifikationsrückzahlungsklauseln aufgestellten Grundsätzen abweichen können; vgl. auch BAG, DB 1970, 399, nach dem den Tarifpartnern das Recht zuerkannt wurde, in Tarifverträgen die mehrfache Befristung zuzulassen, was den Einzelvertragsparteien nur sehr beschränkt zusteht.

102 *Biedenkopf*, in: Festgabe für Kronstein, 1967, 92; vgl. dazu auch *Säcker* (III), 447.

103 Dies ergibt sich aus dem Axiom der Einheit und Unteilbarkeit der Staatsgewalt und der hierarchischen Struktur der Rechtsordnung, die seit der Stufenbaulehre Kelsens (*Kelsen*, Reine Rechtslehre, 190, 196 ff.) als Grundmerkmal des modernen Staats- und Rechtswesens gilt; vgl. dazu *Säcker* (VI), 296 f.; *ders.* (III), 271 f., 421.

104 Vgl. dazu auch *Rüthers* (VI), 20; *Säcker* (III), 232 ff.

105 Vgl. dazu unten S. 144 f.

106 *Hueck - Nipperdey* (III), 370; *Karakatsanis*, 122 f.

107 Ebenso *Karakatsanis*, 122; *Müller*, W., 140 ff.; *Rüthers* (VI), 19 ff.; *Säcker* (VI), 296 f.; *ders.* (III), 271 f., 421.

Nr. 26 zu § 611 BGB Fürsorgepflicht.

108 Vgl. dazu oben S. 39.

pretiert werden, daß die Betriebspartner zur innerbetrieblichen Normsetzung in dem gleichen Rahmen und unter Beachtung der gleichen Grenzen wie der staatliche Gesetzgeber ermächtigt sind, nicht aber dahin, daß sie Betriebsvereinbarungen treffen können, deren Inhalt auch für den Gesetzgeber aufgrund der ihn bindenden Grundrechtsordnung unzulässig wäre[109]. Wie *Biedenkopf*[110] in diesem Konnex zutreffend bemerkt, „wäre die Annahme unhaltbar, daß der Verfassungsgeber die Ausübung einer von ihm selbst begründeten Zuständigkeit zur Normsetzung von der Grundrechtsbindung habe freistellen wollen. Sie wäre zudem mit dem absoluten Geltungsanspruch der materiellen Wertordnung des Grundgesetzes unvereinbar". Stellt man darauf ab, daß die auf staatlicher Ermächtigung basierende Betriebsautonomie objektives Recht erzeugen kann, d. h. die Betriebsvereinbarung als Gesetz im materiellen Sinne zu qualifizieren ist[111], dann liegt ihre Bindung an Art. 1 Abs. 3 GG nahe[112]. Eine solche Beschränkung existiert daher dann, wenn eine derartige Normsetzung anstatt des Gesetzgebers, aber von ihm übertragen, mit unabdingbarer Wirkung ausgeübt wird, wie es bei der innerbetrieblichen Rechtsetzung der Fall ist[113].

2. Nicht zu verwechseln ist das Problem der Bindung der Regelungsmacht der Betriebspartner an die Grundrechte mit der Frage nach deren unmittelbarer Geltung für die Privatautonomie *(Drittwirkungsproblem)*[114]. Man muß dabei immer den *spezifischen, teleologisch-funktionalen* Unterschied zwischen *Rechtsnorm* und *Rechtsgeschäft* im Auge behalten[115]. Gerade die *Normqualität* der Betriebsvereinbarung, d. h. ihre unmittelbare Einwirkung auf die von ihr erfaßten Einzelarbeitsverhältnisse ohne das Vorhandensein einer entsprechenden Beteiligung der Betriebsangehörigen an ihrem Zustandekommen, erfordert die Ermächtigungsnorm und erklärt zugleich ihre *etatistische* Herkunft[116]. Zu Recht hat *Krüger*[117] betont, daß es sich bei der Normsetzung durch Vertrag — er meint damit den Tarifvertrag — um eine gegenüber dem Einzelvertrag *andere Art von Normsetzung* handele und sich diese

[109] Ebenso *Karakatsanis*, 123; *Reuss*, AuR 1958, 326 f.; *Sieg*, AcP 151, 253 f.; *Müller*, W., 141; vgl. ferner BAG AP Nr. 4 und 16 zu Art. 3 GG.

[110] *Biedenkopf* (I), 73.

[111] Statt aller *Hueck - Nipperdey* (IV), 1265 f.

[112] Dazu vgl. statt vieler *Karakatsanis*, 126; *Reuss*, 325; *Merz*, BB 1959, 494; *Hueck - Nipperdey* (III), 47; *Müller*, W., 140; ferner BAG AP Nr. 4, 6, 7, 18 zu Art. 3 GG.

[113] So BAG AP Nr. 16 zu Art. 3 GG.

[114] Ebenso *Canaris* (I), 136; *Biedenkopf* (I), 72; *Müller*, W., 141; *Schnorr*, in: Festschrift für Molitor 1962, 249 ff.; vgl. auch BAG AP Nr. 28 zu Art. 3 GG. Über die Problematik der Drittwirkung s. vor allem die gründliche Untersuchung von *Leisner*, Grundrechte und Privatrecht, 1962, insbes. 306 ff., 335 ff.

[115] Vgl. dazu oben S. 39.

[116] Ähnlich *Canaris* (I), 136; *Müller*, W., 141.

[117] *Krüger*, RdA 1957, 201, 205; vgl. auch *Reuss*, 325; *Müller*, W., 141; *Canaris* (I), 136.

Normsetzung ebensowenig der „von der Verfassung aufgerichteten Werttafel“ verschließen könne wie die staatliche Gesetzgebung. Denn bei dem Einzelvertrag geht es lediglich um eine Regelung der Rechtsstellung der an ihm beteiligten Parteien[118]. Es liegt demzufolge nahe, daß beim anstehenden Problem die Frage der Drittwirkung nicht angesprochen wird[119]. Unabhängig aber davon, ob die Drittwirkung der Grundrechte in unsere Problematik eingreift oder nicht, weist allein die Tatsache, daß es bei der Betriebsautonomie *um Ausübung rechtlicher und sozialer Macht geht, die vom Staat nicht besonders kontrolliert wird,* auf die Erforderlichkeit ihrer Bindung an die Verfassung[120]. Selbst wenn jedoch diese Thesen für nicht überzeugend gehalten werden und das Problem doch in Verbindung mit der Drittwirkungsproblematik gebracht wird[121], so kommt man über den Umweg der wertausfüllungsfähigen und wertausfüllungsbedürftigen Normen der §§ 138, 242 und 826 BGB sowie über die zahlreichen Generalklauseln des Arbeitsrechts zu einer *mittelbaren Anwendung* der Grundrechte auf dem Gebiet des Arbeitsrechts[122]. Dies kommt aber im Endergebnis praktisch einer *unmittelbaren Wirkung* der Grundrechte gleich, zumal gerade deswegen, weil hier das Fehlen von Rechtsbestimmungen durch die Bildung richterlicher Beurteilungskriterien mit elastischen Gestaltungsräumen ersetzt wird[123].

Im Rahmen der Grundrechtsbindung von Betriebsvereinbarungen kommt denjenigen Grundrechten besondere Wichtigkeit zu, die sich in der Tätigkeit der von einer Betriebsvereinbarung erfaßten Betriebsangehörigen aktualisieren[124]. Dazu zählen insbesondere *der Schutz der Menschenwürde* (Art. 1 Abs. 1 GG), *die allgemeine Handlungsfreiheit des Individuums* (Art. 2 Abs. 1 GG), *der Gleichbehandlungsgrundsatz* (Art. 3 GG) und *die Sozialstaatlichkeit* (Art. 20 Abs. 1 GG)[125].

---

[118] *Säcker* (III), 274.

[119] Ebenso *Reuss*, 325; *Krüger*, 205; *Müller*, W., 141; *Canaris* (I), 136; vgl. auch *Biedenkopf* (I), 72.

[120] So richtig *Hueck - Nipperdey* (III), 47; wie akut diese Problematik bei der Betriebsautonomie ist, zeigt insbesondere die Unterstellung der Betriebsvereinbarung unter eine gerichtliche Inhaltskontrolle; vgl. dazu oben 72 ff.

[121] So etwa *Dürig*, in: Maunz - Dürig - Herzog, Art. 2 Abs. 1 Rdnr. 57.

[122] Dies wird seit der grundlegenden Entscheidung des BVerfG vom 15. 1. 1958, BVerfGE 7, 198, 205 f., im allgemeinen anerkannt; vgl. dazu auch *Dürig*, Art. 2 Abs. 1 Rdnr. 57; *Leisner*, 338; *Rüthers* (VI), 20; *Säcker* (III), 232, Fußn. 81; *Hanau - Adomeit*, 38 f.

[123] Ebenso *Ramm*, JZ 1964, 586; *Rüthers* (VI), 20.

[124] Vgl. dazu auch *Biedenkopf* (I), 74.

[125] Wie akut die Geltung dieser Grundsätze im Bereich der Betriebsordnung ist, bestätigt und unterstreicht ihre betriebsverfassungsrechtliche Konkretisierung; vgl. dazu §§ 75 Abs. 1 und 2 *(Persönlichkeitsschutz und Gleichbehandlungsprinzip)*, 81 ff. (Individuelle Mitbestimmungsrechte des Arbeitnehmers), 87, 99 ff., 104 (*Kollektivbezogenheit des Arbeitnehmers* sowohl als *Bindung* als auch und vor allem als *effektiver Schutz*).

B. Die inhaltlichen Schranken der Betriebsautonomie anhand konkreter Regelungstatbestände

I. Die Eingriffsmöglichkeiten in bereits entstandene Ansprüche durch Betriebsvereinbarung

1. Überblick des bestehenden Meinungsstandes

a) Allgemeines

Im Rahmen des Problems der inhaltlichen Grenzziehung der betriebsverfassungsrechtlichen Normsetzungsbefugnis wird die Frage aufgeworfen, ob und inwieweit bereits *entstandene Forderungen bzw. erworbene Rechte* der Arbeitnehmer[1], die sich aus dem Arbeitsverhältnis ergeben haben[2], nachträglich[3] der Regelungsmacht der Betriebspartner unterliegen[4]. Sowohl die Lehre als auch die Rechtsprechung

[1] Für die Frage, wann ein Recht entstanden und als erworbenes zu betrachten ist, kommt es darauf an, ob „der gesamte Tatbestand vorliegt, an den die Rechtsordnung die Entstehung des Rechts knüpft"; so *Enneccerus - Nipperdey,* Allg. Teil des Bürgerl. Rechts, 1959, 471; vgl. dazu auch *Wichsel,* Der Begriff des wohlerworbenen Rechts im internationalen Privatrecht, 1955, 88, 99; *Karakatsanis,* 78.

[2] Dabei geht es nicht um bereits entstandene Rechtsansprüche, die einzelvertragrechtlich begründet sind, sondern um diejenigen, die durch eine Betriebsvereinbarung ins Leben gerufen worden sind. Die Beantwortung der individualrechtlich bezogenen Frage gehört zur Problematik des Günstigkeitsprinzips und wird daher hierbei ausgeklammert. Es sei lediglich betont, daß derartige Ansprüche den vollen Schutz genießen, den das Günstigkeitsprinzip den bestehenden, auf einzelvertraglichen Abreden beruhenden Rechtspositionen des Arbeitnehmers zusichert, wenn sie sich als günstiger im Vergleich zu den nachträglich durch Betriebsvereinbarung zustandegekommenen erweisen. Es wäre widersinnig, einerseits bestehende Arbeitsbedingungen aufgrund des Günstigkeitsprinzips dem kollektivrechtlichen Zugriff zu entrücken und andererseits den schutzbedürftigeren bereits entstandenen Forderungen denselben Schutz abzusprechen; ebenso *Richardi* (I), 393, 438.

[3] Die Herabsetzung künftiger auf einer Betriebsvereinbarung basierender Forderungen durch eine neue Betriebsvereinbarung ist grundsätzlich uneingeschränkt zulässig. Denn im Falle einer Betriebsvereinbarungskollision gilt der Grundsatz „lex posterior derogat legi priori" (Ordnungs- bzw. Ablösungsprinzip); vgl. dazu statt vieler *Hueck - Nipperdey* (IV), 1293 ff., 1299; *Säcker* (III), 349; vgl. ferner BAG, AR-Blattei Betriebsvereinbarung, Entscheidungen 18. Die Geltung dieser „rechtsquellentheoretischen Parömie" kann nur als Ergebnis umfassender teleologischer Sacherwägungen betrachtet werden; vgl. dazu *Zöllner,* RdA 1964, 446 ff.; *Säcker* (III), 286 f.

[4] Es liegt bei dieser Fragestellung nahe, daß diejenigen entstandenen Ansprüche, die außerhalb des Arbeitsverhältnisses (z. B. aufgrund eines Mietverhältnisses über eine Werkswohnung) erworben sind, als reine Gläubigerrechte anzusehen sind und demzufolge der betriebsverfassungsrechtlichen Regelungsmacht entzogen sind; vgl. dazu statt vieler *Nikisch,* Arbeitsrecht, II, 292; *Karakatsanis,* 78; *Richardi* (I), 438.

betrachten eine bereits entstandene[5] Rechtsansprüche *beeinträchtigende* Betriebsvereinbarung grundsätzlich als unzulässig[6]. Dieser mehr oder weniger einhelligen rechtlichen Behandlung solcher Betriebsvereinbarungen liegen jedoch verschiedene *Beurteilungsmaßstäbe bzw. Begründungsmodelle* zugrunde.

b) Lösungsvorschläge in der Literatur

aa) Herschel

Im Jahre 1932 wurde bereits diese Position von *Herschel*[7] im Rahmen seiner sog. „*Verfügungstheorie*" aufgeworfen. Nach dieser Theorie muß man darauf abstellen, daß der entstandene Einzelanspruch *nicht mehr zum Inhalt* des Arbeitsverhältnisses gehört, aus dem er entsprungen ist. Denn die aus einem Arbeitsverhältnis erwachsenen fälligen Ansprüche stellten *selbständige Größen* dar, deren rechtliches Schicksal mithin weitgehend von der Entwicklung des sie auslösenden Arbeitsverhältnisses *unabhängig* geworden sei[8]. Dieser verselbständigte An-

---

[5] Die von manchen Autoren (so z. B. *Hilger*, Das betriebliche Ruhegeld, 220 f.; *Hueck*, G. (I), 78; *Biedenkopf* (I), 243 f.) bei der Bearbeitung dieses Fragenkomplexes vorgenommene Unterscheidung zwischen bereits entstandenen und voll abgewickelten Ansprüchen einerseits und entstandenen, aber noch nicht voll abgewickelten Ansprüchen andererseits mag formalrechtlich richtig sein. Für unsere Problematik jedoch, die auf Umfang und Schranken der Eingriffsmöglichkeiten der Betriebspartner in Rechtspositionen des Arbeitnehmers ausgerichtet ist, die von erheblicher wirtschaftlicher Bedeutung für die Gestaltung seines Privatlebens sind, erweist sich diese Unterscheidung als irrelevant. Denn, wie zutreffend *Säcker* (III), 438, bemerkt, die wirtschaftliche Tragweite des kollektivnormativen Eingriffs in die Rechtsposition des Arbeitnehmers sei in aller Regel unabhängig davon, ob der Anspruch abgewickelt ist oder nicht; vgl. dazu auch *Steindorf*, SAE 1963, 38. Daher wird in der folgenden Untersuchung absichtlich lediglich von entstandenen bzw. erworbenen Rechten gesprochen. Darunter fallen sowohl abgewickelte als auch nicht voll abgewickelte Ansprüche.

[6] *Herschel*, Tariffähigkeit und Tarifmacht, 1932, 48 ff.; *Siebert* (III), 132 ff.; *Hilger* (I), 220 f.; *Stahlhacke*, RdA 1959, 268 f.; *Neumann-Duesberg* (I), 396 ff.; *Karakatsanis*, 78 ff.; *Kauffmann*, NJW 1960, 1648; *ders.*, NJW 1966, 1685 f.; *Schmidt*, Die Verflechtung kollektiven und individuellen Arbeitsrechts, 67; *Müller*, W., 185; *Galperin - Siebert*, BetrVG 1952, Anm. 43 zu § 52; *Nikisch* (II), 292, 294; *Gamillscheg*, Die Differenzierung nach der Gewerkschaftszugehörigkeit, 1967, 82; *Hueck - Nipperdey* (III), 409 f., (IV), 1263 fff.; *Richardi* (I), 441 f.; *Misera*, 52 ff.; *Fitting - Auffarth*, Anm. 36 zu § 77 BetrVG 1972; *Quasten*, 54 ff.; *Säcker* (III), 433 ff.; 451; so ebenfalls LAG Bremen, RdA 1949, 270; BAG, AP Nr. 1 zu § 399 BGB; zur TV: BAG, AP Nr. 2 zu § 1 TVG Rückwirkung; BAG, RdA 1962, 207 = BB 1962, 447; vgl. ferner BAG, AP Nr. 1 zu § 242 BGB Ruhegehalt, Unterstützungskassen = SAE 1970, 262 ff. mit Anm. von *Säcker*, insbes. 273; nur für die Unantastbarkeit von voll abgewickelten Forderungen: *Hueck*, G. (I), 98; *Neumann-Duesberg* (IV), 528; *Bobrowski-Gaul*, Das Arbeitsrecht im Betrieb, 1970, 42; *Isele*, JR 1960, 290; *Dietz* (V), 24; *Biedenkopf* (I), 243 f.; *Hilger* (I), 220 f.

[7] Tariffähigkeit und Tarifmacht, 1932, 45 ff.

[8] *Herschel*, 49.

spruch stelle nun ein *subjektives Recht* dar, das mit dem zugrunde liegenden Rechtsverhältnis in keiner Verbindung mehr stehe und deshalb von der *Kollektivmacht* nicht erfaßt werden könne[9]. Diesem Gedankengang gemäß stellt beispielsweise die kollektivrechtliche Regelung eines *Lohnverzichtes* eine Verfügung über bereits entstandene Ansprüche dar, die der Kollektivmacht verwehrt ist[10]. Dabei sei es im übrigen gleichgültig, ob es sich um entstandene und fällige Ansprüche handele, die auf noch *bestehenden* oder bereits aus Altersgründen oder Arbeitsunfähigkeit *beendeten* Arbeitsverhältnissen basieren. Darüber hinaus komme es nicht darauf an, ob der kollektive Eingriff in die wohlerworbenen Rechte des Arbeitnehmers *für die Gegenwart* (z. B. Stundung) oder *rückwirkend* vorgenommen werde.

bb) Siebert

Mit dieser Thematik hat sich auch *Siebert*[11] befaßt, dessen Lehre über die *„Individualsphäre"* die ganze Auseinandersetzung für lange Zeit beherrscht und Literatur und Rechtsprechung stark beeinflußt hat[12]. Im Ergebnis stimmt Siebert mit der Ansicht *Herschels* überein, wenn er auf die *Unzulässigkeit* einer kollektivrechtlichen Beeinträchtigung von bereits in individuelle Rechtspositionen umgewandelten Ansprüchen des Arbeitnehmers abstellt.

Siebets Theorie liegt die Vorstellung einer *Arbeitsverfassung* zugrunde, deren *Gestaltungssubjekten* „jeweils ganz bestimmte *Gestaltungsmittel* zugeordnet sind"[13]. Die Feststellung der *sozialpolitischen* Funktion dieser Träger sei für die *Wechselbeziehung* von Individualrecht und Kollektivnorm und die dazwischen zu ziehenden rechtlichen *Grenzen* von ausschlaggebender Bedeutung. *Siebert* erklärt die *norma-*

---

[9] *Herschel*, 48.

[10] Es gehe dabei um eine rechtsgeschäftliche Verfügung, um einen abstrakten Erlaßvertrag, welcher nicht mehr der kollektivrechtlichen Regelungsmacht unterliege. Dieses Denkmodell würde auf die Gestaltungsmöglichkeit etwa eines aufgrund einer Betriebsvereinbarung entstandenen Gratifikationsanspruches durch Betriebsvereinbarung übertragen, folgendes bedeuten: Der Gratifikationsanspruch als verselbständigtes und vom Arbeitsverhältnis losgelöstes Recht unterliegt allein der Verfügungsmacht des anspruchsberechtigten Arbeitnehmers und kann deswegen durch Betriebsvereinbarung nicht erlassen, gestundet oder in irgendeiner Weise beeinträchtigt werden.

[11] BB 1953, 241 ff.; *Siebert* (III), 128 ff.

[12] Vgl. *Galperin - Siebert*, Vorb. 87 ff. vor § 49 BetrVG; *Kaskel - Dersch*, Arbeitsrecht, 1957, 67; *Haberkorn*, AuR 1960, 325; *Stahlhacke* (I), 266; *Floretta*, in: Floretta - Strasser, Die Kollektivmächte im Arbeitsleben, 59 (68 f.); *Quasten*, 54 ff.; vgl. ferner *Hueck - Nipperdey* (III), 406, dessen Ansicht die Konzeption Sieberts zugrunde liegt. Er sieht aber die entscheidende Begründung in der Verwendung des Günstigkeitsprinzips; unklar schließlich BAG, AP Nr. 1 zu § 399 BGB; BAG, AP Nr. 87 zu § 242 BGB Ruhegehalt.

[13] *Siebert* (IV), 47 f.

tive Wirkung der Kollektivvereinbarungen aus deren *Ordnungsfunktion* innerhalb der Arbeitsverfassung[14]: Durch ihre Ordnungsfunktion ermöglichten die Kollektivvereinbarungen eine *einheitliche* Gestaltung der Arbeitsbedingungen, in der sich die Interessen sowohl der Sozialpartner als auch der gesamten Volkswirtschaft zusammenfänden[15]. Als diese Ordnungsfunktion *ergänzende* Größe komme weiterhin eine *Schutzfunktion* in Betracht, die dem Wesen der Kollektivvereinbarung innewohne und dem das gesamte Kollektivarbeitsrecht beherrschenden Schutzgedanken diene[16]. Im Gegensatz zur kollektivrechtlichen Gestaltung stehe die individualrechtliche Gestaltung des Arbeitsverhältnisses, die auf dem *Leistungsprinzip,* dem *Bedürftigkeitsgedanken* und sonstigen *individuellen Momenten* basiere *(Günstigkeitsprinzip)*[17]. Gerieten eine Kollektivnorm und eine individuelle Regelung desselben Arbeitsverhältnisses in *Konflikt,* dann hätte den *Vorrang* das Günstigkeits- und nicht das Ordnungsprinzip. Nicht aber die Form der Regelung, sondern sein individualrechtlicher bzw. kollektivrechtlicher Inhalt sei das maßgebende Kriterium, kraft dessen solche Kollisionen zu lösen seien[18]. Auf dieses *Abgrenzungsmerkmal* stützt sich der Versuch *Sieberts,* die Grenzen der Kollektivmacht in ihrem Verhältnis zum Individualbereich des Arbeitnehmers zu sehen. Ebenso wie die einzelvertragliche Regelung des Arbeitsverhältnisses, der *kein individuelles Moment* zugrunde liege, einer kollektivrechtlichen Gestaltung nicht versperrt sei[19], sei eine Beeinträchtigung *individualbezogener Rechtspositionen* des Arbeitnehmers unzulässig, selbst wenn sie einer Kollektivvereinbarung entsprossen seien. Auf dieser Feststellung baut *Siebert* seine Lehre über den Bestand einer *kollektivfreien Individualsphäre* auf, die der kollektiven Normsetzungsmacht entrückt ist[20]. Von dieser Grundthese ausgehend unterscheidet er ferner zwischen *ursprünglichen* und *gewordenen* Individualrechten, aus denen der Individualbereich bestehe. Zu den „ursprünglichen Individualrechten" zählt er die Rechtspositionen des Arbeitnehmers, „die von Anfang an ausschließlich dem Individualbereich angehören", obwohl sie in einem losen Zusammen-

[14] *Siebert* (III), 122.

[15] *Siebert* (III), 123.

[16] *Siebert* (III), 123.

[17] *Siebert* (III), 124 ff.

[18] *Siebert* (VII), 242 (Fußn. 12); *ders.* (III), 127.

[19] In einem solchen Fall soll das *Ordnungsprinzip* der Kollektivvereinbarung die *Präponderanz* haben; zur Ablösung einer kollektiv- und individualrechtlichen Gestaltung vgl. vor allem *Nipperdey,* Festschrift für Heinrich Lehmann, 1937, 257 ff.; *Richardi,* RdA 1965, 49 ff.; ders. (I), 301 ff.

[20] Dieses Unterscheidungsmodell liegt im Grunde auch den Konzeptionen anderer Autoren zugrunde; vgl. *Hilger,* BB 1958, 417 ff.; Der Einfluß des kollektiven Arbeitsrechts auf das Einzelarbeitsverhältnis, Verhandlungen des 43. DJT, Bd. II/F, 17 ff.; wohl auch *Karakatsanis,* 34 ff., 41 ff., 114 ff.; vgl. auch neuerdings *Quasten,* 49 ff.

hang mit dem Arbeitsverhältnis stehen können[21]. Unter diese Individualrechtskategorie fallen in erster Linie „die Entscheidungs- und Verfügungsbefugnis des Arbeitnehmers über seinen Arbeitslohn und über seine Freizeit“[22]. Diese Befugnisse sollen dazu dienen, daß die Entscheidung über die Verwertung der dem Arbeitnehmer durch das Kollektiv verschafften, für die Gestaltung seines Privatlebens notwendigen Güter dem einzelnen Arbeitnehmer überlassen bleiben[23]. Würden eventuell diese Angelegenheiten zugleich betriebliche Interessen tangieren, blieben sie trotzdem außerhalb der Kollektivgewalt[24].

Darüber hinaus gehörten den „gewordenen Individualrechten“ alle bereits entstandenen Ansprüche des Arbeitnehmers ohne Rücksicht auf ihren Entstehungsgrund an, die dazu dienten, dem Arbeitnehmer angemessene Arbeitsbedingungen zu sichern und ihm die Möglichkeit zur Gestaltung seines Privatlebens zu geben[25]. Solche Ansprüche seien primär die Ansprüche auf Lohn, Urlaub, Ruhegeld und sonstige der privaten Existenz des Arbeitnehmers dienenden Ansprüche[26]. Seien diese Ansprüche einmal entstanden, so habe die kollektive Regelung damit ihren Zweck verwirklicht. Sie ständen dementsprechend in keinerlei Verbindung mehr mit dem Arbeitsverhältnis[27], sondern, obwohl sie ihren Ursprung einer kollektivrechtlichen Regelung verdanken könnten[28], seien sie vom Arbeitsprozeß losgelöst und in die unantastbare Individualsphäre des Arbeitnehmers übergetreten[29].

Eine *rückwirkende* Beeinträchtigung eines entstandenen Anspruches lehnt *Siebert* ab [30]. Dies bedeutet, daß auch die rückwirkende Veränderung der Anspruchsgrundlage unter dem Gesichtspunkt *unantastbaren entstandenen* Anspruches gewertet werden muß. Die Regelungsmacht der Kollektivpartner wird also durch die Annahme einer *Individualsphäre* entscheidend beschränkt. Jegliche Beeinträchtigung bereits entstandener Ansprüche, sei es für die Gegenwart, sei es rückwirkend, unterliegt danach nicht mehr der Kollektivmacht[31]. Lohnabtretungsverbote[32], Lohnverwendungsabreden[33], vermögenswirksame, zur Be-

---

[21] *Siebert* (VII), 243; *ders.* (III), 139 ff.
[22] *Siebert* (III), 139 f.
[23] *Siebert* (III), 140.
[24] *Siebert* (III), 145.
[25] *Siebert* (III), 134.
[26] *Siebert* (III), 136.
[27] *Siebert* (III), 133 f.
[28] *Siebert* (VII), 242; *ders.* (III), 128.
[29] *Siebert* (III), 134.
[30] *Siebert* (III), 136.
[31] *Siebert* (III), 136.
[32] *Siebert* (III), 141.
[33] *Siebert* (III), 142 f.

schränkung der Sparentscheidung des Arbeitnehmers führende Leistungen[34], Nebenbeschäftigungsverbote[35], Freizeitgestaltung[36] können schließlich nicht durch Kollektivnorm geregelt werden; denn sie gehören zum ursprünglichen Individualbereich.

Ein Vergleich der Theorie *Sieberts* mit der Konzeption *Herschels* führt zur Feststellung, daß beiden Abgrenzungsversuchen *ähnliche* Ausgangspunkte und Motive zugrunde liegen.

Beide Autoren betrachten zunächst die auf dem Arbeitsverhältnis beruhenden und bereits entstandenen Ansprüche als *kollektivfrei*. Sie lassen darüber hinaus die Reziprozität von Unterworfensein und eigener Gestaltungsmöglichkeit des Arbeitnehmers in der modernen Arbeitsverfassung sich nicht über die nötige Erhaltung des Gleichgewichtes aller Arbeitsgestaltungsfaktoren zuungunsten des schutzbedürftigen Arbeitnehmers hinausentwickeln.

Von dieser gemeinsamen Basis ausgehend, kann man die Lehre *Sieberts* als *Entwicklung* und *Ergänzung* des Modells *Herschels* ansehen. Indem aber der Begriff des Individualbereiches über die von *Herschel* entwickelte Verfügungstheorie in Bezug auf die Rückwirkungsmöglichkeiten von Kollektivvereinbarungen hinausgeht, sind nicht alle subjektiven Rechte des Arbeitnehmers, sondern nur die unter diesen Individualbereich fallenden vor kollektivrechtlichen Verfügungen geschützt[37].

---

[34] *Siebert* (III), 143.

[35] *Siebert* (III), 143 f.

[36] *Siebert* (III), 143 f.

[37] Neuerdings hat *Säcker* (III), 424, 430, den Versuch *Rüthers*, die Grenzen der notwendigen Mitbestimmungsrechte aufzuzeigen, quasi als eine Wiederbelebung der *Lehre Herschels* bezeichnet, *Rüthers* greift jedoch keineswegs auf *Herschel* zurück. Im Gegenteil: er geht — ganz im Sinne *Säckers* (III), 429 f. — davon aus, daß die Unterscheidung zwischen „*Kollektivmacht*" und „*Individualbereich*" nicht in der Lage sei, eine normative Abgrenzung zustandezubringen, denn man würde auf diese Weise einen Begriff mit sich selbst erklären (VI, 18 f.). Wenn *Rüthers* im Laufe seiner Untersuchung postuliert, daß die Belange der Betriebsordnung bei der Ausübung der Mitbestimmungsrechte ihre Grenze in den *fundamentalen Rechten des einzelnen* findet (34 f.), stellt er nicht auf die Konstruktion des *wohlerworbenen subjektiven* Rechts im Sinne einer arbeitsrechtsspezifischen immanenten Schranke ab. Die „fundamentalen Rechte des einzelnen" sind für *Rüthers* unmißverständlich die *verfassungsrechtlich geschützten Freiheitsrechte* (so er (S. 19) ausdrücklich — in Anlehnung auf *Gamillscheg* (I), 82, und *Misera*, 57 —. Wenn er schließlich im Falle einer *Kollision* zwischen Ordnungs- und Schutzfunktion bei der Verwirklichung der Mitbestimmung eine *zweckmäßigkeitsbezogene Interessenabwägung* fordert, die aber über die Grundrechte des einzelnen nicht hinausgehen darf, so bleibt er konsequent und fest bei seiner prinzipiellen Ablehnung des Individualbereichmodells im Sinne *Sieberts* oder *Herschels*. Daher ist die von *Säcker* (S. 430) festgestellte „dogmatische Unergiebigkeit der Suche nach aus der Individualsphäre fließenden unübersteigbaren Schranken der Kollektivmacht" als Vorwurf gegen den Versuch *Rüthers* fehl am Platz.

cc) Karakatsanis

Im Rahmen der wiederholten Versuche der Lehre, mit Hilfe verschiedener Konstruktionen rechtsdogmatisch die Grenzen der Kollektivmacht insbesondere in Bezug auf die Zulässigkeit von Eingriffen in bereits entstandene Ansprüche des Arbeitnehmers abzustecken, stellt das von *Karakatsanis*[38] entwickelte Lösungsmodell einen beachtenswerten Versuch dar. *Karakatsanis* macht die Lösung des hier gestellten Problems von der Beantwortung zweier Fragen abhängig[39]: *Erstens* der Frage nach dem *Verhältnis* zwischen dem ursprünglichen Rechtsverhältnis, aus dem der Anspruch entstanden ist, und dem Anspruch selbst, und *zweitens* der Frage nach der *Kollektivbezogenheit* des Anspruches.

In Anlehnung an *Herschel*[40] unterscheidet er zwischen dem *Mutterverhältnis* (d. h. für unseren Fall Arbeitsverhältnis) und dem *verselbständigten,* vom Mutterverhältnis abgespaltenen *Anspruch*[41]. Dieser Unterscheidung gemäß sei das Verhältnis zwischen Arbeitsverhältnis und Anspruch „ein genetisches, nicht ein dauerndes". Sei der schon entstandene Anspruch als Ergebnis des gestalteten Verhältnisses zu betrachten, dann unterliege er keiner weiteren Gestaltung mehr[42]. Aus dieser Überlegung folge zwanglos, daß das Schicksal des Anspruches ausschließlich vom Willen der berechtigten Person abhänge. *Karakatsanis* bezeichnet in diesem Zusammenhang den Anspruch als „die *individuellste* rechtliche Institution"[43]. Unter diesem Aspekt sei der Anspruch so eng mit der Person des Berechtigten verbunden, daß eine Fremdbestimmung nicht ohne Verstoß gegen Art. 2 GG möglich sei[44]. Dieser Gedankengang führt folgerichtig zum Ergebnis, daß ein entstandener und vom Stammverhältnis losgelöster Anspruch damit *individualisiert werde,* so daß er einer weiteren kollektivrechtlichen Gestaltung *entzogen sei*[45]. Denn der Kollektivmacht der Sozialpartner unterlägen nur echte *kollektivbezogene Fälle bzw. Situationen*[46]. Als natürliche Folge dieser Konstruktion komme auch die Unzulässigkeit einer rückwirkenden Beeinträchtigung von entstandenen Ansprüchen durch Kollektivvereinbarung in Betracht. Stimmte diese These nicht, dann käme

---

[38] *Karakatsanis,* Die kollektivrechtliche Gestaltung des Arbeitsverhältnisses und ihre Grenzen, 1963, 78 ff.

[39] *Karakatsanis,* 82.

[40] *Herschel* (I), 45 ff.

[41] *Karakatsanis,* 82.

[42] Wie er charakteristisch formuliert, „Der Anspruch entsteht in einer Person schon gestaltet; bei ihm ist nichts mehr zu gestalten".

[43] *Karakatsanis,* 82 f.

[44] *Karakatsanis,* 83.

[45] *Karakatsanis,* 83.

[46] Zum Begriff der Kollektivsituation vgl. *Karakatsanis,* 35 ff.

ein von der Rechtsordnung mißbilligtes Ergebnis über den Umweg der Rückwirkung zustande[47].

c) *Die Rechtsprechung*

Diesen weitgehenden Trend der Wissenschaft, die Beeinträchtigung bereits aus dem Arbeitsverhältnis entstandener Ansprüche durch Kollektivvereinbarung auszuschließen und dementsprechend die Regelungsmacht der Kollektivpartner entscheidend zu beschränken, spiegelt auch die *Nachkriegsrechtsprechung* wider.

Charakteristisch für die Entwicklung dieser Problematik in der Vorkriegszeit und beachtenswert für ihren starken Einfluß auf die Nachkriegsdiskussion ist eine *Entscheidung des LAG Bremen von 1948*[48]. Dabei handelte es sich um die Frage, ob den Betriebspartnern die Befugnis zustand, bereits entstandene und fällige Lohnansprüche, die einzelvertragsrechtlich bzw. kollektivrechtlich festgelegt wurden, zu stunden oder zu erlassen. Das Gericht hat einen solchen Eingriff der Betriebspartner als *unzulässig* erkannt und demzufolge die Arbeitnehmer an solche Regelungen für nicht gebunden erachtet. Denn durch Betriebsvereinbarung könne nur geregelt werden, was die Ordnung des Betriebes als eines Ganzen angehe. Lägen aber einmal entstandene persönliche Ansprüche des Arbeitnehmers vor, dann wären sie wegen ihrer *individualrechtlichen* Wesenheit und Eigenschaft der Einflußnahme von Instanzen entrückt, die außerhalb des zweiseitigen Vertragsverhältnisses stünden. Es widerspreche dem Grundsatz der Vertragsfreiheit und würde eine Vergewaltigung des einzelnen durch ein Kollektiv bedeuten, würde man der Kollektivmacht die Befugnis einräumen, über den Kopf des einzelnen hinweg hinsichtlich seiner privatrechtlichen Ansprüche zu entscheiden.

Die neuere Rechtsprechung und insbesondere das BAG haben in einigen Fällen Gelegenheit gefunden, zu diesem Problem Stellung zu nehmen. Aus den einschlägigen Entscheidungen sind folgende als am markantesten zu erwähnen:

In dem *Beschluß vom 16. 3. 1956*[49] zur Eingriffsmöglichkeit in Ruhegeldansprüche von Pensionären durch Betriebsvereinbarung trat das BAG mit der These hervor, daß der Pensionär mit seinem Ausscheiden einen *individuellen* Einzelanspruch besitze, der zwar in der Betriebs-

---

[47] *Karakatsanis*, 84.

[48] Urt. v. 27. 10. 1948, RdA 1949, 270, mit Anm. von *Dietz* = BB 1948, 609 ff. = AR-BL „Betriebsvereinbarung Entsch. I" mit Anm. von *Hueck*, A. = SAE 1949 Nr. 38.

[49] BAG AP Nr. 1 zu § 57 BetrVG; vgl. auch dazu BAG, AP Nr. 2 zu § 57 BetrVG.

vereinbarung wurzele, aber nunmehr zu einem *selbständigen* Anspruch geworden sei. Aus diesem Grunde bleibe der Ruhegeldanspruch nach Eintritt des Pensionsfalles von eventueller Verschlechterung oder Aufhebung unberührt.

In der *Entscheidung vom 20. 6. 1958*[50] vertrat das BAG die Ansicht, daß gewisse Grenzen für die *Rückwirkung* von Tarifverträgen anzuerkennen seien, wenn in eine bereits bestehende Rechtsposition eingegriffen worden wäre.

Diese Andeutung des BAG wurde in seiner *Entscheidung vom 16. 2. 1962*[51] verstärkt, in der es erklärte, daß die kraft früherer Kollektivregelung vom Arbeitnehmer bereits *fest erworbene Rechtsposition der Unkündbarkeit* diesem durch eine neue Kollektivregelung nicht entzogen werden könne.

In der *Entscheidung vom 14. 6. 1962*[52] wird davon gesprochen, daß die Tarifpartner nicht schlechthin und schrankenlos in bereits *erworbene Ansprüche* der Tarifunterworfenen eingreifen können. Seien die betreffenden Ansprüche schon abgewickelt, dann ließen sie sich von den Tarifparteien nicht mehr antasten. Das ginge über die Tarifmacht weit hinaus und würde das persönliche Leben der Arbeitnehmer im Kern treffen. Ginge es weiterhin zwar um erworbene, *nicht* aber um *vollständig abgewickelte* Individualrechte, dann sei ein rückwirkender Eingriff nur zulässig, wenn *ein dringendes Bedürfnis nach einer generellen Regelung bestehe und das Gesamtinteresse den Vorrang habe.* Ähnlich entschied das *BAG am 30. 10. 1962*[53] im Zusammenhang mit dem Vorrang des Ordnungsprinzips in bezug auf eine generelle Ruhegeldordnung, soweit bereits erworbene Rechtspositionen des Arbeitnehmers nicht in Frage stünden.

2. Auseinandersetzung mit den geschilderten Lösungsmodellen

a) Kritik an der Lehre Sieberts

aa) Der methodische Ansatz

Siebert operiert mit dem Begriff der *„Individualsphäre"*. Er geht davon aus, daß dieser Begriff vorgegeben und vorbestimmt ist, so daß er als *Abgrenzungskriterium* zwischen kollektiv regelbaren und kollek-

[50] BAG, AP Nr. 2 zu § 1 TVG Rückwirkung = DB 1958, 1041 = BB 1958, 949.

[51] BAG, RdA 1962, 207 = BB 1962, 447.

[52] BAG, AP Nr. 4 zu § 1 TVG Rückwirkung. — Zu den gegen diese Entscheidung zu erhebenden Bedenken vgl. unten S. 109 f.

[53] SAE 1963, 161 ff.

tivfreien Tatbeständen des Arbeitslebens fungieren kann. Nach dieser Argumentationsweise reicht die *Zugehörigkeit* einer Regelung zum einen oder anderen Bereich aus, um sie als innerhalb bzw. außerhalb der Kollektivmacht liegende zu bezeichnen. Diese Art des Vorgehens ist aber *methodisch* bedenklich. Denn sie beruht auf einer *Petitio principii*[54]. Erst durch die Untersuchung und Feststellung der Reichweite der Kollektivmacht nach Sinn, Zweck und Inhalt ihrer Regelungsbefugnis kann man induktiv zu einem rechtlich greifbaren und bestimmbaren Individualbereich gelangen. Nur dann wäre es möglich, durch Abstraktion und Deduktion die Grenzen der Kollektivmacht zu ziehen. Demzufolge kann man nicht, wie *Siebert* annimmt, davon ausgehen, daß ein Anspruch, der unter die Individualsphäre fällt, deshalb gegenüber dem kollektivrechtlichen Einfluß abgeschirmt ist[55]. Aus all diesen Einwänden läßt sich erkennen, daß das von *Siebert* vorgeschlagene Modell unter einer unheilbaren *methodologischen* Schwäche leidet, und aus diesem Grund abzulehnen ist[56].

bb) Die rechtsdogmatische Begründung

α) Die dogmatische Untauglichkeit des genossenschaftstheoretischen Ansatzes

Darüber hinaus lassen sich Bedenken gegen den rechtsdogmatischen Ansatz Sieberts geltend machen. Zieht man in Betracht, daß die *Genossenschaftstheorie v. Gierkes Siebert* den *Ansatzpunkt* gegeben hat[57], dann läßt sich doch deutlich eine abweichende Auffassung *Sieberts* von der Qualität der kollektivrechtlichen Regelung ersehen. Dies liegt daran, daß die Theorie *v. Gierkes* ungeeignet ist, die *Dogmatik* des Kollektivvertragsrechts zu erklären[58]. Denn diese Theorie — mag sie

---

54 Ebenso *Herschel*, DB 1956, 714; *Schmidt* (I), 74; *Wiedemann*, RdA 1959, 457; *Schnorr*, JR 1966, 333; *Karakatsanis*, 80; *Gamillscheg* (I), 79; *Richardi* (I), 336; *Rüthers* (VI), 18 f.; *Säcker* (III), 336. Das Argument der *Petitio principii* oder des *Zirkelschlusses*, das seit *Aristoteles* als eines der klassischen Gedankengüter der Logik gilt, führt zu einem Fehlschluß; denn es soll dabei eine Behauptung mit sich selbst bewiesen werden; vgl. dazu *Klug*, Festschrift für Möhring, 1965, 380; *Kaufmann*, in: Festschrift für Wilhelm Gallas, 1973, 7.

55 So auch statt vieler *Herschel*, DB 1956, 714; *Karakatsanis*, 80; *Gamillscheg* (I), 79; *Richardi* (I), 336; *Rüthers* (VI), 19.

56 *Säcker* (III), 429, führt bei seiner scharfen Kritik gegen die Theorie *Sieberts* aus, daß die Siebertsche Unterscheidung von Individual- und Kollektivsphäre die Problematik der Begrenzung der Kollektivmacht nicht nur angeregt und gefördert, sondern zugleich in eine Sackgasse geführt habe.

57 Dies gibt *Siebert* (BB 1953, 242) selbst zu, indem er seine allmähliche Erkenntnis, daß im Verbandsrecht nicht nur Sonderrechte im strengen Sinne des Wortes, sondern auch die „erworbenen Mitgliedschaftsrechte" die verbandsfreie Sphäre bildeten, auf Gierke zurückführt.

58 So zutreffend *Richardi* (I), 31, 337.

auch einen zutreffenden *rechtssoziologischen* Aspekt enthalten[59] — stellt für die *intermediären Gewalten* (nicht staatliche Verbände), auf deren Bedeutung sie hingewiesen hat, keine dogmatisch relevante Basis dar, „weil sie eine Rechtsquellenlehre zu geben versucht"[60]. Die Rechtsdogmatik bedarf aber eines *positivrechtlichen Geltungsgrundes,* ohne den sie einen Sinngehalt nicht entwickeln kann[61]. Da also die nicht staatlichen Gemeinschaftsordnungen der staatlichen Ordnung, die allein objektives Recht setzt, nur als Komplex von Rechtsgeschäften gegenübertreten — soweit sie von ihr nicht zu Rechtsetzung ermächtigt sind —, erweist sich die *Theorie Gierkes* als ungeeignet, die *Dogmatik* des Kollektivvereinbarungsrechts zu erklären[62]. Nicht die Unterworfenheit des einzelnen, sondern *seine Eigenschaft als Mitglied des Verbandes* unterstellt ihn der Verbandsherrschaft. Dies weist darauf hin, daß Umfang und Grenzen der Kollektivbedingtheit des einzelnen nicht von außen her, sondern von *innen* kraft der Verbandsverfassung bestimmt werden[63]. Diese Feststellung läßt sich mit der Annahme *Sieberts* einer *a priori* bestehenden kollektivfreien Sphäre rechtsdogmatisch nicht vereinbaren. Hinzu kommt, daß es bis heute der Rechtswissenschaft nicht gelungen ist, ein maßgebliches Kriterium für die Unterscheidung zwischen *Individual-* und *Sozialrechten* zu finden[64]. Auch die Theorie *Sieberts* erweist sich als dazu ungeeignet; denn sowohl die Tarif- als auch die Betriebsmacht bestimmen im Rahmen der ihnen verliehenen *privatrechtlichen Delegation,* die grundsätzlich auf dem *demokratischen Willensbildungsprinzip* beruht, den Umfang und die Grenzen des verbandsfreien Bereiches[65].

β) *Die Unverwertbarkeit eines rechtsdogmatischen Vergleichs zwischen arbeitsrechtlich und verbandsrechtlich erworbenen Rechten*

Abgesehen aber von den oben aufgezeigten Bedenken hinsichtlich der dogmatischen Basis des Modells *Sieberts* erscheint der Vergleich und die Gleichstellung der aus dem Arbeitsverhältnis entstandenen

---

[59] Vgl. dazu oben S. 32.

[60] *Richardi* (I), 337.

[61] *Raiser,* L., Das Recht der Allgemeinen Geschäftsbedingungen, 1935, 75 f.; *Richardi* (I), 337; *Adomeit* (II), 135.

[62] Nur die positivierte Rechtsordnung ist in der Lage, eine solche Erklärung zu geben, vgl. dazu *Raiser,* L. (I), 76; *Richardi* (I), 32; *Adomeit* (II), 134 ff.; vgl. ferner S. 32 ff.

[63] *Richardi* (I), 337.

[64] Dazu vgl. *Zöllner,* Die Schranken mitgliedschaftlicher Stimmrechtsmacht bei den privatrechtlichen Personenverbänden, 1963, 109 ff.; vgl. auch *Richardi* (I), 337.

[65] Ebenso *Richardi* (I), 337, der jedoch das demokratische Willensbildungsprinzip hinsichtlich der innerbetrieblichen Rechtsetzung zu Unrecht ablehnt (309 ff., 316 ff.); zur Bedenklichkeit dieser Ansicht vgl. oben S. 69 f.

Ansprüche mit den erworbenen mitgliedschaftlichen Gewinnanteilsrechten im Sinne des Verbandsrechts *(Dividendenansprüche)* fraglich. *Siebert*[66] geht von einer *Arbeits- bzw. Betriebsgemeinschaft* aus, die dem gesellschaftsrechtlichen Verband gleichstünde. Es wurde aber schon des öfteren gesagt[67], daß die Annahme einer Gemeinschaft zwischen Arbeitgeber und Arbeitnehmern rechtsdogmatisch unbegründbar und wirklichkeitsfremd ist. Während also die erworbenen Mitgliedschaftsrechte auf einem *Verbandsbeschluß* basieren, ist der arbeitsrechtliche Anspruch entweder auf einen *Vertrag* zwischen Arbeitgeber und Arbeitnehmer oder auf eine *Kollektivnorm* zweier Verbände (Arbeitgeberverband und Gewerkschaft bzw. einer Gewerkschaft und eines Arbeitgebers oder des die Belegschaft vertretenden Betriebsrates und des Arbeitgebers) zurückzuführen[68]. Aus diesem Unterschied bezüglich der Entstehung eines Anspruches im Verbands- und im Arbeitsrecht ergibt sich, daß er im Falle des Verbandsrechts gegen den Verband selbst geltend gemacht wird, während er sich im anderen Falle stets gegen den Arbeitgeber richtet[69]. Damit erweist sich die Begründung *Sieberts* wegen der Verschiedenartigkeit der zum Vergleich gestellten Rechte, der Interessenlage und der vorher genannten Bedenken als nicht tragfähig und der Hinweis auf die „erworbenen Mitgliedschaftsrechte" als untauglich.

γ) *Die Unvereinbarkeit der Lehre Sieberts mit dem geltenden Arbeitsrecht*

Der Kern des von *Siebert* unternommenen Abgrenzungsversuches ist, darin zu erblicken[70], daß die Arbeitsverfassung unter dem Blickpunkt der sie gestaltenden Schichten und der ihnen zugewiesenen Funktionen als ein auszugleichendes und aufzulösendes *Spannungsfeld* betrachtet wird. Stellt man auf diese Grundauffassung *Sieberts* ab, so liegt es nahe, daß er den kollektivfreien Individualbereich der Arbeitnehmer sehr weit über die verbandsrechtliche Individualsphäre hinausgehen läßt. Denn er grenzt nicht lediglich den Individualbereich und die kollektivrechtlich zu gestaltende Sphäre gegeneinander ab, sondern gliedert auch die verschiedenen Gestaltungsfaktoren des Arbeitsverhältnisses nach den ihnen zuerkannten *sozialpolitischen* und *rechtlichen*

[66] *Siebert*, BB 1953, 242.

[67] Vgl. dazu oben S. 42, Fußn. 1.

[68] Vgl. dazu auch *Biedenkopf* (I), 242.

[69] Hierbei sei auch hinzugefügt, daß der aus dem Arbeitsverhältnis entsprossene Anspruch (wie z. B. ein Versorgungsanspruch) zumeist auf Leistungen abzielt, „deren Deckung erst noch verdient werden muß", während ein Dividendenanspruch die Verfügung über vorhandene Mittel darstellt, die in der Verganganheit mit dem Kapital der Aktionäre verdient wurden; so zutreffend *Biedenkopf*, 242.

[70] Siehe oben S. 80.

Funktionen[71]. In diesem Rahmen unterscheidet *Siebert* zwischen *kollektivbezogenen* und *kollektivfreien* Rechtspositionen des Arbeitnehmers[72]. Diese These ist im Lichte der von ihm geübten Betrachtung des Arbeitsverhältnisses als *personenrechtliches Gemeinschaftsverhältnis* verständlich[73]. Der *Gemeinschaftsgedanke*[74], der einer solchen Betrachtung des Arbeitsverhältnisses zugrunde liegt, spiegelt aber den die Arbeitsordnung unter der Herrschaft des Gesetzes zur Ordnung der nationalen Arbeit tragenden Gedanken wider. Ihm zufolge war die Gestaltung des Arbeitsverhältnisses nicht auf den Grundsatz individueller Selbstbestimmung ausgerichtet, sondern hatte im Rahmen einer *korporativ strukturierten Gemeinschaftsordnung* zu erfolgen. Zwar hat *Siebert* diese Auffassung wegen ihrer Ablehnung in der Lehre[75] und in der Rechtsprechung[76] des Reichsarbeitsgerichts in späteren Jahren teilweise aufgegeben[77]. Ihr Einfluß jedoch auf seine Bemühungen, das Spannungsverhältnis zwischen Kollektivmacht und Individualsphäre inhaltlich festzulegen und beide Bereiche voneinander hermetisch abzukapseln, hat sich als sehr stark erwiesen. Dies zeigt sich am prägnantesten dadurch, daß er auch zum geltenden Recht eine Ansicht vertrat, die sehr an seine in der Ära des Nationalsozialismus ursprünglich vertretene These über das Wesen des Arbeitsverhältnisses erinnert[78]. Er ging davon aus, daß das Arbeitsverhältnis auf einem *personenrechtlichen Zusammenschluß* beruhe[79]; folgerichtig erkennt er dem Arbeitsvertrag lediglich eine *mitgestaltende*, aber keine beherrschende Funktion zu[80]. So gelangt er zur Feststellung, daß man zwischen der *individualrechtlichen* Begründung des Arbeitsverhältnisses und der *kollektivrechtlichen* Eingliederung in den Betrieb, die für kollektivrechtlich angelegte Regelungen maßgebend sei, scharf unterscheiden müsse[81].

---

[71] Ebenso *Richardi* (I), 337.

[72] Dazu vgl. auch *Karakatsanis*, 34 ff.; 83.

[73] *Siebert* hat unter der Herrschaft des AOG das Arbeitsverhältnis als Erscheinungsform der Betriebsgemeinschaft betrachtet und es als ein „personenrechtliches Gliedschaftsverhältnis" bezeichnet, das seine rechtliche Dimension direkt aus der Ordnung der Betriebsgemeinschaft erfahren sollte; vgl. dazu *Siebert*, Das Arbeitsverhältnis in der Ordnung der nationalen Arbeit, 1935, 64, 67, 83.

[74] *Siebert*, insbes. 15 f., 53 ff.; *ders.*, Die deutsche Arbeitsverfassung, 1942, 31 ff., insbes. 38 ff. Über den Einfluß des Gemeinschaftsgedankens auf das Einzelarbeitsverhältnis sowie auf die Betriebsverfassung vgl. neuerdings *Rüthers*, AuR 1970, 97 ff., insbes. 102 ff.

[75] *Mansfeld*, Vom Arbeitsverhältnis, DAR 1936, 118 ff.; ders., Buchbesprechung von Siebert, Das Arbeitsverhältnis, DAR 1936, 27 f.; *Hueck*, A., Deutsches Arbeitsrecht, 68 f.

[76] RAG v. 19. 1. 1938 — 153/37, ARS 33, 175.

[77] *Siebert*, BB 1949, 746; ders., Arbeitsvertrag, HDSW, Bd. 1 (1956), 376.

[78] *Siebert* (VII), 241 ff.; *ders.* (III), 119 ff.

[79] *Siebert* (I), 83.

[80] *Siebert* (I), 88; *ders.* (IX), 390.

[81] *Siebert* (IX), 378 f., 390.

In diesem Zusammenhang muß der *Versuch Hilgers*[82] erwähnt werden, durch den die rechtsdogmatischen Unzulänglichkeiten der *Konstruktion Sieberts*[83] überwunden werden sollten. Die Position *Hilgers,* die anläßlich der Verhandlungen des 43. Deutschen Juristentages entwickelt wurde, beruht auf der Annahme einer *Spaltung* des Arbeitsverhältnisses. Sie unterscheidet nämlich zwischen dem *individuellen Arbeitsvertragsverhältnis,* das die Rechtsbeziehung zwischen Arbeitgeber und Arbeitnehmer gestaltet, und einem *Statusverhältnis* als „einem mitgliedschaftsähnlichen Rechtsverhältnis der Zugehörigkeit zum Betriebsverband"[84]. Dieses Statusverhältnis[85], das von der Individualität des konkreten Falles abstrahiert und auf die Rechtsstellung des Inhabers eines bestimmten Arbeitsplatzes ausgerichtet ist, soll nach *Hilgers* Absicht dem Modell *Sieberts* eine tragfähige theoretische Basis verschaffen. Dieser Auffassung nach soll die Bezeichnung einer konkreten Maßnahme als *individual- bzw. kollektivrechtlich* von ihrer Verbundenheit mit dem *individuellen Arbeitsvertragsverhältnis* bzw. mit dem *Statusverhältnis* abhängig sein[86]. Auf diese Weise kommt *Hilger* zu demselben Ergebnis wie *Siebert,* indem sie von einer Wesensverschiedenheit zwischen individualrechtlichen und kollektivrechtlichen Tatbeständen ausgeht und dementsprechend eine scharfe Grenzziehung zwischen beiden verlangt[87].

Eine solche Spaltung des Arbeitsverhältnisses wird seiner tatsächlichen Gestaltung nicht gerecht. Die Rechtsposition des Arbeitnehmers an seinem Arbeitsplatz kann — und diese Regelung kommt bezüglich der nicht tarifgebundenen Arbeitnehmer häufig vor — auch durch den Einzelarbeitsvertrag gestaltet werden. Auf der anderen Seite ist es nicht auszuschließen, daß *individualbezogene* Arbeitsverhältnisse *kollektivrechtlich* geregelt werden können[88].

Aus dem oben Angeführten ergibt sich, daß es beiden Auffassungen an einer tragfähigen *rechtsdogmatischen* Grundlage mangelt. Sie sind sogar mit Geist und Dogma unserer auf den *sozialen Machtausgleich* hin orientierten Arbeitsordnung unvereinbar. Dieser Arbeitsordnung liegt nicht mehr der *Gemeinschaftsgedanke* der nationalsozialistischen Ära zugrunde. Das Arbeitsverhältnis basiert auf einem *privatrecht-*

---

[82] *Hilger,* Verhandlungen des 43. DJT, Bd. II/F, 13 f.

[83] Vgl. dazu auch *Siebert* (III), 145, Fußn. 1, wo er in der *statusartigen* Eingliederung des einzelnen in die Belegschaft einen mittelbaren Einfluß auf das Arbeitsverhältnis zuerkennt.

[84] *Hilger* (III), 13 f., in Anlehnung an Siebert (IX) zu I 2 (6); vgl. dazu auch *Siebert* (III), 145, Fußn. 1.

[85] Gegen diesen Begriff *Rittner,* Verhandlungen des 43. DJT, Bd. II/F, 28.

[86] *Hilger* (III), F 14.

[87] So im Ergebnis auch *Karakatsanis,* 34 ff., der zwischen Individual- und Kollektivsituationen strikt unterscheidet.

[88] Darüber siehe unten S. 98 f.

lichen Vertrag zwischen Arbeitgeber und Arbeitnehmer[89]. Die in der Zeit des *Frühindustrialismus und -liberalismus* erwiesene *begrenzte Tauglichkeit* der *Vertragsfreiheit*[90], den Grundsatz der *Privatautonomie* bei der Gestaltung der Arbeitsbedingungen mit Leben zu erfüllen und seine daraus notgedrungen resultierende begrenzte Funktionsfähigkeit[91], führte zwar zur *Kollektivierung* der Wahrnehmung der arbeitnehmerischen Interessen. Der dadurch eingetretene *Wandel* der sozialen Funktion des Arbeitsverhältnisses[92] hat aber keineswegs die Struktur des Grundsatzes der Individualautonomie tangiert oder irgendwie seine Existenzberechtigung in Zweifel gezogen. Im Gegenteil: dieser Wandel hat im Rahmen des Spannungsverhältnisses von Recht und Wirklichkeit durch Korrektur und Ergänzung die *Leistungsfähigkeit* dieses Grundsatzes wieder hergestellt und die Basis für seine Anpassungs- und Entwicklungsmöglichkeit geschaffen[93].

Innerhalb also einer Rechts- und Gesellschaftsordnung, deren Leitgedanke die *Individualautonomie*[94] und deren Zielsetzung die Verwirklichung der *Selbstbestimmung* des Menschen auch im Bereich der Arbeitsordnung ist[95], greift die *Siebertsche* Annahme einer a priori bestehenden, kollektivfreien Individualsphäre nicht Platz; denn das Arbeitsverhältnis dient nicht mehr allein dem funktionsbedingten Einsatz innerhalb einer gemeinschaftsbezogenen Arbeitsverfassung, die dem einzelnen eine gesonderte Sphäre zur autonomen Gestaltung belassen muß[96].

cc) Die „begriffliche Starrheit" des Grenzziehungsmodells Sieberts

In der Reihe der Einwendungen gegen die Ansicht *Sieberts* kommen zusätzlich schwerwiegende Bedenken in Betracht, die sich gegen die Gefahr richten, die jede unfruchtbare und wirklichkeitsfremde Auf-

---

[89] Darüber besteht weitgehende Einigkeit; vgl. dazu statt aller *Söllner* (I), 209 ff.

[90] Über Begriff, Herkunft, Funktion und Wandel der Vertragsfreiheit siehe vor allem *Raiser*, L., JZ 1958, 1 ff.

[91] Vgl. dazu *Säcker* (X), 53.

[92] Vgl. dazu oben S. 44.

[93] Über die aus der Funktion und Ordnungsaufgabe der Privatautonomie zu entwickelnden Grenzen siehe *Rüthers* (IX), 102 ff.; vgl. auch *Säcker*, Allgemeine Arbeitsbedingungen im Schnittpunkt von Privat und Kollektivautonomie, 1966, 177 ff.; *ders.* (III), 205 ff.

[94] Damit wird die vielfache *Gemeinschaftsgebundenheit* des modernen Menschen nicht verkannt; im Gegenteil sie wird als *Komponente* der Persönlichkeit angesehen; dazu vgl. statt aller *Maunz - Dürig*, GG-Komm., Art. 1 Abs. 1, Rdnr. 46 ff. GG.

[95] So zutreffend auch *Steindorf*, RdA 1965, 255 f.; *Kunze*, AuR 1965, 174 f.; vgl. dazu ferner *Bartholomeyczik*, AcP Bd. 166, 65.

[96] Ebenso *Richardi* (I), 339.

spaltung und Zergliederung von individuellen und kollektiven Elementen des Arbeitsrechts in sich trägt. Diese Gefahr liegt darin, daß bei solchen *generalisierenden* Betrachtungsweisen[97] dem kollektiven Arbeitsrecht die Möglichkeit genommen wird, seinem Hauptzweck[98], d. h. dem *Schutz des Arbeitnehmers* gerecht zu werden[99]. Die Folge daraus wäre, daß die konsequente Beschränkung des Kollektivrechts auf das anonyme Gesamt- bzw. Gruppeninteresse im Hinblick auf die sozialen und betrieblichen Spannungen und Verflechtungen zu einem *sterilen Kollektivismus*[100] führen und folgerichtig die Regelung dieses vielschichtigen Feldes sozialer Spannungen häufig einem als funktionsunfähig erwiesenen freien Spiel der Kräfte überlassen würde[101]. Unter diesem Blickwinkel muß auch die Argumentation *Sieberts* betrachtet werden. Die *spannungsvollen* Beziehungen innerhalb des modernen Betriebes, die die *Interaktion* zwischen Individuum und Gruppe, die *entgegenwirkenden Tendenzen* von Integration und Bewahrung der eigenen Individualität werden zugunsten der für sich gedachten Individualsphäre verkannt[102]. *Schmidt*[103] bemerkt in diesem Zusammenhang, daß „diese generelle Beschränkung des Individuellen auf sich selbst gewaltsam und allen Einwänden einer abstrakten Deduktion ausgesetzt ist“. Die begriffliche Schwerfälligkeit[104] der auf den ersten Blick bestechenden Konstruktion *Sieberts* läßt sich besonders deutlich am Beispiel der rückwirkenden Beeinträchtigung bereits durch Kollektivvereinbarung entstandener Ansprüche des Arbeitnehmers erkennen. Wie bereits gesagt, wird ein solcher Eingriff als unzulässige Verletzung der Individualsphäre angesehen. Dies ist aber nicht richtig, denn eine sachadäquate Untersuchung muß auf den konkreten Fall abgestellt werden, damit festgestellt werden kann, ob ein *schutzwürdiges, auf berechtigtem Vertrauen beruhendes Interesse* vorliegt oder nicht[105]. Es liegt also nahe, daß eine auf die Untersuchung und Abwägung des Einzelfalles ausgerichtete Betrachtung zu verschiedenen Ergebnissen führen kann[106].

Als *Fazit* also der obigen kritischen Einwendungen zur *Lehre Sieberts* ist festzustellen, daß sie aus rechtstheoretischen, rechtsdogmatischen

---

[97] Ebenso *Schmidt*, AcP 162, 306, 311.

[98] Vgl. dazu *Söllner*, RdA 1968, 437 f.

[99] *Schmidt* (III), 306.

[100] So richtig *Schmidt* (III), 309.

[101] Ebenso *Biedenkopf* (I), 255.

[102] Aus anderer Sicht kommt zum gleichen Ergebnis auch *Richardi* (I), 336.

[103] *Schmidt*, AcP 162, 311 f.; vgl. dazu auch *Biedenkopf* (I), 253; *Richardi* (I), 336.

[104] Ebenso *Rüthers* (VI), 18 f.

[105] So zutreffend *Wiedemann* (II), 487 ff.; *Richardi* (I), 434; vgl. auch dazu *Dietz* (V), 24; *Hueck*, Anm. zu AP Nr. 4 zu § 1 TVG Rückwirkung; a. A. aber *Herschel* (I), 51 ff.; *Karakatsanis*, 84 f.

[106] Vgl. dazu unten 3. Abschnitt B I 2 c.

und betriebsbezogenen Gründen nicht haltbar ist. Es wäre aber ungerechtfertigt, ihr durchaus legitimes Anliegen zu übersehen, nämlich die Person des Arbeitnehmers vor einer zunehmenden Mediatisierung durch das Kollektiv zu schützen. Dies allein ist dennoch nicht in der Lage, ihr eine tragbare Basis zu geben. Deshalb ist sie abzulehnen.

b) Kritik an den Ansichten Herschels und Karakatsanis

Wie bereits beschrieben wurde[107], stützt sich die *Lehre Herschels* — und grundsätzlich auch die von *Karakatsanis* — auf die Annahme, daß die entstandenen und vom Arbeitsverhältnis losgelösten Ansprüche des Arbeitnehmers eine *selbständige Größe* darstellen und deshalb der Verfügungsgewalt der Kollektivpartner entzogen sind. Demzufolge könnten die Parteien des Tarifvertrages und der Betriebsvereinbarung nicht solche Ansprüche gestalten; denn sie gehörten nicht mehr zum *Inhalt* des Arbeitsverhältnisses[108]. Aus ähnlichem Grunde seien auch Schuldrechtliche Geschäfte vom kollektiven Zugriff ausgeschlossen[109].

Diese Lehre ist auf Bedenken gestoßen, die sogar von den Autoren erhoben wurden, die das dadurch bezweckte Ergebnis billigen[110]. Die Bedenken betreffen in erster Linie die Anwendung dieser Theorie auf die *rückwirkende* Herabsetzung bereits entstandener Lohnansprüche. Es wird dazu gesagt, daß bei einer rückwirkenden Beeinträchtigung es keineswegs um eine *Verfügung* über bereits erworbene Rechte geht; denn die Normen der späteren Kollektivvereinbarung würden vielmehr in die Vergangenheit hinein die *Entstehungsgrundlage* der betreffenden Ansprüche tangieren; dies würde bedeuten, daß der in Frage kommende Anspruch überhaupt erst in veränderter Höhe zur Entstehung gelangen konnte[111]. Damit sei dem Lohnanspruch nachträglich der Boden entzogen, so daß die Voraussetzungen einer ungerechtfertigten Bereicherung — bezüglich der Differenz zwischen der ursprünglichen und der nachträglichen Lohnhöhe — nach § 812 BGB in Betracht kämen. So würde aber über den Umweg des § 812 BGB eine *mittelbare Verfügung* über bereits entstandene Ansprüche durch die Kollektivmacht stattfinden[112]. Diesen Einwendungen ist dennoch entgegenzuhalten,

---

[107] Vgl. oben S. 79 f.

[108] *Herschel* (I), 45 ff., 49; ähnlich *Karakatsanis*, 82 ff.; *Stahlhacke*, RdA 1959, 268.

[109] *Herschel* (I), 50.

[110] So vor allem *Siebert* (III), 133.

[111] So *Wiedemann* (II), 457, der zur Verdeutlichung dieses Einwandes auf die Rechtslage im Aktienrecht hinweist; sei der die Dividende feststellende Beschluß wegen Gesetzesverstoßes nichtig, so könne sich der Aktionär nicht darauf berufen, sein Gläubigerrecht sei unentziehbar geworden. Denn das unentziehbare Recht sei überhaupt nicht entstanden, wenn es auf einem nichtigen Beschluß beruhe.

[112] So *Siebert* (III), 133.

daß sie die Folgerichtigkeit der *einheitlichen* Beurteilung eines kollektivrechtlichen Eingriffes in bereits entstandene Ansprüche — sei es *ex nunc*, sei es *ex tunc* — nicht widerlegen[113]. Denn die Tatsache, daß dabei das Kollektiv formal über solche Ansprüche nicht verfügt, kann an der Wirklichkeit nichts ändern, daß in bereits entstandene Ansprüche eingegriffen wird. *„Maßgebend ist allein, daß wirtschaftlich derselbe Erfolg erzielt wird*[114].“ Es wäre also einfach nicht konsequent für jemanden, der ein Eingreifen der Kollektivmacht in solche Ansprüche ablehnte, wollte er darunter nur die Verfügung im rechtstechnischen Sinne meinen und eine rückwirkende Beeinträchtigung ausschließen[115].

Die Ansicht *Herschels* mag als dogmatisch klar erscheinen; ihre Schwäche aber liegt gerade darin, daß ein *begrifflich konstruktiver Maßstab* allein nicht ausreicht, um die Kollektivmacht generell zu begrenzen[116]. Der pauschale Schluß, daß der Kollektivmacht überhaupt keine *Verfügungsgewalt* über Ansprüche aus dem Arbeitsverhältnis zusteht, wäre verfehlt. Dies steht im übrigen mit den §§ 4 Abs. 4 TVG und 77 Abs. 4 BetrVG in Einklang[117]. Danach ist der Verzicht auf entstandene kollektivrechtlich begründete Ansprüche nur zulässig, soweit die *Tarifpartner bzw. der Betriebsrat* zugestimmt haben. Ebenfalls können Ausschlußfristen für die Geltendmachung solcher Rechte nur im *Tarifvertrag bzw. einer Betriebsvereinbarung* vereinbart werden[118]. Wenn diesen gesetzlichen Bestimmungen zufolge die Kollektivpartner über bereits entstandene Ansprüche *verfügen* oder mindestens *mitverfügen* können, wird das Bild von den unantastbar, unverfügbar gewordenen Individualansprüchen zerstört. Die Tatsache, daß das vom Gesetzgeber der Kollektivmacht verliehene *Mitverfügungsrecht* auf den Schutz des Arbeitnehmers ausgerichtet ist[119], ändert an der

[113] *Herschel* (I), 53 f., lehnt daher zu Recht ab, diese rein formalrechtliche Unterscheidung als maßgebend für die Beantwortung der anstehenden Frage zu betrachten; er führt weiter fort, es sei keine beifallswerte Jurisprudenz, die rechtlich existent gewordene und fällige Ansprüche aus einem gültigen Arbeitsverhältnis mittels jener Hilfskonstruktion zunichte macht und damit den Tarifpartnern am Ende doch die Macht verleiht, über fertige Rechtspositionen Verfügungen zu treffen, wozu sie nun einmal nicht mehr zuständig und befugt seien; vgl. dazu auch *Karakatsanis*, 84.

[114] So zutreffend *Richardi* (I), 440.

[115] Vgl. dazu *Karakatsanis*, 84; *Richardi* (I), 440.

[116] Dies läßt sich bezeichnenderweise an den obigen gegen Herschel erhobenen Einwänden erkennen, die die Eingriffsmöglichkeit der Kollektivpartner auf dem Umweg über das Mittel der ungerechtfertigten Bereicherung gezeigt haben; ähnlich *Richardi* (I), 440.

[117] Vgl. dazu *Wiedemann* (II), 457; ebenso *Richardi* (I), 440.

[118] Vgl. dazu *Hueck - Nipperdey - Stahlhacke*, TVG, 4. Aufl., Anm. 115 ff. zu § 4 TVG; *Fitting - Auffarth*, BetrVG, Anm. 20 ff. zu § 77 BetrVG; *Brecht*, BetrVG, Anm. 14 zu § 77 BetrVG.

[119] Vgl. dazu für den Tarifvertrag *Hueck - Nipperdey - Stahlhacke*, TVG, Anm. 121 zu § 4 TVG.

rechtlichen Qualifizierung dieses Rechts nichts und läßt die Machtposition der Sozialpartner nicht entfallen. Im Gegenteil: die *Schutzgerichtetheit* dieses Mitverfügungsrechts zeigt, wie unzulänglich und wirklichkeitsfremd sich begriffsstarre und abstrakte Grenzziehungskonstruktionen in Bezug auf die Gegebenheiten und die Bedürfnisse der Praxis erweisen[120].

Gegen die Ansicht *Karakatsanis'* können grundsätzlich die oben erhobenen Bedenken geltend gemacht werden. Wie bei *Herschel* und *Siebert* beruht der Versuch *Karakatsanis'* letztlich ebenfalls auf einem begrifflich-abstrakten Konzept, dem die Aufspaltung des Arbeitsverhältnisses in *personell-individuellen* und *kollektiven* Gestaltungsbereich und dementsprechend die Aufteilung der ihm angehörenden Tatbestände in *Individual- bzw. Kollektivsituationen* zugrunde liegt. Dadurch setzt er sich aber dem Vorwurf aus, anhand formaljuristischer Konstruktionen das hochaktuelle Problem des Schutzes des Einzelnen abtun zu wollen, ohne den Gegebenheiten der modernen Arbeitsordnung ausreichend Rechnung zu tragen.

Diese von der tatsächlichen Ausführung des Arbeitsverhältnisses und der daraus resultierenden situationsspezifischen Regelungsbedürfnissen entfremdende Abstrahierung zeigt sich in den beiden andernorts[121] erwähnten Hauptthesen *Karakatsanis'*. Der Satz, der (entstandene) Anspruch sei vielleicht die *individuellste* rechtliche Institution[122], dem die Funktion zukommt, die Transformation des vom *Stammverhältnis* losgelösten verselbständigten Anspruchs in eine neue *individualbezogene* Qualität rechtlich zu erfassen[123], mag prima facie durch seine logische Geschlossenheit und Simplizität bestechend wirken. Der daraus gezogene Schluß, dieser Anspruch sei der Kollektivmacht entzogen[124], könnte daher als überzeugend begründet und durchweg vertretbar erscheinen. Eine nähere Betrachtung dieses Syllogismus enthüllt dennoch seinen trügerischen Charakter, der dazu verleiten könnte, durch die *„idealistische Verabsolutierung des Selbstbestimmungsprinzips zu*

---

[120] Die *Schutzbedürftigkeit* des Arbeitnehmers läßt sich nicht lediglich auf die Sicherung und Entstehung arbeitsrechtlicher Ansprüche beschränken, so daß die Abwicklung dieser Ansprüche ausschließlich seiner Individualsphäre zuzurechnen wäre. Eine solche *Dichotomie* der rechtlichen Stellung des Arbeitnehmers läßt die *Interdependenz* zwischen beiden Sphären außer Betracht und birgt die Gefahr in sich, „daß die individualrechtliche Stellung des Arbeitnehmers — unter dem liberalen Leitbild der autonomen, emanzipierten Eigenexistenz — von dem Gewebe gruppenmäßiger Bindungen im Arbeitsleben isolierend geschieden wird; so richtig *Schmidt*, AcP 162, 311; vgl. auch *Biedenkopf* (I), 240 f.

[121] 3. Abschnitt B I 1 b cc.

[122] *Karakatsanis*, 82 f.

[123] *Karakatsanis*, 83.

[124] *Karakatsanis*, 83.

einem allgemeinen formalen Ordnungsprinzip“[125] den Blick auf die *reale Machtlage* bei der Gestaltung des Arbeitsverhältnisses zu verstellen[126]. Denn die wegen einer möglichen Einschaltung des Kollektivs befürchtete „Fremdbestimmung“ des einzelnen Arbeitnehmers im Falle eines regelungsbedürftigen individualbezogenen Tatbestandes erweist sich als *ein einkalkuliertes, ja notwendiges Risiko, dessen Inkaufnahme angesichts der Machtposition des Arbeitgebers einzig und allein ein Minimum an Selbstbestimmung gewährleisten kann*[127].

Die Außerachtlassung dieses die Entstehung, Existenz und Fortentwicklung des Kollektivarbeitsrechts legitimierenden Gesichtspunktes führt durch die Annahme einer Autonomiefiktion notgedrungen zu einer *Aushöhlung* der Kollektivautonomie[128]. Die von *Karakatsanis* unternommene Abspaltung der „Gläubiger-Schuldner-Beziehung“ vom Gesamtgefüge des Arbeitsverhältnisses und demzufolge ihre Herausnahme aus der kollektivrechtlichen Regelungsmacht[129] legt diese Gefahr nahe. *Denn die Schutzbedürftigkeit der von der Vormacht des Arbeitgebers bedrohten Gestaltungsfreiheit des Arbeitnehmers entbehrt auch innerhalb der „Gläubiger-Schuldner-Beziehung“ nicht der Bedeutung und Aktualität*[130]. Die Komplexität der innerbetrieblichen Beziehungen, die Interaktion zwischen einzelnem und Gruppe, die um sich greifende Verstrickung des Arbeitnehmers in kaum übersehbare Prozesse und die damit verbundenen Entfremdungsgefahren lassen sich durch solche starre Grenzziehungsmodelle nicht erfassen und bewältigen[131].

Unabhängig von diesen Einwänden kommen gegen den Lösungsvorschlag *Karakatsanis'* noch weitere schwerwiegende Bedenken in Betracht. Sie liegen in seinem Unvermögen, den für seine Konstruktion grundlegenden Begriff des *Kollektiven* vom Inhalt aus überzeugend zu

---

[125] So zutreffend *Säcker* (X), 57, anläßlich seiner Kritik an *Schlüter*, DB 1972, 93 ff., 149 ff., hinsichtlich der Interpretation der sich aus § 87 BetrVG ergebenden Mitbestimmungsrechte.

[126] Zu Recht weist *Schmidt* (III), 315, in diesem Zusammenhang auf die Gefahr der Reduktion des einzelnen Arbeitnehmers auf eine kollektivfreie „isolierte Existenz“ hin, die „das Zerrbild, die Grimasse eines Menschen“ darstelle.

[127] Vgl. dazu ausführlich schon oben 3. Abschnitt A III.

[128] Über die Funktion der Kollektivautonomie als *Korrektur* und *Ergänzung* der formal vorhandenen, inhaltlich aber in eine einseitige Gestaltungsmacht, ja in ein Diktat der Arbeitsbedingungen seitens des Arbeitgebers entarteten Privatautonomie siehe *Bartholomeyczik*, AcP 106, 65 f.; *Steindorf*, RdA 1965, 255 f.; *Richardi* (I), 111 ff.; *Rüthers* (IX), 103 f.

[129] So *Karakatsanis*, 84, 89.

[130] Vgl. dazu *Biedenkopf* (I), 254 f.; *Säcker* (VI), 172; *ders.* (X), 56 f.; so wohl auch *Simitis - Weiss*, DB 1973, 1241, Fußn. 8; über die Erforderlichkeit einer expansiven Schutzfunktion der Kollektivmacht siehe unten unter Kapitel III und IV.

[131] Ebenso *Schmidt* (III), 311 ff.; *Söllner* (VI), 439.

bestimmen[132]. Es gehört nicht zur Aufgabe dieser Arbeit, auf diese interessante Problematik ausführlich einzugehen[133]. Hier kann nur auf einige seiner Ausführungen hingewiesen werden, die mir charakteristisch für die Argumentationsweise *Karakatsanis'* zu sein scheinen. Sätze wie z. B. „Nur dann kommt das Kollektiv zustande, wenn die einzelnen, die dessen quantitativen Kern ausmachen, dadurch ihre Selbständigkeit, ihre Individualität, ihre „Persönlichkeit" verlieren, und zwar in dem Maße, daß diese Individualität bei der Betrachtung und Behandlung des Kollektivs außer acht gelassen werden kann"[134] oder „Ausschlaggebend — für das Zustandekommen einer Kollektivsituation — ist, daß die durch diese mehrere Individualakte entstandenen Individualsituationen sich doch *auf Grund eines ihnen mitgegebenen sie miteinander verbindenden Sinnes zu einer Einheit zusammenfassen lassen,* das heißt ihre ursprüngliche Individualität in einem Kollektivierungsprozeß verlieren und eine Kollektivtatsache ausmachen"[135], können ihre Vagheit und Gehaltsarmut kaum verdecken. Sie vermögen nicht darüber hinwegzutäuschen, daß sie auf unbeweisbaren Wertungsprämissen basieren, die nicht geeignet sind zu rationalbezogenen empirisch überprüfbaren Ergebnissen zu führen[136]. Daß solche Aussagen nicht in der Lage sind, weder einen *soziologischen* noch einen *rechtlichen* Erkenntnis- oder Erklärungswert aufzuweisen, daß sie hingegen sich gegen den Vorwurf einer postulierten „Sozialmetaphysik" schwerlich zur Wehr zu setzen vermögen, dürfte als naheliegend betrachtet werden[137].

Darüber hinaus spricht die Qualität einer Tarif- bzw. Betriebsnorm als *objektives Recht im materiellen Sinne* gegen die Ansicht *Karakatsanis.* Angesichts nicht nur der Zulässigkeit von *Individualgesetzen*[138], sondern auch der Erforderlichkeit, die solch ein konkretes Gesetz als das zur Verwirklichung der *Sozialstaatlichkeit* dem Gesetzgeber zustehende geeignete Instrument aufweisen kann[139], ist es nicht einzusehen, weshalb den Trägern der das Sozialstaatsprinzip mit Leben erfüllenden Kollektivautonomie verwehrt sein sollte, *individualbezogene, eine akute Regelungsbedürftigkeit aufweisende* Fälle normativ

---

[132] Vgl. dazu *Richardi* (I), 343; *Adomeit* (II), 12 f.; *Simitis - Weiss,* 1242, Fußn. 19.

[133] Vgl. dazu vor allem die überzeugende Kritik *Richardis* (I), 341 ff.

[134] *Karakatsanis,* 36.

[135] *Karakatsanis,* 41.

[136] Ebenso *Richardi* (I), 342 ff.; *Adomeit* (II), 13; *Säcker* (I), 97, 101; *ders.* (III), 106.

[137] So zutreffend *Säcker* (I), 101; *ders.* (III), 106.

[138] Dazu siehe statt aller *Bücker,* Die Zulässigkeit von Individualgesetzen, 1965, insbes. 54 ff.

[139] Dies erkennt zutreffend *Maunz,* in: Maunz - Dürig, GG, Art. 20, Rdnr. 96.

zu gestalten und dadurch die individuellen Belange unter den Schutz einer *höheren Richtigkeitsgewähr* erweisende Regelungsmacht zu stellen[140, 141].

Die Unzulänglichkeit des *Grenzziehungsmodells Karakatsanis'*, projeziert auf das Problem der Kollektivregelbarkeit von bereits entstandenen Ansprüchen zeigt sich schließlich am prägnantesten am Ergebnis, zu dem die konsequente Verfolgung seines Denkansatzes im Falle beispielsweise einer kollektivrechtlich vereinbarten *Erhöhung* von entstandenen Lohnansprüchen, d. h. in der Unzulässigkeit einer solchen Kollektivvereinbarung. Denn bei der Abgrenzung der Regelungsbefugnisse der Betriebspartner durch das Modell von nicht ineinander greifenden Individual- und Kollektivsituationen kann es nicht darauf ankommen, *ob die kollektivrechtliche Regelung eine erworbene Position*

---

140 Ebenso *Schmidt* (I), 54 (62); *ders.* (II), 288 f.; *Richardi* (I), 339 (345); *ders.* (III), 765 (779); *ders.* (IV), 626 (629); *Hueck - Nipperdey* (III), 251 f., (IV), 1261 f.

141 Gegen die Zulässigkeit von individualbezogenen Betriebsvereinbarungen sind außer *Karakatsanis* im Ergebnis auch *Hilger,* in: Verhandlungen des 43. DJT, 1960, Bd. II, Teil F; *Nikisch* (II), 261 f.; *Dietz,* BetrVG 1952, Anm. 26 zu § 52; *Fitting - Auffarth,* BetrVG, Anm. 27, 68 und 64 zu § 77 BetrVG; *Säcker* (III), 346 ff.; *ders.* (X), 61 ff.; *Brecht,* BetrVG, Anm. 13 zu § 77; *Stege-Weinspach,* BetrVG, 131.

Der Befürchtung, eine Individualnorm stelle einen potentiellen Verstoß gegen den *Gleichbehandlungsgrundsatz* dar (so *Karakatsanis,* 105; *Säcker* (X), 63), daher sei sie unzulässig, kann nicht beigepflichtet werden; denn die Eingliederung des einzelnen in den Betrieb bringt eine *gemeinschaftliche Interessenwahrnehmung* mit sich, die die Einhaltung des Gleichbehandlungsgebotes bereits impliziert (ebenso *Richardi* (I), 345). Stellt man weiterhin darauf ab, daß eine nivellierende, egalitäre Gleichbehandlung mit den Grundentscheidungen unserer Verfassung (Art. 1 Abs. 1, 2 Abs. 1, 20) unvereinbar ist, geht man also von einem *idealtypisch differenzierten Gleichheitsbegriff* aus, dann muß man auch die Norm für *differenzierbar* halten, um eine situationsrelative, d. h. fallspezifische individualbezogene Konkretisierung des Gleichheitsanspruches zu ermöglichen. *Daher dürfen die Abstraktheit und die Allgemeinheit nicht als strukturnotwendige Eigenschaften einer Norm angesehen werden* (zu Recht bemerkt daher *Kopp,* Inhalt und Formen der Gesetze, 1958, 409, der Gegensatz zwischen Abstraktheit und Konkretheit sei ein *relativer.* So auch *Bücker,* 29). Im Gegenteil: „Die nichtbestimmte Allgemeinheit der Norm kann nicht mehr als Prämisse für eine allgemeine Gerechtigkeit betrachtet werden, sie kann vielmehr neben der Unfreiheit Unrecht bringen"; so zutreffend *Bücker,* 36.

Der eventuelle Einwand, für die kollektivrechtliche Gestaltung eines individualbezogenen Falles in betrieblicher Ebene bilde der Abschluß einer Betriebsvereinbarung ein den betrieblichen Bedürfnissen widersprechendes *zusätzliches Erschwernis,* ist nicht zu teilen. Denn gleichviel, ob eine Betriebsvereinbarung oder eine formlose Regelungsabrede als Gestaltungsmittel in Frage kommt, die Mitbestimmungsbefugnisse werden nach geltendem Recht von dem Betriebsrat als *Kollegium* ausgeübt; darauf hat schon richtig *Adomeit,* RdA 1963, 263 ff., hingewiesen; vgl. dazu auch *Richardi,* Kollektivgewalt, 258 ff.; *ders.,* in: Festschrift für von Lübtow, 774 f.; *ders.,* DB 1971, 628. Daher ist es nicht einzusehen, warum einer den Vorteil der Schriftform und der Normativität aufweisenden, d. h. *Sicherheit, Klarheit und Transparenz* gewährleistenden Betriebsvereinbarung der Weg versperrt sein sollte; ebenso *Richardi* (I), 288 ff.; *ders.* (IV), 628.

des Arbeitnehmers begünstigt oder beeinträchtigt. Stellt ein bereits entstandener Anspruch eine Individualsituation dar, dann unterliegt er wesensgemäß nach der Ansicht *Karakatsanis'* nicht mehr der Kollektivmacht[142]. Die Unbilligkeit dieses ohne zwingenden *sachlichen* oder *rechtlichen* Grund angenommenen Ergebnisses für sich allein spricht schon für die Unhaltbarkeit dieser Lehre.

c) Eigene Stellungnahme

Um das Problem lösen zu können, muß man zunächst auf den *individual- bzw. kollektivrechtlichen* Charakter des Entstehungsgrundes des in Frage kommenden Anspruches abstellen[143].

---

[142] *Karakatsanis,* 86, scheint dieses unbillige Ergebnis anzunehmen, indem er *„jede Änderung"* von entstandenen Ansprüchen durch die Kollektivmacht ablehnt.

[143] Vgl. oben S. 78. Es besteht Meinungsverschiedenheit in der Literatur darüber, ob für die Geltung des Günstigkeitsprinzips die *Individualbezogenheit* des konkreten zu beurteilenden Falles, d. h. sein Gerichtetsein nach Leistungsgesichtspunkten bzw. nach irgendwelchen individuellen Momenten, maßgebend ist (so der überwiegende Teil der Lehre; statt vieler vgl. dazu *Siebert* (III), 126 f.; *Hueck - Nipperdey* (III), 584 f., 591 ff.; *ders.* (IV), 1294 ff., und Nachtrag 1675 ff.; *Hilger,* Das betriebliche Ruhegeld, 228 ff., 233 f.; *Karakatsanis,* 41 ff., 115; *Biedenkopf* (I), 229; Fußn. 32, 251; *Fitting - Auffarth,* Anm. 41 zu § 77; *Säcker,* RdA 1969, 299 ff.; *ders.* (III), 308 ff., 355 ff.; ebenso BAG, AP Nr. 11 zu Art. 44 Truppenvertrag; BAG, AP Nr. 26 zu Art. 44 Truppenvertrag; BAG, AP Nr. 7 zu § 4 TVG Günstigkeitsprinzip; BAG, AP Nr. 87 zu § 242 BGB Ruhegehalt, BAG, AP Nr. 1 zu § 4 TVG Ordnungsprinzip; BAG, AP Nr. 142 zu § 242 BGB Ruhegeld. Diese Frage wurde in einem Urteil des 5. Senats des BAG v. 18. 7. 1968, AP Nr. 8 zu § 242 BGB Betriebliche Übung offengelassen), oder ob ihre *einzelvertragliche Grundlage* dafür ausreicht, ohne daß ihre Bezogenheit auf bestimmte Arbeitnehmer oder einheitlich auf die ganze Belegschaft entscheidend wäre. Diese zweite Ansicht vertreten vor allem *Wlotzke,* Günstigkeitsprinzip, 44 ff., 48; *Hueck,* G., Festschrift für Molitor, 1962, 221 ff.; *Neumann-Duesberg* (I), 397 ff.; ders., JZ 1960, 525 ff.; *Isele,* JZ 1964, 117; *Söllner,* Einseitige Leistungsbestimmung im Arbeitsverhältnis, 38 f.; *ders.* (I), 168; *Richardi,* RdA 1965, 53 ff.; *ders.* (I), 397 ff.

Damit wird das Problem der rechtlichen Behandlung der sog. *Einheitsregelung* angesprochen; dazu vgl. statt vieler *Richardi* (I), 397 ff. und *Säcker* (III), 73 ff., als die charakteristischsten Gegenpole. Eine Auseinandersetzung mit diesem für die Dogmatik des Kollektivarbeitsrechts sehr relevanten Problem (vgl. dazu *Säcker* (III), 73 ff.) ist im Rahmen der vorliegenden Arbeit nicht möglich. An dieser Stelle sei nur auf die besondere Beachtung verdienenden kritischen Einwendungen *Säckers* (III), 73 ff., gegen die Ansicht *Richardis* (I), 397 ff., hingewiesen, der sich grundsätzlich bei der Annahme der Geltung des Günstigkeitsprinzips auch für die einheitlichen Regelungen auf den besonderen „individuell geprägten Vertrauenstatbestand" (S. 402) beruft. *Säcker* (III), 90 ff., 357, ist zuzustimmen, daß die Arbeitnehmer auf den Fortbestand einzelvertraglicher Allgemeinregelungen nicht mehr als auf den Fortbestand von kollektivvertraglichen Allgemeinregelungen vertrauen. Es wäre daher nicht einzusehen, warum wir uns bei der Beantwortung der Frage nach der Anwendung des Günstigkeits- bzw. des Ordnungsprinzips auf die einheitlichen Regelungen auf das *formalrechtliche* Kriterium des Anspruchserzeugungstatbestandes und nicht auf den *rechtstatsächlich empirisch und rational* zu erforschenden Maßstab der *Individual- bzw. der Überindividualbezogenheit* der einschlägigen Abrede berufen sollten; vgl. dazu zutreffend *Säcker* (I), 257 f.; *ders.* (VII), 300; *ders.* (III), 313 f., 356 f.

Ist ein bereits entstandener Anspruch auf den Einzelarbeitsvertrag gegründet, dann unterliegt er nicht der kollektivrechtlichen Gestaltungsmacht; denn das *Günstigkeitsprinzip* setzt insoweit der Kollektivmacht eine Grenze[144]. Es ist nicht einzusehen, warum das Günstigkeitsprinzip, das eine einzelvertragliche individualbezogene Regelung vor einer kollektivrechtlichen Verschlechterung schützt, d. h. einen Eingriff in eine noch nicht in wohlerworbenes Recht erwachsene Rechtsposition verbietet, nicht vermöchte, den daraus schon entstandenen Anspruch vor dem Kollektiveingriff zu bewahren. Dies wäre sinnwidrig und würde die Leistungsfähigkeit und die Effektivität des Günstigkeitsprinzips praktisch zunichte machen.

Stellt man darauf ab, daß die Tarifnormen im Verhältnis zur Betriebsvereinbarung nach geltendem Tarifvertragsrecht *Mindestbedingungen* darstellen[145], so liegt es nahe, daß das Günstigkeitsprinzip auch im Verhältnis dieser Gestaltungsmittel zueinander zur Geltung kommt[146], soweit es allerdings vom Betriebsverfassungsrecht her nicht eingeschränkt ist[147]. Selbst im Rahmen des § 77 Abs. 3 BetrVG, der das Günstigkeitsprinzip verdrängt[148], können die Tarifpartner wohlerworbene Rechte bzw. bereits entstandene Ansprüche, die auf einer Betriebsvereinbarung beruhen, nicht beeinträchtigen[149].

Wie darüber hinaus schon *Siebert*[150] richtig erkannt hat, ist die Heranziehung des Günstigkeitsprinzips objektiv nicht in der Lage, die durch ein gleichrangiges Gestaltungsmittel geschaffenen Ansprüche zu schützen. *Denn das Feld der kollektivrechtlich gestalteten Arbeitsordnung wird im Falle des Konfliktes zwischen zwei gleichrangigen Ge-*

---

[144] *Richardi* (I), 393, 402 f.; 438, nimmt diese durch das Günstigkeitsprinzip der Kollektivmacht gezogene Grenze — von seinem Standpunkt über die Einheitsregelungen aus folgerichtig — auch für die individualvertraglich begründete, aber betriebs- oder gruppenbezogenen Abreden an.

[145] Darüber wird heute kaum gestritten; vgl. dazu BAG, AP Nr. 1 zu § 4 TVG Günstigkeitsprinzip; BAG, AP Nr. 27 zu § 59 BetrVG; *Nikisch* (III), 295; *Dietz* (I), Anm. 8 zu § 49; *Hueck,* G., Festschrift für Molitor, 219; *Wlotzke,* 105 f.; 118 ff.

[146] So statt vieler *Richardi* (I), 326, 438; vgl. auch *Brecht,* Anm. 14 zu § 77.

[147] Zur Gewährleistung der Rechtsetzungsprärogative der Koalitionen durch die §§ 77 Abs. 3, 87 Abs. 1 Halbs. 1 BetrVG siehe neuerdings *Säcker* (X), 63 ff.

[148] Vgl. dazu *Säcker* (X), 42, 64; *Fitting - Auffarth,* Anm. 50 zu § 77; *Stege-Weinspach,* 128 f.; *Richardi,* DB 1971, 623.

[149] Das gilt z. B. für eine erworbene Unkündbarkeit (Ausfluß der ordentlichen Kündigung) oder auch für eine unmittelbar vor dem Übergang in ein Recht stehende Anwartschaft; vgl. dazu BAG AP Nr. 11 zu § 4 TVG Günstigkeitsprinzip; BAG AP Nr. 87 zu § 242 BGB Ruhegehalt; ähnlich BAG AP Nr. 103, 105 zu § 242 BGB Ruhegehalt; so auch ferner *Hueck - Nipperdey* (III), 588, 591; *Richardi* (I), 438.

[150] *Siebert* (III), 128; vgl. dazu auch *Karakatsanis,* 83 f., 116; *Dietz,* Festschrift für Sitzler, 1956, 152. Dies übersieht jedoch *Nipperdey* bei Hueck - Nipperdey, 405; in dieser Ansicht ist ein starker Einfluß der Lehre Sieberts über die gewordenen Individualrechte zu ersehen.

staltungsmitteln von dem Ordnungsprinzip beherrscht[151]. Die weitgehende Unterworfenheit des Arbeitsverhältnisses unter die Kollektivmacht, die den graduellen *Sozialisierungsprozeß der Privatautonomie* am prägnantesten kennzeichnet[152], kann nicht dazu führen, daß der einzelne Arbeitnehmer hilflos und ohnmächtig dem Kollektiv ausgeliefert ist[153].

Bei einer solchen Gegenüberstellung von Individuum und Kollektiv, der eine potentielle Machtmißbrauchsgefahr innewohnt[154], stellt der *Vertrauensschutz* eine entscheidende Schranke dar[155]. Der Vertrauensgedanke hat für das Recht seit jeher eine entscheidende Rolle gespielt[156]. Als *sozialpsychologischer Tatbestand,* der aus dem menschlichen Zusammenleben nicht hinwegzudenken ist[157], stellt das Vertrauen denjenigen Mechanismus dar, *dem ein innerliches Sicheinstellen und häufig ein äußerliches Sicheinrichten auf den vorgestellten Sachverhalt eigentümlich ist*[158].

---

[151] Darüber besteht weitgehende Einigkeit in der Lehre und in der Rechtsprechung; vgl. dazu statt vieler *Nipperdey,* Festschrift für Heinrich Lehmann, 1937, 257 ff.; *ders.* bei Hueck - Nipperdey, 586 f.; *Siebert* (III), 122 f., 126 f.; *Karakatsanis,* 34; *Hueck,* Festschrift für Molitor, 211; *Brox,* BB 1966, 1191; *Richardi* (I), 391 f.; *Säcker* (I), 207 f.; *ders.* (III), 285 f.; vgl. dazu ferner BAG AP Nr. 5 zu § 9 TVG; BAG AP Nr. 4 zu § 1 TVG Rückwirkung.

[152] So zutreffend *Rüthers* (VI), 8.

[153] Welch eine bedrohliche Dimension diese Gefahr innerhalb des modernen Industriebetriebes angenommen hat und wie groß demzufolge die Schutzbedürftigkeit des einzelnen ist, wurde schon oben S. 23 f. aufgezeigt. Dies sollte aber die sozialkritische Betrachtung nicht daran hindern, gerade in der Kollektivierung des Arbeitsverhältnisses den entscheidenden *Emanzipations- und Befreiungssprung* der Arbeitnehmerschaft einzusehen; vgl. dazu v. *Nell-Breuning,* Freiheit und Bindung im Kollektiven Arbeitsrecht, 1957, 31; *Rüthers,* Streik und Verfassung, 31 ff.

[154] *Ramm,* Die Freiheit der Willensbildung, spricht von einer um sich greifenden Abhängigkeit des Individuums vom Kollektiv, und *Rüthers* (VI), 26 f., von einem Prozeß des Hineinwachsens der Kollektivmacht selbst in eine soziologische Machtposition, die den anfänglichen Zweck häufig überspielt.

[155] Dies sieht zu Recht *Richardi* (I), 428, ein.

[156] Dazu vgl. statt vieler *Eichler,* Die Rechtslehre vom Vertrauen, Privatrechtliche Untersuchungen über den Schutz des Vertrauens, 1950; *v. Craushaar,* Der Einfluß des Vertrauens auf die Privatrechtsbildung, 1969, m. w. N.

[157] *Luhmann,* Vertrauen. Ein Mechanismus der Reduktion sozialer Komplexität, 1968, der als erster in der Bundesrepublik eine interessante und aktuelle funktionale Analyse des Vertrauens als eines elementaren sozialpsychologischen Tatbestands des Alltags vorgenommen hat, sagt charakteristisch dazu: „Ohne jegliches Vertrauen könnte aber der Mensch sein Bett nicht verlassen", und *v. Craushaar,* 21, bezeichnet das Vertrauen als Selbstverständlichkeit unseres Soziallebens.

[158] So *v. Craushaar,* 11; vgl. dazu auch *Eichler,* 3. Nach *v. Craushaar,* läßt sich das Vertrauen von vier einzelnen Elementen charakterisieren:

a) *Die Richtung des Vertrauens,* d. h. seine stetige Abhängigkeit von einem bestimmten Geschehen.

b) *Die Störempfindlichkeit des Vertrauens,* d. h. die Intensität seiner Reaktionsweise gegen seine Verletzung.

Nicht aber jedes Vertrauen interessiert die Rechtsordnung und übt dementsprechend einen bestimmenden Einfluß auf die Rechtsvorstellungen und somit auf die Rechtsgestaltung aus. Nur das *berechtigte* Vertrauen wird vom Recht berücksichtigt[159]. Vom berechtigten Vertrauen kann man generell dann sprechen, wenn der Vertrauende der Ansicht sein darf, daß sein Vertrauen Entsprechung verdient, d. h. daß es schutzbedürftig ist[160]. Die umfangreiche Rechtsprechung zum Grundsatz von Treu und Glauben[161], die Aufstellung und Anerkennung mannigfaltiger „Schutz-, Treue- und Fürsorgepflichten", der Ausbau des Rechtscheinsgedankens und der exceptio doli[162] zeigen deutlich, wie durchtränkt die Privatrechtsordnung von dem Vertrauensgedanken ist[163]. „Jeder ist ihm verpflichtet, wenn ihm das Recht gegeben ist, rechtliche Beziehungen zu einem anderen zu gestalten[164]." Es gibt Fälle, bei denen der Vertrauensgedanke nicht nur als Motivationsgrund fungiert hat, sondern auch die *unmittelbare rechtliche Basis* bildet. Dieser Grundsatz entwickelt seine Schutzwirkung schon, *wenn jemand sich Rechtsgestaltungen zulässigerweise durch einen anderen gefallen lassen muß*[165]. Richtet man sein Verhalten so ein, daß ein anderer mit ihm rechnen kann, dann liegt ein *berechtigtes* und *schutzwürdiges* Vertrauen vor[166].

Besonders wichtig für die Rechtsfolgen ist unter den andernorts erwähnten Merkmalen des Vertrauens seine *Störempfindlichkeit*, d. h. die Intensität seiner Reaktionsweise gegen eine Verletzung[167]. Abgesehen von dem Wahrscheinlichkeitsgrad, mit dem der an das Vertrauen

---

c) *Die Berechtigung oder Nichtberechtigung des Vertrauens*, d. h. seine Schutzwürdigkeit bzw. Nichtschutzwürdigkeit.

d) *Der Sozialcharakter des Vertrauens*, d. h. seine direkte oder indirekte Gerichtetheit auf menschliche Verhaltensweisen.

[159] *v. Craushaar*, 20.

[160] *v. Craushaar*, 29; zum Bildungsprozeß der Vertrauensgrundlage vgl. auch *v. Craushaar*, 20 ff.; vgl. dazu auch *Luhmann* (II), 80 ff.

[161] Vgl. hierzu *Staudinger - Weber*, Bd. II, Recht des Schuldverhältnisses, 161, § 242.

[162] Dazu vgl. u. a. *Wieacker*, Zur rechtstheoretischen Präzisierung des § 242 BGB, 1956.

[163] Hierzu siehe statt aller *Richardi* (I), 428 f., m. w. N.; zur Unumgänglichkeit eines weitgehenden Differenzierungsprozesses von Recht und Vertrauen als Charakteristikum moderner Komplexe und differenzierter Sozialordnungen siehe *Luhmann* (II), 30 ff.

[164] So zutreffend *Richardi* (I), 428 f.

[165] *Flume*, Rechtsgeschäft und Privatautonomie, 1960, 9; vgl. dazu auch *Richardi* (I), 429.

[166] Vgl. *v. Craushaar*, 29; darauf weisen die zahlreichen Fälle der Vertrauenshaftung (g (so z. B. die der Haftung bei anfänglicher Unmöglichkeit nach §§ 306, 307 ff. BGB und die für culpa in contrahendo) hin; vgl. dazu u. a. *Canaris*, JZ 1965, 479 ff.

[167] So bereits oben S. 102, Fußn. 158.

geknüpfte Tatbestand zu erwarten ist[168], hängt die Störempfindlichkeit des Vertrauens oft *vom Umfang der Angewiesenheit des Vertrauenden auf Verlaßentsprechung ab*[169]. Die Ohnmacht des darauf Angewiesenen ist um so größer, je *dichter* und *komplexer* die tatsächlichen und rechtlichen Verhältnisse zwischen ihm und einem anderen sind[170, 171]. Die Störempfindlichkeit als Strukturmerkmal des Vertrauens tritt unter anderem auch im *Arbeitsverhältnis* zutage[172]. Die *Einbettung* des Arbeitnehmers in die herrschaftliche Organisationsstruktur des Industriebetriebes sowie die an Schutz- und Ordnungserfordernissen liegende *Kollektivierung* des Einzelarbeitsverhältnisses, stellen diejenigen Grundtatbestände dar, *die eine besonders hohe Stör- oder Verlaßempfindlichkeit des Vertrauens bewirken*[173]. Daß das eigentliche Schutzobjekt innerhalb der im Betrieb sich abspielenden vertrauensbezogenen rechtstatsächlichen Verhältnisse der *einzelne Arbeitnehmer* ist, darf nicht angezweifelt werden. *Denn er ist immer auf das Tätigwerden des Betriebsrates bei der Ausübung der Mitbestimmungsbefugnisse angewiesen*[174]. Diese Angewiesenheit führt zu einer starken Störempfindlichkeit des Vertrauens des Arbeitnehmers[175, 176] und demzufolge zu der Notwendigkeit eines effektiven Schutzes[177].

---

[168] *v. Craushaar*, 15.

[169] Wie dazu *v. Craushaar*, 15, zutreffend bemerkt, „bedeutet hier die Intensität des Vertrauens Festigkeit des Vertrauens"; zur Beeinflussung des Vertrauens von Zeit und Gewöhnung vgl. vor allem *Lersch*, Aufbau der Person, 1962, 472; schon *Rumelin*, Rechtsgefühl und Bewußtsein, 1925, 53.

[170] *Betti*, in: Festschrift für Lehmann, I, 255; *Henkel*, Einführung in die Rechtsphilosophie, 1964, 202; *v. Craushaar*, 15 f.

[171] *v. Craushaar*, 16; wie wichtig die daraus sich ergebende Intensivierung des Vertrauens für die *Stabilisierung* und *Funktionsfähigkeit* eines zunehmend organisierten Sozialsystems (z. B. *Industriebetrieb*) ist, in dem sich solche Beziehungen abspielen, zeigt sich dadurch, daß erst diese hohe Störempfindlichkeit des Vertrauens ein kooperatives Handeln bzw. ein koordiniert ablaufendes Einzelhandeln ermöglicht, „die ohne Vertrauen unwahrscheinlich und unattraktiv geblieben, also nicht zum Zuge gekommen wären; so zutreffend *Luhmann* (II), 23.

[172] So *v. Craushaar*, 16; vgl. dazu ferner *Betti*, in: Festgabe zum 80. Geburtstag von Rudolf Erzbach, 20.

[173] Vgl. dazu unten S. 112.

[174] Wie *Richardi* (I), 428, zutreffend erkennt, kommt es bei dem Vertrauensschutz darauf an, „daß die rechtliche Gestaltung durch den Befugten den Charakter der Fremdbestimmung hat".

[175] Über die Angewiesenheit des Arbeitnehmers auf Verlaßentsprechung als Erhöhung seiner Störempfindlichkeit siehe unten S. 112 ff.

[176] Der Satz, daß „Handeln für einen anderen bei der Gestaltung von Rechtsverhältnissen immer Handeln in pflichtmäßiger Bindung ist" (so *Flume*, 9; *Rüthers* (VI), 31), muß in diesem Zusammenhang als die Kehrseite ein und derselben Münze angesehen werden.

[177] *Richardi* (I), 428; *v. Craushaar*, 16; *Betti* (I), 20; *Eichler*, 41 f., der das Arbeitsverhältnis als ein besonderes „Vertrauensverhältnis" bezeichnet. Die Anerkennung vertrauensbezogener Bindungen im Arbeitsverhältnis darf jedoch nicht so weit führen, es als „personenrechtliches Gemeinschaftsver-

Aufschlußreich für das hier zu bewältigende Problem der Begrenzung der Betriebsmacht bei ihren Eingriffsmöglichkeiten in bereits entstandene, durch Betriebsvereinbarung begründete Ansprüche sind die Grundsätze, die das *Bundesverfassungsgericht* hinsichtlich der rechtlichen Relevanz und Anwendungsmöglichkeiten des Vertrauensschutzes auf Rechtsakte der öffentlichen Gewalt aufgestellt hat[178].

Diese Regeln werden von dem Prinzip der *Rechtsstaatlichkeit* getragen. Danach darf die Verwaltung in den Rechtskreis des einzelnen nur eingreifen, wenn: a) ein dazu ermächtigendes Gesetz vorliegt, und b) Inhalt, Gegenstand, Zweck und Ausmaß der Ermächtigung bestimmt sind, so daß der Eingriff meßbar und in gewissem Umfang für den Staatsbürger voraussehbar und berechenbar wird[179]. Dieser vom Bundesverfassungsgericht postulierte Grundsatz der *Unverbrüchlichkeit des Gesetzes*[180] zielt darauf ab, der staatlichen Machtausübung eine Grenze zu setzen[181].

---

hältnis" anzusehen; vgl. dazu oben S. 44, Fußn. 12 und die dort genannten Autoren; so aber *v. Craushaar,* 16, der unzutreffend das Arbeitsverhältnis mit der Ehe vergleicht. Daß diese Parallele unglücklich ist, zeigt sich schon dadurch, daß das Vertrauen des Arbeitnehmers sich in erster Linie auf die Handlungen seines Repräsentanten, des *Betriebsrates,* einrichtet, während es sich in der Ehe immer um gegenseitiges Vertrauen des einen Partners zum anderen handelt; über die Unhaltbarkeit dieses Vergleichsversuches siehe ferner *Schwerdtner* (I), 51 ff.; *Wolf* (I), 14 ff.

[178] Dies wird im Grunde von einem erheblichen Teil der Lehre anerkannt; vgl. dazu *Stahlhacke,* RdA 1959, 268 f.; *Nikisch* (I), 294; ders. (IV), 37 ff.; *Wiedemann,* RdA 1959, 456 ff.; *Diekhoff,* DB 1958, 1246; *Hilger* (I), 195 f.; *Ramm,* JZ 1964, 548, und JZ 1966, 217; *Müller,* W., 196 ff.; *Richardi* (I), 429 ff.; *Hueck - Nipperdey* (III), 402 ff., (IV), 1298 f.; *Quasten,* 65 ff.; *Säcker* (III), 332, 366 f.; vgl. dazu ferner BAG AP Nr. 6 zu § 1 TVG Rückwirkung.

Kritisch dazu *Zöllner,* RdA 1964, 447 f., der, von dem vertraglichen Entstehungsgrund des Tarifvertrages ausgehend, Bedenken gegen die Übertragbarkeit von den für die Begrenzung der öffentlichen Gewalt entwickelten Prinzipien auf die Tarifnormen erhebt. Ungerechtfertigt ist m. E. die Unterscheidung, die die meisten von den oben genannten Autoren (vgl. dazu statt aller *Hueck - Nipperdey* (III), 402 ff.) zwischen direkt gestaltendem kollektivrechtlichem Eingriff in bereits entstandene Rechtspositionen und nachträglich einwirkender kollektivrechtlicher Gestaltung vornehmen. Es ist zwar zuzugeben, daß rein formalrechtlich gesehen diese Unterscheidung zutrifft. Vom wirtschaftlichen Ergebnis her ist es für den Arbeitnehmer irrelevant, ob sein schon erworbenes Recht für die Gegenwart oder rückwirkend beeinträchtigt wird; vgl. auch oben S. 79, Fußn. 5; dieser Gedanke liegt auch der Unterscheidung zwischen „echter" und „unechter" Rückwirkung zugrunde; vgl. dazu *Wiedemann* (II), 454, 458. Diese rechtskonstruktive Unterscheidung stellt also keinen einsehbaren sachlichen Grund zu unterschiedlicher Wertung dar; ebenso offenbar *Säcker* (III), 367, 436 ff.

[179] So BVerfG, Beschl. v. 3. 2. 1959 — 2 BvL 10/56 = NJW 1959, 931; vgl. dazu auch BVerfGE 11, 72; 11, 238; 13, 223 f.; 13, 271; 18, 439; 19, 195 ff.; 32, 112 ff.; BayVfGH 1, 91; vgl. dazu ferner Maunz bei Maunz - Dürig, GG, Art. 20 Rdnr. 86.

[180] Vgl. dazu *Klein-Barbey,* Bundesverfassungsgericht und Rückwirkung von Gesetzen, 1964, 36 ff., 65 ff., 83 ff.; *Grunsky,* Grenzen der Rückwirkung bei einer Änderung der Rechtsprechung, 1970, 5 f.

[181] *Wiedemann* (II), 457; *Hueck - Nipperdey* (III), 402; *Richardi* (I), 429.

Kann demzufolge ein Staatsbürger nicht mit einem Gesetz rechnen, das einen seiner Rechtssphäre angehörenden und bereits abgeschlossenen Tatbestand ändert, so liegt in dieser Änderung ein *rechtswidriger Eingriff* der Verwaltung vor[182].

Geht man davon aus, daß bei der Ausübung der betriebsverfassungsrechtlichen Regelungsmacht eine *ähnliche Interessen- und Rechtslage* besteht[183], und berücksichtigt man, daß die Betriebsnormen eine *gesetzesähnliche Wirkung* entfalten[184], so gelangt man zwanglos zur Rechtfertigung und sogar zur Notwendigkeit der *Übertragung* der obigen im öffentlichen Recht entwickelten Vertrauensschutzgedanken auf die Regelungsmacht der Betriebspartner[185]. Die Behauptung, die Behauptung, die Betriebspartner handelten im Interesse des Arbeitgebers und der Arbeitnehmerschaft und seien deshalb an diese Rechtsprinzipien nicht gebunden, geht fehl. Denn die Betriebspartner leiten ihre Befugnisse von einer gesetzlichen Delegation her und dürfen daher ihre Rechtsetzungsmacht nicht unter Außerachtlassung der die delegierende Macht bindenden Grenzen ausüben[186]. Allerdings wird beim Abschluß einer Betriebsvereinbarung *vornehmlich* nicht das Interesse des einzelnen Arbeitnehmers wahrgenommen; dies ergibt sich aus der *Funktionsbedingtheit* kollektivrechtlicher Gestaltungen[187]. Gleichwohl legt

---

182 Der BayVerfGH, Urt. v. 10. 11. 1952, BayGVBl 1952, 329, sagt charakteristisch dazu: „Es ist mit dem Prinzip der Rechtssicherheit unvereinbar, Rechtsverhältnisse, die in der Vergangenheit nach dem früheren Recht endgültig abgeschlossen waren, nachträglich einem anderen Recht zu unterstellen und sie zu diesem Zweck wieder aufleben zu lassen“ ...

183 Der Arbeitnehmer eines Betriebes darf sich wie der Staatsbürger auf die Unverbrüchlichkeit seiner durch Betriebsvereinbarung ins Leben gerufenen und schon erworbenen Rechtspositionen verlassen bzw. muß eventuelle Eingriffe voraussehen und kalkulieren können. „Auch der Arbeitnehmer trifft im Hinblick auf eine geltende Betriebsordnung Dispositionen, denen ein Vertrauensschutz zukommen muß“; *Müller*, 197; vgl. dazu auch *Richardi* (I), 429; *Säcker* (III), 438.

184 Die normative Wirkung einer Betriebsvereinbarung ist schon im § 77 Abs. 4 BetrVG von 1972 expressis verbis anerkannt; vgl. dazu oben S. 51.

185 Daß der Grundsatz des Vertrauensschutzes anläßlich der Rückwirkung von Gesetzen vom BVerfG ausgearbeitet wurde, führt nicht notgedrungen zu seiner Anwendbarkeit nur auf rückwirkende Eingriffe in bereits entstandene Rechtspositionen. Denn auch das Vertrauen des Arbeitnehmers auf den Bestand eines schon vorhandenen Tatbestandes in der Gegenwart kann sich als genauso schutzbedürftig erweisen. Während aufgrund rückwirkender Gestaltung ein Rechtstatbestand im Wege einer normativen Fiktion rückbezüglich in seinem Entstehungsgrund geändert wird, will ein ex nunc wirkender Eingriff ohne Berührung des Rechtsgrundes direkt die entstandene Rechtslage gestalten. Im Ergebnis handelt es sich in beiden Fällen um eine tatsächliche Verschlechterung bzw. Beseitigung eines wohlerworbenen Rechts. Daher läßt sich keine sachlich gerechtfertigte Differenzierung in der Wertung machen. Ebenso offensichtlich *Richardi* (I), 429.

186 So im Ergebnis auch *Wiedemann* (II), 457.

187 Zu Recht führt *Biedenkopf* (I), 246, aus, der Schutzzweck des Tarifvertrages sei nicht ohne weiteres und immer mit dem Schutzbedürfnis des einzelnen Arbeitnehmers identisch.

der rechtsstaatliche Grundsatz des Vertrauensschutzes die *Schranke* fest, über die hinaus eine betriebsverfassungsrechtliche Beeinträchtigung der Rechtssphäre des einzelnen unzulässig ist[188].

Wir kommen also zum Ergebnis, daß die Betriebspartner trotz ihrer an anderer Stelle festgestellten *Mitverfügungsmacht* über bereits entstandene betriebsverfassungsrechtlich begründete Rechte *bei der Ausübung dieser Macht an den Grundsatz des Vertrauensschutzes gebunden sind.* Soweit der kollektivrechtliche Eingriff diesen Vertrauensgrundsatz nicht verletzt, ist es nicht einzusehen, warum bereits erworbene Rechte nicht beeinträchtigt werden können[189]. Bei der Begrenzung der Betriebsmacht durch den Grundsatz des Vertrauensschutzes darf weiterhin nicht unter Mißachtung des *Gleichbehandlungsprinzips* differenziert werden[190]. Wäre nach den obigen Überlegungen die Beeinträchtigung eines schon entstandenen Lohnanspruches (Stundung oder Erlaß) zulässig, so dürften die bereits abgewickelten Ansprüche, d. h. hier die schon bezahlten Löhne, nicht davon ausgenommen werden. *Widrigenfalls würden durch eine solche differenzierende Betriebsvereinbarung die Arbeitgeber, die ihre Leistung bereits erbracht haben, und die Arbeitnehmer, die nicht mehr ihren Lohnanspruch geltend machen können, im Verhältnis zu den anderen Arbeitgebern bzw. Arbeitnehmern unzulässigerweise und willkürlich benachteiligt*[191]. Aus diesem Grunde stößt die Ansicht *Hilgers*[192], daß bereits abgewickelte Ansprüche der Arbeitnehmer aus Kollektivvereinbarung vor einer kollektivrechtlichen Verschlechterung durchaus geschützt seien, auf erhebliche Bedenken. Abgesehen von der dieser Auffassung innewoh-

---

[188] Ebenso *Wiedemann* (II), 457; *Richardi* (I), 430; *Hilger* (I), 196; *Müller,* 197; *Quasten,* 67 f.; ähnlich offenbar *Säcker* (III), 438.

[189] Ebenso richtig *Richardi* (I), 441: Wann ein solcher Fall vorliegt, d. h. wann das Vertrauen des Arbeitnehmers nicht berechtigt und daher nicht schutzwürdig ist, hängt immer von den konkreten Verhältnissen und Zusammenhängen, die die Vorstellungstendenz auf Verlaßentsprechung bewirkt haben, ab. Als allgemeine Rechtfertigungsgründe des Vertrauens könnte man mit *v. Craushaar,* 20 ff., die aus der Verbindung mit dem Gedanken des Selbstschutzes resultierenden Tatbestände wie die Vertrauensgrundlage, den Vertrauenszwang und die Vertrauensgestattung, betrachten. Aufschlußreich und durchaus verwendbar sind auch die vom BVerfG hinsichtlich der Zulässigkeit der Rückwirkung von Gesetzen herausgearbeiteten Grundsätze; vgl. dazu unten S. 110 ff.

[190] Darauf macht zu Recht *Richardi* (I), 441, aufmerksam; vgl. dazu auch neuerdings *Säcker* (III), 437 f.

[191] Ebenso *Richardi* (I), 441. Zu diesem unbilligen Ergebnis könnte die dogmatisch konsequente Verfolgung der Ansicht der herrschenden Lehre führen, die einen Eingriff auf entstandene Rechte insoweit bejaht, als er mit einer inhaltlichen Regelung für die Zukunft verbunden ist; so ursprünglich Nipperdey (III), 406; vgl. dazu ferner *Isele,* JR 1960, 290; *Bobrowski - Gaul,* Reichsgerichts zum Arbeitsrecht, Bd. I, 1927, 34; abgeschwächt nun in Hueck - Nipperdey, II/1, 406; vgl. dazu ferner *Isele,* JR 1960, 290; *Bobrowski - Gaul,* 42; *Biedenkopf* (I), 243 f.; sehr kritisch dazu zu Recht *Säcker,* 437.

[192] *Hilger* (I), 221; ähnlich auch BAG AP Nr. 4 zu § 1 TVG Rückwirkung.

nenden potentiellen Verletzung des Gleichbehandlungsprinzips reicht die *rechtskonstruktive* Unterscheidung von abgewickelten und nicht abgewickelten entstandenen Forderungen nicht aus, um eine unterschiedliche Wertung zu rechtfertigen[193]. Im übrigen können auch voll abgewickelte Ansprüche unter Umständen — unter Beachtung der vom Vertrauensschutz gezogenen Schranken — tangiert werden[194]. Allerdings ist zuzugeben, daß der Grundsatz des Vertrauensschutzes *in der Regel* bei der Beeinträchtigung abgewickelter Ansprüche eine Beschränkung der Kollektivmacht erfordert. Man muß immer auf den konkreten Einzelfall abstellen, wobei zu erwägen ist, ob der Grundsatz der Gleichbehandlung oder das Vertrauensprinzip mehr ins Gewicht fällt.

Gegen diesen Lösungsvorschlag könnte man einwenden, daß dadurch das Tor zur völligen *Rechtsunsicherheit* geöffnet wird. Es ist zwar zuzugeben, daß damit dem Rechtsanwender eine *weitgehende Entscheidungsfreiheit* gegeben wird. Die Gefahr einer Verletzung des Rechtssicherheitspostulats wäre potentiell wohl denkbar. *Man darf jedoch dieses Postulat nicht als ein über alles andere gestelltes verabsolutiertes Ordnungsprinzip betrachten*[195]*, das der Wandelbarkeit und der Adaptionsnotwendigkeit der Rechtsordnung an die gesellschaftliche Evolution nicht gerecht werden könnte*[196]. Den Angelpunkt für die Lösung des Konfliktes zwischen den Erfordernissen der Rechtssicherheit und der Anpassung an die Wirklichkeit bietet die Funktion der Rechtsbildung und -fortbildung als *„teleologische Axiologisierung und Humanisierung“*[197] an. Dies kommt nur in der Achtung vor der Einzigartigkeit des konkreten Falles zur Geltung[198], was in einer durch um sich greifende Nivellierungs- und Routinierungstendenzen gekennzeichneten Rechtsordnung eine ausgeprägte Dimension annimmt[199]. Die im Namen der Rechtssicherheit unternommene Postulierung einer

---

[193] Siehe dazu oben S. 79, Fußn. 5.

[194] Ebenso *Richardi* (I), 441, Fußn. 60.

[195] Vgl. dazu *Esser*, Grundsatz und Norm in der richterlichen Fortbildung des Privatrechts, 1964, 26 f.; 301; *Simitis*, Informationskrise des Rechts und Datenverarbeitung, 1970, 94; über die *Ideologisierungsgefahr*, die ein zum Dogma erhobener Rechtssicherheitsgedanke in sich birgt, siehe *Kaufmann*, E., Rechtstheorie, 1971, 93.

[196] Vgl. dazu schon *Radbruch*, Der Geist des englischen Rechts, 3. Aufl. 1956, 48 ff.; so auch *Kaufmann*, 93.

[197] Dazu vgl. *Simitis*, Rechtliche Anwendungsmöglichkeiten kybernetischer Systeme, 1966, 9 ff.

[198] So zutreffend *Simitis* (IV), 103; damit ist allerdings nicht jegliche Schematisierung und Generalisierung bei der Rechtsanwendung abgelehnt; dabei kommt es nur darauf an hervorzuheben, daß die Grenzen dann zu ziehen sind, wenn Schematisierung und Individualität in Gegensatz geraten; vgl. dazu auch *Simitis*, Automation in der Rechtsordnung, Möglichkeiten und Grenzen, 1967, 18.

[199] Dazu vgl. *Simitis* (III), 17 ff.; *ders.* (IV), 97 ff.

Beschränkung des richterlichen Urteilsspielraums würde folgerichtig zur Verdrängung der Konfrontation mit dem Einzelfall führen. Das Ergebnis wäre dann der Verzicht auf jegliche Beweglichkeit, d. h. die Gefahr einer Versteinerung der Rechtsprechung[200]. *Die Chance der Gerechtigkeit muß deshalb, so paradox dies auch klingen mag, in einer gewissen, die Flexibilität der Rechtsordnung in Betracht ziehenden Ungewißheit der Grundsatzrechtsprechung erblickt werden*[201]. Es darf überdies nicht verkannt werden, daß die Preisgabe einer schematischen Sicherheitsidee erst den Weg dazu frei mache, die tieferen Rechtsgarantien juristischen Denkens, dogmatischer Selbstkontrolle und lege artis gebildete Grundsätze und Traditionen zu erforschen[202].

An dieser Stelle muß zu der Entscheidung des *Bundesarbeitsgerichts*[203] Stellung genommen werden, aufgrund derer eine Verschlechterung bereits entstandener Ansprüche durch Tarifvertrag dann als gerechtfertigt zu betrachten ist, „wenn ein dringendes Bedürfnis nach einer generellen Regelung besteht, und wenn, was jedenfalls beim Firmenvertrag der Fall sein kann, die Verpflichtung der in demselben Betriebe beschäftigten Arbeitnehmer, aufeinander Rücksicht zu nehmen, das Zurücktreten der individualrechtlichen Position des einzelnen hinter das Gesamtinteresse erheischt“[204]. Zu dieser Entscheidung sei zunächst auf das oben gewonnene Ergebnis hingewiesen, wonach nur innerhalb der Schranken des Vertrauensschutzgrundsatzes ein kollektivrechtlicher Eingriff in bereits entstandene Ansprüche zulässig ist. Dies entspricht dem allgemein anerkannten Prinzip, *daß jede kollektivrechtliche Gestaltung von vornherein die Schwäche in sich schließt, durch eine andere kollektivrechtliche Regelung gleichen Ranges geändert zu werden*[205]. Geht man nun von dieser Feststellung aus, so ersieht man, daß das Zurückgreifen des BAG auf den Solidaritätsgedanken bzw. auf die Vorrangigkeit der kollektivrechtlichen Regelung einen über die Grenze des Vertrauensschutzes hinausgehenden Eingriff nicht legitimieren kann[206]. Ist umgekehrt kein vertrauensschutzwürdiger Anspruch vorhanden, dann ist die betreffende kollektivrechtliche Regelung als zulässig zu betrachten[207].

---

[200] Ähnlich *Simitis* (IV), 94.

[201] So zutreffend *Simitis* (IV), 95.

[202] *Esser* (I), 27.

[203] BAG AP Nr. 4 zu § 1 TVG Rückwirkung.

[204] Das BAG operiert dabei offensichtlich mit den von *Hilger* (I), 220 ff., ausgearbeiteten Gesichtspunkten des Solidaritätsgedankens und des Vorranges einer generellen Regelung im Verhältnis zu einer mit ihr kollidierenden Individualposition.

[205] Dazu vgl. statt aller *Säcker* (III), 284 ff., 349.

[206] So schon *Richardi* (I), 442.

[207] *Richardi* (I), 442.

Führt man die im Rahmen dieses Kapitels nutzbar gemachten Leitsätze, die das BVerfG zur Anwendung des Vertrauensschutzes auf Rechtsakte der öffentlichen Gewalt entwickelt hat, konsequent weiter, so gelangt man im Falle des Übergewichtes des Betriebsinteresses und eines dementsprechenden Bedürfnisses nach Zurückstellung einer Individualposition zur Verwendung *des Grundsatzes des Gemeinwohls*[208]. Nach diesem Grundsatz greift der Vertrauensschutz dann nicht durch, wenn genügende Gründe des gemeinen Wohls, die dem Gebot der Rechtssicherheit übergeordnet sind, eine Rückwirkungsanordnung rechtfertigen[209].

Bei der Übertragung dieses Gedankens auf das Recht der Betriebsvereinbarung muß berücksichtigt werden, daß der Schutzcharakter der Kollektivnormen eine Expansion der betriebsverfassungsrechtlichen Regelungsmacht nur in Ausnahmefällen rechtfertigen kann. Zutreffend bemerkt *Richardi*[210] dazu: „Selbst bei angespannter wirtschaftlicher Lage wird man dem Arbeitgeber zumuten können, sich zunächst einmal auf der Ebene des Individualrechts mit dem Arbeitnehmer zu vergleichen." Die Wirksamkeit eines im Rahmen dieses Ausgleichsversuches zustande gekommenen Verzichts hängt nach § 77 Abs. 4 BetrVG von der Zustimmung des Betriebsrates ab.

Es wurde schon andernorts deutlich darauf hingewiesen, daß es bei der rechtlichen Bewertung einer kollektivrechtlichen Beeinträchtigung bereits entstandener Forderungen wegen der bestehenden *sachlichen Ähnlichkeit der Problemlage* und der *wirtschaftlichen Auswirkungen* nicht darauf ankommt, ob eine *ex nunc* oder *ex tunc* wirkende Betriebsvereinbarung vorliegt[211]. Die übrigens bei der Problematik der Rückwirkung von Gesetzen ausgearbeiteten Grundsätze lassen sich ohne weiteres auf die Rückwirkung von Betriebsvereinbarungen anwenden[212]. Bei einem rückwirkenden Eingriff in erworbene Rechtspositionen des Arbeitnehmers ist die *Störempfindlichkeit* und demzufolge

---

[208] So auch *Wiedemann* (II), 457; *Richardi* (I), 442; vgl. dazu ferner *Hueck - Nipperdey* (III), 407; *Müller*, W., 198; *Quasten*, 68, die aber zu Unrecht zwischen ex nunc und ex tunc wirkende kollektivrechtlichen Eingriffen unterscheiden.

[209] BVerfGE 2, 405; 13, 214; 13, 224; 13, 272.

[210] *Richardi* (I), 442. Dieser Ausgleichsweg, der sowohl dem Individual- als auch dem Gesamtinteresse ausreichend Rechnung trägt, entspricht am besten der Motivation und Zielsetzung unseres Kollektivarbeitsrechts, dem einzelnen Arbeitnehmer ein menschenwürdiges Dasein innerhalb der herrschaftsstrukturierten Betriebsordnung zu ermöglichen.

[211] Vgl. dazu oben S. 105, Fußn. 178.

[212] Darüber besteht weitgehende Einigkeit; vgl. hierzu statt vieler *Wiedemann*, RdA 1959, 456 ff.; *Stahlhacke*, RdA 1959, 268 f.; *Nikisch* (II), 294; *Ramm*, JZ 1966, 217; *Müller*, W., 196 ff.; *Richardi* (I), 432 ff.; *Quasten*, 67 ff.; *Söllner* (I), 130, 169. *Hueck - Nipperdey* (III), 402 f. (III), 1298 f.; *Säcker* (III), 332 f., 366 f.; vgl. dazu ferner BAG AP Nr. 6 zu § 1 TVG Rückwirkung.

die *Schutzwürdigkeit* des auf Unverbrüchlichkeit dieser Positionen angelegten Vertrauens sogar noch stärker[213]. Denn bei solchen Änderungen eines bestehenden schutzwürdigen Tatbestandes stellt sich der Vertrauende noch intensiver auf seinen Fortbestand ein; dies bedeutet, *daß die Verlaßentsprechung des Arbeitnehmers mit höherer Wahrscheinlichkeit zu erwarten und daher seine Angewiesenheit auf die Schutzwürdigkeit seiner Rechtsposition größer ist*[214].

Hängt nach den obigen Überlegungen die Zulässigkeit der Rückwirkung von der *Vorhersehbarkeit* und *Kalkulierbarkeit* des zu beeinträchtigenden Rechtstatbestandes ab, so brauchen die Arbeitnehmer für die Zeit, in der eine frühere Betriebsvereinbarung gegolten hat, nicht mit einer rückwirkenden Beeinträchtigung zu rechnen. Denn die Betriebsangehörigen müssen, solange eine bestimmte Betriebsvereinbarung gilt, sich auf den Bestand der betreffenden Regelung bis zu ihrem Ablauf verlassen und auf die Gültigkeit ihres Inhaltes vertrauen können und vertrauen auch tatsächlich darauf[215]. Ist dagegen eine Betriebsvereinbarung durch Kündigung oder Zeitablauf beendet, ohne daß sie durch eine neue ersetzt wird, wirkt sie aber in der Zwischenzeit nach, so ist eine rückwirkende Verschlechterung von Rechtspositionen der Arbeitnehmer, die in der Zeit der Nachwirkung entstanden ist, nicht zu beanstanden. Denn die Arbeitnehmer müssen vom Zeitpunkt des Ablaufes einer Betriebsvereinbarung an mit einer Änderung der bisherigen Betriebsnormen durch eine neue Betriebsvereinbarung wohl rechnen. Ein Vertrauen also auf den Fortbestand der beendeten und nachwirkenden Betriebsnorm ist nicht mehr berechtigt und damit auch nicht mehr schutzwürdig[216].

---

[213] Dies erkennt auch *Wiedemann* (II), 458, Fußn. 35.

[214] Vgl. dazu oben S. 104 f. Dies weist auf die Inkonsequenz der Ansicht hin, die, während sie einen kollektivrechtlichen Eingriff in bereits entstandene Ansprüche (z. B. beim Verzicht) grundsätzlich verneint, gleichzeitig eine rückwirkende Beeinträchtigung bejaht; so aber LAG Bremen, Urt. v. 27. 10. 1948 = RdA 1949, 271; *Dietz* (I), Anm. 42 zu § 52. *Galperin - Siebert*, Anm. 58 zu § 52; auf diese praktisch die Unantastbarkeit bereits entstandener Ansprüche aufhebende Inkonsequenz hat schon *Karakatsanis*, 79, 84, aufmerksam gemacht.

[215] Ebenso *Nikisch* (IV), 38; *Stahlhacke* (I), 269; *Wiedemann* (II), 457; *Neumann-Duesberg*, JZ 1960, 527; *Müller*, W., 198; *Richardi* (I), 433 f.; *Quasten*, 68.

[216] Dazu vgl. statt aller *Hueck - Nipperdey* (III), 465, (IV), 1298 f.; a. A. *Neumann-Duesberg*, 527, der eine Rückwirkung von Kollektivverträgen nur zugunsten der Arbeitnehmer für zulässig hält. Eine zulässige rückwirkende Herabsetzung von entstandenen Lohnansprüchen könnte auch z. B. im Falle der Gefährdung der Arbeitsplätze bzw. des Fortbestandes des Betriebes vorhanden sein. In einem solchen Fall lägen zwingende Gründe des Gemeinwohles vor, die eine rückwirkende Beeinträchtigung von Individualpositionen rechtfertigen; vgl. dazu oben S. 110; ein schutzwürdiges Vertrauen liegt auch dann nicht vor, wenn das geltende Recht unklar und verworren ist; zum entsprechenden vom BVerfG entwickelten Grundsatz

In diesem Zusammenhang erhebt sich darüber hinaus die Frage, ob und inwieweit im Rahmen des Vertrauensschutzes eine *gleiche* Behandlung von Arbeitnehmer und Arbeitgeber geboten ist oder ob eine *unterschiedliche* Beurteilung zulässig sein könnte. Diese Frage gewinnt an praktischer Bedeutung, wenn der Arbeitgeber beim Abschluß einer rückwirkenden Kollektivvereinbarung nicht teilgenommen hat. Denn: Fungiert der Arbeitgeber als Partei der Kollektivvereinbarung und schließt er sie mit ab, dann besteht wegen seines Einverständnisses mit ihrem rückwirkenden Charakter kein ersichtlicher Grund, von einem berechtigten Vertrauen zu sprechen[217]. Dies bedeutet, daß weder beim *Firmentarifvertrag* noch bei der *Betriebsvereinbarung* die oben gestellte Frage aus objektiven Gründen auftauchen kann[218]. Sie erhebt sich nur im Falle des *Verbandstarifvertrages,* der zwischen einem Arbeitgeberverband und einer Gewerkschaft abgeschlossen wird. Reicht die Rückwirkung eines Verbandstarifvertrages in eine tariflose Zeit hinein, dann kann keine Rede von Schutzwürdigkeit des arbeitgeberischen Vertrauens auf den Fortbestand der nachwirkenden, aber schon abgelaufenen Tarifordnung sein. Denn der Arbeitgeber muß in diesem Falle eine Erhöhung des Lohnes für wahrscheinlich halten[219]. Das Problem tritt dann in Erscheinung, wenn der neue Verbandstarifvertrag rückwirkend in die Zeit der Geltung eines bereits abgelaufenen Verbandstarifvertrages hineinreicht[220].

Die *Wichtigkeit* des hier angesprochenen Problems für die gesamte Thematik der Anwendung des Vertrauensgrundsatzes im Bereich des Kollektivvereinbarungsrechts erfordert — trotz seiner praktischen Irrelevanz für die Betriebsvereinbarungen — den Versuch einer generellen Stellungnahme.

Dem Ausgangspunkt der herrschenden Lehre, eine kollektivrechtliche Gestaltung des Verhältnisses *„Arbeitsleistung — Arbeitsentgelt"* schließe zugleich Begünstigungs- wie Belastungsmomente in sich, ist zuzustimmen. Diese Ambivalenz zeigt sich dadurch, daß ein beispielsweise die Löhne rückwirkend erhöhender Tarifvertrag einerseits die

vgl. BVerfGE 11, 72. Ein solches Beispiel bietet uns die Zeit nach dem Zusammenbruch 1945, wo vielfach Herabstufungen eingetreten sind, gegen deren Wirksamkeit rechtliche Bedenken zu erheben waren. Sie wurden jedoch de facto dem weiteren Arbeitsverhältnis zugrunde gelegt. Unter dem Druck der damals herrschenden Situation wäre die Verwerfung eines rückwirkenden Tarifvertrages als unzulässig wegen der Unklarheit und Verworrenheit der ergangenen Anweisungen der Besatzungsmacht bzw. der Notlage der Betroffenen untragbar; vgl. dazu BAG AP Nr. 4 zu § 1 TVG Rückwirkung mit Anm. von A. Hueck; vgl. auch die sehr kritische Anmerkung von *Steindorff,* SAE 1963, 35.

[217] So zutreffend *Neumann-Duesberg* (I), 400.

[218] *Neumann-Duesberg* (I), 400; *Richardi* (I), 433.

[219] *Nikisch* (II), 294; *Hueck - Nipperdey,* (III), 403, 465.

[220] *Nikisch* (IV), 39; *Hueck - Nipperdey* (III), 464; *Richardi* (I), 433.

Arbeitnehmer begünstigt und andererseits die Arbeitgeber belastet[221]. Aus dieser funktionalen *„Doppelgleisigkeit“* des Tarifvertrages und im Hinblick auf das das Kollektivvertragsrecht beherrschende *Axiom der Gleichheit der sozialen Gegenspieler* wird der Schluß gezogen, das auf dem Vertrauensgrundsatz beruhende Rückwirkungsverbot schütze Arbeitgeber und Arbeitnehmer im gleichen Umfang[222].

Dieses die gleiche Behandlung von Arbeitgeber und Arbeitnehmer postulierende Begründungsschema scheint prima facie eine bestechende Überzeugungskraft auszustrahlen. Da die Begünstigungs-Belastungsrelation, die den Kollektivvertrag charakterisiert, außer Zweifel steht, konzentriert sich der kritische Blick notgedrungen auf den zweiten Punkt, nämlich auf *das Axiom der Gleichheit der sozialen Gegenspieler*. Die pauschale Heranziehung eines in der Tat grundsätzlichen Prinzips des Kollektivarbeitsrechts ist jedoch m. E. ohne *Präzisierung* und *Differenzierung* je nach dem konkreten Rechts- und Interessenzusammenhang kaum geeignet, der hier gestellten Frage gerecht zu werden. Das „Axiom der Gleichheit“ — von der Frage seiner Rechtsgrundlage hierbei abgesehen[223] — ist dazu bestimmt, die Regulierungs- und Funktionsfähigkeit der die soziale Marktwirtschaft tragende Kollektivautonomie zu gewährleisten[224]. Dieses Autonomiesystem dient dem Zweck, einen gerechten, fairen Interessenausgleich bei der Gestaltung des Arbeitsverhältnisses zu ermöglichen[225]. Erweist sich die Führung eines Arbeitskampfes für die Erreichung dieses Zieles als ultima ratio unausweichlich, so bekommt das Axiom der Gleichheit den Sinn und die Funktion einer *Kampfparität*[226].

Unabhängig von seiner funktionsbedingten Erscheinungsform — Kollektivvertrag oder Arbeitskampf — haftet diesem Axiom ein *generalklauselartiger* Charakter an[227]; es ist demzufolge *auslegungs- und konkretisierungsbedürftig*. Angesichts des gespannten und komplexen Charakters der zu seiner Konkretisierung zu verwendenden Wertungsaspekte ist ihm eine *Leerformelhaftigkeit* beizumessen[228]. Dies bedeu-

221 Vgl. dazu statt aller *Richardi* (I), 433.

222 *Wiedemann* (II), 457; *Stahlhacke* (I), 296; *Nikisch* (IV), 39; *Hueck - Nipperdey* (III), 464. *Neumann-Duesberg* (I), 400; *Richardi* (I), 433.

223 Über die möglichen Grundlagen für diesen Grundsatz in der Erscheinungsform der Kampfparität siehe vor allem *Rüthers*, JurA 1970, 92 ff.

224 *Steindorf*, RdA 1965, 255; *Kunze*, AuR 1965, 174 f.; so bereits *Bötticher*, Waffengleichheit und Gleichbehandlung der Arbeitnehmer im kollektiven Arbeitsrecht, 1956, 6.

225 *Bartholomeyczik*, AcP 166, 65 f.; *Rüthers* (IX), 103 f.

226 *Steindorf*, 255.

227 Dazu vgl. vor allem *Rüthers* (IX), 86 f.

228 Dies erkennt zutreffend *Rüthers* (V), 969; *ders.* (IX), 87; vgl. dazu auch *Söllner*, DB 1969, 839, der im Paritätsbegriff eine solche Abstraktionshöhe sieht, daß unmittelbar daraus abgeleitete konkrete Rechtsfolgen ohne eine andere sachbezogene Begründung als mehr oder weniger willkürlich erscheinen müssen.

tet, daß das Axiom der Gleichheit der sozialen Gegenspieler sich nahezu nach Belieben interpretieren und manipulieren läßt[229]. Diese Bedenken werden noch stärker, wenn man die Rechtswirklichkeit im Bereich der Tarifautonomie ins Auge faßt. Sie zeichnet sich immer noch durch die potentielle Gefahr einer auf die intellektuelle und wirtschaftliche Überlegenheit des Arbeitgebers zurückzuführende einseitige Gestaltung der Arbeitsbedingungen aus[230]. Allerdings haben die mit *Unabdingbarkeit* zugunsten des letzteren ausgestatteten Kollektivnormen zu einer *erheblichen Beschränkung* der Aktualisierung dieser Gefahr beigetragen. *Sie haben sie dennoch nicht aus der Welt geschafft*[231]. Erweist sich das Axiom der Gleichheit der sozialen Gegenspieler in der Rechtswirklichkeit des „Arbeitsmarktes“ als *unvollendet,* dann ist nicht einzusehen, weshalb das Vertrauensprinzip Arbeitgeber und Arbeitnehmer im gleichen Umfang schützen sollte. Überdies setzt eine gleiche Behandlung von Arbeitgeber und Arbeitnehmer eine *ähnliche Wissens- und Beherrschungsmacht* bei ihrem Vertrauen auf den Fortbestand eines Verbandstarifvertrages gegenüber ihren Repräsentationskollektiven voraus[232]. *Eine solche Positionsidentität besteht jedoch nicht.* Ihrer Annahme steht die unterschiedliche Strukturierung der Beziehungen des Arbeitgebers und des Arbeitnehmers zu ihren Repräsentationskollektiven entgegen. Dies geht auf die rechtliche und tatsächliche Machtdifferenzierung zwischen Arbeitnehmer und Arbeitgeber zurück. Die wachsende Rolle des Arbeitnehmerkollektivs als notwendiges Machtausgleichsinstrument bei der Gestaltung des Arbeitsverhältnisses liefert den Beweis dafür. Die Inkaufnahme seitens des Arbeitnehmers einer starken Angewiesenheit auf sein Kollektiv und der darin verborgenen Gefahren erscheint als *notwendiges Übel* vor dem *Dilemma:* Vormachtstellung des Arbeitgebers oder Machtposition der Gewerkschaft. Dieses Dilemma existiert für den Arbeitgeber nicht, denn er tritt in dem Arbeitsmarkt mächtig, selbständig und autark auf. Dem Zusammenschluß von Arbeitgeberverbänden kommt mehr eine *koordinierende Ordnungsfunktion* als eine Schutzfunktion zu, wie das bei den Gewerkschaften der Fall ist.

---

[229] Nicht ohne Recht bezeichnet *Rüthers* (IX), 87, diese weitgehende Unbestimmtheit als „interpretative Zauberformel, die Begründungen, und zwar solche für entgegengesetzte Ergebnisse, nach Bedarf liefert“.

[230] Über die Möglichkeit einer einseitigen Eigennützigkeit der Allgemeinen Arbeitsbedingungen durch das intellektuelle und wirtschaftliche Übergewicht des Arbeitgebers siehe *Säcker* (I), 66 ff.; *ders.* (III), 87 ff.

[231] Dies zeigt sich deutlich an den mobilitätsmindernden Prämiierungen, der Betriebszugehörigkeit und der Anwesenheit; vgl. dazu *Säcker* (I), 80, m. w. N.

[232] Über die Bedeutung der unterschiedlichen Wissens- und Beherrschungsmacht zwischen dem Vertrauenden und dem Vertrauensgewährer für die Störempfindlichkeit des Vertrauens siehe *v. Craushaar,* 16.

Eine *gleichgewichtige Wissens- und Beherrschungsmacht* zwischen Arbeitgeber und Arbeitnehmer bei ihrem Vertrauen auf den Fortbestand eines Verbandstarifvertrages gegenüber ihren Repräsentationskollektiven kann nach alldem nicht bestehen. Eine *differenzierte Anwendung des Vertrauensprinzips erweist sich daher als gerechtfertigt* und dient dem Grundgedanken des Kollektivarbeitsrechts, den Abbau der in der Rechtswirklichkeit des „Arbeitsmarktes" noch bestehenden Vormachtsstellung des Arbeitgebers und demzufolge eine gleichmächtige Gestaltung der Arbeitsordnung zu realisieren.

An dieser Stelle muß noch darauf aufmerksam gemacht werden, daß bei der Rückwirkung von Tarifverträgen allein die *Tarifgebundenheit*, nicht aber die Existenz des Arbeitsverhältnisses des betroffenen Arbeitnehmers im Zeitpunkt des Abschlusses der ändernden Regelung, erforderlich für ihre Zulässigkeit ist[233]. Bei der Betriebsvereinbarung kann freilich diese Problematik überhaupt nicht auftreten, *denn das Arbeitsverhältnis ist von der Betriebszugehörigkeit nicht zu trennen*[234].

Das *Fazit* der vorstehend unter I angestellten Überlegungen läßt sich folgendermaßen resümieren: Die Betriebspartner sind bei ihren kollektivnormativen Eingriffen in bereits entstandene, im Arbeitsverhältnis begründete Ansprüche, gleichviel, ob sie voll erfüllt sind oder nicht, sowohl ex nunc als auch ex tunc durch den Grundsatz des Vertrauensschutzes entscheidend beschränkt. Eine Betriebsvereinbarung, die unter Verletzung dieses fundamentalen Rechtsprinzips erworbene Individualpositionen des Arbeitnehmers herabsetzt oder sogar aufhebt, ist als unzulässig zu betrachten[235].

---

[233] Vgl. dazu statt aller *Säcker* (III), 332; a. A. *Dietz* (V), 25, und *Richardi* (I), 435 ff., die den Bestand des Arbeitsverhältnisses im Zeitpunkt des Tarifabschlusses für erforderlich halten.

[234] *Karakatsanis*, 57, 76 f.; *Hilger* (I), 188; *Dietz* (I), Anm. 42 zu § 52; *Richardi* (I), 437 f.; BAG AP Nr. 1 zu § 57 BetrVG; BAG AP Nr. 2 zu § 57 BetrVG; vgl. auch BAG AP Nr. 2 zu § 1 TVG Rückwirkung; a. A. *Neumann-Duesberg* (I), 402 f., der den Zeitpunkt des rückwirkenden Inkrafttretens der Betriebsvereinbarung für maßgeblich hält.

[235] Vgl. dazu auch *Richardi* (I), 437 ff. So im Ergebnis auch *Biedenkopf* (I), 243 f., der die Zulässigkeit einer solchen kollektivrechtlichen Regelung nur unter der Voraussetzung annimmt, daß sie der Neubestimmung des Anspruches diene, die Grundsätze der Rückwirkung nicht verletze und sachlich gerechtfertigt sei. Zu Recht lehnt er ab, jede kollektivrechtliche Beeinträchtigung von erworbenen Rechtspositionen des Arbeitnehmers pauschal als unzulässige Enteignung im Sinne des Art. 14 GG anzusehen (so aber *Söllner*, AuR 1966, 262; ders., Arbeitsrecht, 130; *Gamillscheg* (I), 79; ähnlich anscheinend *Säcker* (III), 366); eine generelle Berufung auf Art. 14 GG ließe die unaufhaltsame Wandlung der sozioökonomischen Prozesse außer acht und somit wurde die Aufgabe der Betriebspartner, eine sinnvolle und gerechte Ordnung des Arbeitsverhältnisses herbeizuführen, weitgehend blockiert; vgl. dazu BVerfGE 2/280 (399 ff.); BVerfGE 3/58 (153). Vom praktischen Ergebnis her uns nahe stehend auch *Hueck - Nipperdey* (III), 406 f.; (IV), 1264 f., wenn sie solche Eingriffe unter der Voraussetzung zulassen wollen, daß unabweichliche Forderungen des Gemeinwohles oder besonders dringende, ob-

II. Die Abänderbarkeit entstandener Ruhegeldansprüche durch Betriebsvereinbarung

1. Grundsätzliches

Bei der Frage nach der Regelbarkeit von bereits entstandenen Ruhegeldverhältnissen durch Betriebsvereinbarung muß grundsätzlich mit der herrschenden Meinung darauf abgestellt werden, daß die Betriebsvereinbarung nur *bestehende* Arbeitsverhältnisse erfassen kann[236]. Daraus folgt, daß die durch Betriebsvereinbarung begründeten Ansprüche aus *beendetem* Arbeitsverhältnis nicht mehr der Regelungsmacht der Betriebspartner unterliegen[237]. Dabei handelt es sich um eine Schranke der Betriebsmacht, die doppelter Natur ist: *Sachlich* und *persönlich.* Geht man davon aus, daß die Entstehung des Ruhestandsverhältnisses durch die Auflösung des Arbeitsverhältnisses stattfindet, so erkennt man die daraus resultierende Beschränkung der Betriebsmacht, die nur bestehende Arbeitsverhältnisse betrifft. Dies stellt die *sachliche* Seite dieser Begrenzung dar[238]. Der *persönliche* Geltungsbereich der Betriebsvereinbarung für die im Betriebe tätigen Arbeitnehmer im Sinne des § 5 BetrVG setzt weiterhin der Regelungsmacht der Betriebspartner eine Schranke persönlicher Prägung[239]. Ein *ausgeschiedener* Arbeitnehmer kann daher von Betriebsvereinbarungen nicht erfaßt werden; denn er steht außerhalb der Gestaltungsmacht der Betriebspartner[240].

Diese Begrenzung der betriebsverfassungsrechtlichen Regelungsmacht geht von dem Grundgedanken aus, daß die Ruheständler vor einer *Herabsetzung* oder *Aufhebung* betrieblicher Ruhegelder oder

jektive Interessen des Betriebes oder der Arbeitnehmer oder auch die anders nicht mögliche Beseitigung einer unklaren und verworrenen Rechtslage vorhanden sind. Diese Konstruktion ist jedoch wegen der verwirrenden Verquickung von verschiedenen Lösungsmodellen (Heranziehung des Günstigkeitsprinzips, Operieren mit dem Begriff „Individualbereich", Berufung auf Sachgesichtspunkte für die Zulassung erheblicher Ausnahmen) methodisch sowie rechtstheoretisch bedenklich; vgl. dazu auch *Richardi* (I), 441; auch oben S. 109 f.

[236] Vgl. dazu *Siebert* (III), 129 f.; *Stahlhacke,* RdA 1959, 270; *Karakatsanis,* 75 f.; *Nikisch* (II), 293; *Müller,* W., 193; *Richardi* (I), 439; *Hueck - Nipperdey* (III), 1258 ff.; *Fitting - Auffarth,* Anm. 26 zu § 77; *Säcker* (III), 341 f., 363. Vgl. dazu ferner BAG AP Nr. 1 zu § 57 BetrVG; BAG AP Nr. 2 zu § 57 BetrVG mit zust. Anm. von Siebert; BAG AP Nr. 46 zu § 242 BGB Ruhegehalt; BAG, 30. 1. 1970, AP Nr. 142 zu § 242 BGB Ruhegehalt; LAG Saarbrücken, NJW 1966, 2136.

[237] Vgl. dazu statt vieler *Karakatsanis,* 75 f.; *Neumann-Duesberg,* JZ 1960, 528; *Richardi* (I), 439; *Säcker* (III), 363.

[238] Ebenso *Karakatsanis,* 76; *Richardi* (I), 439.

[239] Dazu vgl. statt aller *Hueck - Nipperdey* (IV), 1259; *Fitting - Auffarth,* Anm. 26 zu § 77 BetrVG.

[240] *Müller,* W., 193; *Neumann-Duesberg* (IV), 528; *Säcker* (III), 363; *Hanau - Adomeit,* 102.

sonstiger Versorgungsansprüche (Witwengeld, Deputate usw.) zu schützen sind[241]. Daß die künftige Ruhegeldsberechtigung der Arbeitnehmer, ihre Anwartschaften, die Überleitung ihrer Arbeitsverhältnisse in spätere Pensionsverhältnisse durch eine *freiwillige* Betriebsvereinbarung (§ 88 BetrVG) zulässigerweise geregelt werden können, ist allgemein anerkannt[242]. Umstritten ist aber, ob den oben umrissenen Grenzen der Betriebsmacht eine *beschränkte Elastizität* dergestalt zuerkannt werden könnte, daß eine günstigere Ruhegelder oder sonstige Versorgungsansprüche bestimmende Betriebsvereinbarung sich auch auf die Ruheständler erstrecken könnte.

2. Die Auffassung des BAG und der herrschenden Lehre

Die überwiegende Ansicht[243] in Schrifttum und Rechtsprechung lehnt die oben angedeutete nachwirkende beschränkte Regelungsmacht der Betriebspartner ab. Diese Auffassung stützt sich auf den *Beschluß des großen Senats des BAG vom 16. 3. 1956*[244], der sich ausführlich und gründlich mit dem Problem der Abänderbarkeit einer Betriebsvereinbarung über Ruhegelder in Bezug auf Ruheständler befaßt hat, die während ihrer Geltung in den Ruhestand getreten sind und die Voraussetzungen für Ruhegeldgewährung erfüllt haben[245].

Besonders begrüßt wurde der *Schutzgedanke* zugunsten der Pensionäre, daß nämlich bereits entstandene Ruhegeldansprüche dem Zugriff der Betriebspartner entzogen und daher durch Betriebsvereinbarung nicht mehr zu beeinträchtigen sind[246]. Darüber besteht bis heute Einigkeit[247]. Ob indessen die *Begründung* des BAG rechtlich zwingend und die *Ausdehnung* des Ergebnisses auf eine Verbesserung der Ruhegelder

---

[241] So richtig *Säcker* (III), 363.

[242] BAG AP Nr. 1 zu § 57 BetrVG; *Straetmans*, AuR 1969, 269 ff.; *Hilger*, Das betriebliche Ruhegeld, 1959, 188; *Säcker* (III), 363; *Rüthers* (III), 145.

[243] So BAG AP Nr. 1 und 2 zu § 57 BetrVG 1952; BAG AP Nr. 4 und 142 zu § 242 BGB Ruhegehalt; *Karakatsanis*, 75 ff.; *Stahlhacke*, RdA 1959, 270; *Neumann-Duesberg* (II), 528; *Nikisch* (II), 293; *Hueck - Nipperdey* (IV), 1259 f.; *Richardi* (I), 439; *Hilger*, 186 ff.; *Fitting - Auffarth*, Anm. 26 zu § 77 BetrVG. A. A. *Straetmans*, 270 ff.; *Säcker*, Anm. zu AP Nr. 142 zu § 242 BGB = SAE 272 f.; *ders.* (III), 363 ff.; *Adomeit*, in: Hanau - Adomeit, 102; vgl. auch dazu BAG AP Nr. 1 zu § 242 BGB Ruhegehalt — Pensionskassen.

[244] AP Nr. 1 zu § 57 BetrVG 1952.

[245] Welch positives Echo dieser Beschluß in Wissenschaft und Rechtsprechung gefunden hat und wie stark er die entssprechende Problematik beeinflußt hat, zeigt sich dadurch, daß sowohl seine Begründung als auch seine Ergebnisse fast einmütig in die verschiedenen Lehrbücher oder Kommentare übernommen worden sind. Vgl. dazu *Hueck - Nipperdey* (IV), 1259 f., 1258 ff.; *Fitting - Auffarth*, Anm. 26 zu § 77 BetrVG.

[246] So zutreffend *Straetmans*, 271.

[247] Vgl. statt aller *Säcker* (III), 363 ff.

durch Betriebsvereinbarung als zu ziehender Schluß rechtspolitisch befriedigend sind, erscheint zweifelhaft.

Die Auffassung des BAG fußt auf dem Grundgedanken, daß zwischen der aktiven Belegschaft und den Ruheständlern *streng* zu unterscheiden sei[248]. Der Betriebsrat sei *nicht legitimiert,* die Interessen bereits ausgeschiedener Arbeitnehmer wahrzunehmen[249]. Denn er werde nur von den Mitgliedern der aktiven Belegschaft zur Vertretung ihrer Interessen gewählt, soweit sie Arbeitnehmer im Sinne des Betriebsverfassungsgesetzes seien[250]. Anders sei es mit den *Pensionären.* Diese gehörten nicht zu den Arbeitnehmern im Sinne des § 4 Abs. 1 BetrVG, hätten kein Wahlrecht zum Betriebsrat und seien auch nicht in der Lage, ein Ausschluß- oder Auflösungsverfahren nach § 23 BetrVG in die Wege zu leiten. Der Betriebsrat würde auch praktisch gar nicht in der Lage sein, die Interessen der Pensionäre geltend zu machen, weil es insoweit an dem erforderlichen *persönlichen Konnex* zwischen ihm und den Ruheständlern fehle, wie er im Verhältnis zur Aktivbelegschaft bestehe. Dieser Mangel an Kontakt und Einfluß zwischen den Mitgliedern des Betriebsrates und den Ruheständlern berge die Gefahr einer ungleichen Behandlung zu Lasten der Pensionäre in sich[251].

Weiterhin stützt das BAG seine Argumentation auf die These der *Verselbständigung* des entstandenen Ruhegeldanspruches gegenüber der ihn begründenden Betriebsvereinbarung und seiner daraus folgenden Unabänderbarkeit durch eine neue Betriebsvereinbarung[252]. Das BAG führt aus: Dieser bereits selbständige schuldrechtliche Anspruch bestehe nach seinem Sinn und Zweck schlechthin als Daueranspruch auch über die Geltungszeit der Betriebsvereinbarung hinaus und dauere regelmäßig bis zum Tode des Ruheständlers. Eine Änderung oder Aufhebung der Betriebsvereinbarung sei demzufolge ohne Einfluß. Eine rückwirkende Abänderung sei auch ausgeschlossen, denn der betroffene Arbeitnehmer gehöre nicht mehr zum Betrieb; es fehle also an der Voraussetzung einer zulässigen Rückwirkung[253]. Schließlich gelangt das BAG folgerichtig zur Feststellung, daß eine *begünstigende* Betriebsvereinbarung ebenfalls ohne Einfluß auf die Ruheständler bleibe.

---

[248] So auch *Hilger* (I), 188 f.; *Karakatsanis,* 76 f.; *Neumann-Duesberg* (II), 528; *Müller,* W., 193.

[249] Vgl. dazu die oben in Fußn. 13 erwähnten Autoren.

[250] BAG AP Nr. 1 zu § 57 BetrVG.

[251] BAG AP Nr. 1 zu § 57 BetrVG.

[252] Vgl. dazu auch *Stahlhacke* (I), 270.

[253] So auch *Karakatsanis,* 77; *Stahlhacke* (I), 270. A. A. aber *Neumann-Duesberg* (II), 527 f.

3. Bedenken und eigene Stellungnahme

Die gegen diese Begründung zu erhebenden Bedenken betreffen zunächst die vom BAG vorgenommene scharfe Unterscheidung zwischen Arbeits- und Ruhestandsverhältnis. Man darf nicht aus den Augen verlieren, daß die Versetzung des Arbeitnehmers in den Ruhestand die Rechtsbeziehungen der Arbeitsvertragsparteien nicht völlig aus der Welt schafft. Das Ruhestandsverhältnis darf nicht als bloße das aufgelöste „Arbeitsverhältnis" ersetzende Rechtsqualität betrachtet werden. Die dem Ruheständler obliegenden *Nebenpflichten*[254], Wettbewerbshandlungen zu unterlassen, keine Betriebsgeheimnisse zu verraten oder keine Kunden des früheren Arbeitgebers abzuwerben, implizieren bereits, daß das Ruhestandsverhältnis eine *beschränkte Nachwirkung* des früheren Arbeitsverhältnisses darstellt[255]. Den schlagkräftigsten Beweis dafür liefert jedoch m. E. der eigentliche *Regelungszweck* des Ruhestandsverhältnisses[256], d. h. *die Gewährung einer Ruhegeldzusage für die aus Altersgründen aus dem Betrieb ausgeschiedenen Arbeitnehmer als aufgespartes Arbeitsentgelt für voll erbrachte Arbeitsleistung*[257]. Die im Ruhestandsverhältnis zu erblickende Nachwirkung des Arbeitsverhältnisses sowie seine Rückwirkungsmöglichkeiten auf das letztere, die die Verletzung der eben erwähnten Nebenpflichten auszulösen vermag, weisen unmißverständlich auf einen, *wenn auch stark abgeschwächten*, Fortbestand der Beziehungen des Ruheständlers zum Betrieb hin, dem er langdauernd seine Arbeitskraft zur Verfügung gestellt hat[258]. Insoweit kann man nicht mit dem BAG von einem völli-

---

[254] Es handelt sich dabei um die sog. Treue- und Fürsorgepflichten; vgl. dazu statt vieler *Nikisch* (I), 446; *Hueck - Nipperdey* (II), 241 f.; *Meissinger*, AR-Blattei, Treuepflicht; über die rechtsdogmatische Fragwürdigkeit dieser Begriffe, über ihre restorative Ideologiefunktion sowie über die ihrer generalklauselartigen Funktion innewohnenden Mißbrauchsgefahren im Sinne einer weitgehenden Gebundenheit des Arbeitnehmers an den Arbeitgeber siehe *Mauridis*, RdA 1956, 447 f.; *Simitis* (I), 79 ff.; *Schwerdtner* (I), 88 ff.; *Wolf* (I), 28 ff.

[255] So zutreffend *Nikisch* (I), 586; vgl. dazu auch BAG, GRUR 1968, 390 f.

[356] Ähnlich *Säcker* (III), 365.

[257] Die Rechtsnatur des betrieblichen Ruhegelds ist umstritten. Für den hier vertretenen Entgeltscharakter hat sich schon RG 12. 10. 1912, RGZ 80, 208, ausgesprochen; vgl. dazu ferner *Opet*, AcP 136 (1932), 61 ff.; *Schwerdtner*, 145 ff.; *Monjau*, DB 1970, 1286 ff.; *Grunsky*, JuS 1970, 16 ff.; *Säcker* (III), 365, 413 f.; BAG AP Nr. 99 und 129 zu § 242 BGB Ruhegehalt. Die h. L. erblickt im Ruhegeld ausschließlich bzw. vornehmlich eine Fürsorgeleistung; vgl. dazu statt vieler *Nikisch* (I), 572; *Staudinger - Nipperdey - Neumann*, § 611, Anm. 209; *Wiedemann*, RdA 1969, 244; *Hueck - Nipperdey* (III), 432; *Söllner*, AcP 167 (1967), 132 ff.; BAG AP Nr. 81 zu § 242 BGB Ruhegehalt; für einen Mischcharakter des Ruhegeldanspruches hat BAG AP Nr. 8 zu § 242 BGB Ruhegehalt und BAG AP Nr. 1 zu § 29 KO ausgesprochen; vgl. dazu auch *Hilger* (I), 20 ff., 216 f.; *Richardi* (I), 444.

[258] Reziprozität zwischen Arbeitsverhältnis und Ruhestandsverhältnis scheint auch *Hilger* (I), 189, zu sehen. Es handelt sich dabei jedoch nicht, wie *Hilger* meint, um eine Erscheinung der weder rechtlich noch realfak-

gen „rechtlichen Ausscheiden des Ruhegeldempfängers aus dem Betriebe" sprechen. Dies ist weder rechtlich korrekt noch dient es wegen der damit ausgelösten Verwirrung dem wohlverstandenen Interesse des Ruheständlers. Außerdem spricht gegen die These des BAG die Tatsache, daß der Pensionär — nach feststehender Rechtsprechung[259] — bei einer *Notlage* des Betriebes *Herabminderungen* des Ruhegeldes hinnehmen muß. Denn wollte man das Ruhestandsverhältnis von dem Betrieb abschneiden, so wäre diese Beeinträchtigungsmöglichkeit, die das BAG richtig annimmt, nicht zu verstehen[260]. Außerdem würde die Ausschaltung des Betriebsrates aus der Mitwirkung bei der Regelung von Ruhestandsverhältnissen wegen fehlender Legitimationsbasis *keineswegs einer sinnvollen Gestaltung der Arbeits- und Wirtschaftsbedingungen entsprechen; denn in diesem Fall würde die Regelung dieses Bereiches der einseitigen Gestaltungsmacht des Arbeitgebers überlassen*[261]. Dieser Effekt, der im Gegensatz zum kollektiven Schutzgedanken steht, ist nicht durch einen vom BAG angenommenen Umschlag eines kollektivrechtlich begründeten Anspruchs in einen schuldrechtlichen rechtsdogmatisch zu rechtfertigen[262].

Nach diesen Gesichtspunkten erscheint die scharfe Trennung zwischen Betriebszugehörigkeit und Ruhestandsverhältnis, von der das BAG ausgeht, nicht zweckmäßig zu sein. Dies will auch der Beschluß im Grunde nicht leugnen; denn er hätte sonst die arbeitsgerichtliche Zuständigkeit bezweifeln müssen.

Darüber hinaus kommt wohl in Betracht, daß das BetrVG selbst nichts ausdrücklich darüber sagt, ob eine Betriebsvereinbarung sich auch auf Ruheständler erstrecken kann. Es dürfte allerdings außer Zweifel stehen, daß die Pensionäre nicht zu den Arbeitnehmern im Sinne des § 5 BetrVG gehören und daß sie nicht zum Betriebsrat wahlberechtigt sind. Das BAG gibt aber selbst zu, *daß Wahlrecht und Betriebszugehörigkeit sich nicht miteinander identifizieren lassen.* Daher könnte man sich wohl vorstellen, daß auch die Ruheständler in irgendeiner sozusagen *passiven* Weise der Betriebsverfassung unterliegen[263].

---

tisch existierenden Betriebsgemeinschaft. Damit ist nur der fortbestehende Zusammenhang mit dem Arbeitsverhältnis bezeichnet, dessen Nachwirkung das Ruhestandsverhältnis darstellt. Es soll also so der formalistische und gekünstelte Charakter der vorgenommenen Differenzierung gezeigt werden; vgl. dazu auch *Straetmans*, 272.

[259] BAG AP Nr. 2 zu § 242 BGB Ruhegehalt; ebenso BAG AP Nr. 3 zu § 242 BGB Ruhegehalt; AP Nr. 1 zu § 57 BetrVG.

[260] Diesen Widerspruch in der Argumentation des BAG erkennt und kritisiert auch *Straetmans*, 272.

[261] So zutreffend *Säcker*, SAE 1970, 272; *ders.* (III), 365.

[262] Ebenso *Straetmans*, 271.

[263] Stellt man darauf ab, daß, soweit der Arbeitgeber einseitig das Ruhestandsverhältnis gestalten kann, die Mitwirkung des Betriebsrates nicht nur

Überdies hindern uns allgemeine rechtsstaatliche Aspekte nicht daran, eine durch das Ruhestandsverhältnis sachlich gerechtfertigte und beschränkte *nachwirkende betriebsverfassungsrechtliche Rechtsetzungsbefugnis* anzuerkennen[264]. Die Annahme einer solchen nachwirkend erweiterten Regelungsmacht entspricht durchaus der durch den Ruhegeldanspruch und den Fortbestand der — aus dem früheren Arbeitsvertrag — resultierenden — *Nebenpflichten* manifestierten *Nachwirkung des Arbeitsverhältnisses.* Abgesehen von der Unklarheit, die das Schweigen des Gesetzes hervorbringt, was auf die Nicht-Mitberücksichtigung der durch das Ruhestandsverhältnis ausgelösten Problematik zurückgeht[265], erweist sich die Heranziehung des Vertretungsgedankens als nicht genügend und nicht geeignet, die Pensionäre aus dem Zuständigkeitsbereich des Betriebsrates auszuschließen. Dies läßt sich um so weniger rechtfertigen, als für die Gewährung von Ruhegeld häufig in einem Betriebe besondere Versorgungseinrichtungen existieren. Es handelt sich dabei um *Sozialeinrichtungen,* die nach §§ 87 Abs. 8 und 88 Abs. 2 der Mitbestimmung durch den Betriebsrat unterliegen. Daran zeigt sich deutlich die Unzulänglichkeit der Argumentation des BAG.

Allerdings ist nicht zu verkennen, daß der den Beschluß des BAG tragende Gedanke im Schutz der Ruheständler vor Eingriffen der Kollektivmacht zu finden ist. Dieses berechtigte Anliegen läßt sich aber in der Wirklichkeit nicht konsequent verfolgen. Das läßt sich an einer späteren Entscheidung des BAG erkennen[266], nach der eine Kürzung der Ruhegeldsätze durch Betriebsvereinbarung selbst den *unmittelbar vor dem Eintritt in den Ruhestand* befindlichen Arbeitnehmer nicht mehr erfaßt. Trotz seiner Betriebszugehörigkeit ist also der Arbeitnehmer vor einer Verschlechterung seiner Ruhegelder geschützt. Zwar zielt die Entscheidung des BAG aus Billigkeitsgründen auf eine Gleichstellung zwischen Pensionären und unmittelbar vor der Pensionierung stehenden Arbeitnehmer ab. Zwischen der Zielsetzung und den erreichten Ergebnissen besteht aber eine *Diskrepanz.* Dies zeigt sich im Falle einer die Ruhegelder *erhöhenden* Betriebsvereinbarung. Der unmittelbar vor der Pensionierung Stehende wird dadurch wegen seiner weiter bestehenden Betriebszugehörigkeit begünstigt, während

---

auf keine sachlichen Bedenken stößt, sondern auch eine höhere Richtigkeitsgewähr verbürgt, dann steht der Annahme einer solchen quasi passiven Vertretungsmacht des Betriebsrates nichts im Wege. Wollte man dagegen die Mitwirkung des Betriebsrates bei der Ruhegeldsgestaltung ablehnen, so wäre dies nicht „als Kennzeichen einer geglückten richterlichen Rechtsfortbildung" zu betrachten; so richtig *Säcker* (III), 365; vgl. auch die in diesem Zusammenhang geäußerten Bedenken *Hilgers* (I), 189, Fußn. 4.

[264] Ebenso auch *Straetmans,* 271; *Säcker* (III), 365.

[265] So zutreffend *Säcker* (VIII), 272.

[266] BAG AP Nr. 87 zu § 242 BGB Ruhegehalt = AuR 1962, 378.

der Ruheständler davon ausgeschlossen bleibt, *d. h. im Verhältnis zum anderen benachteiligt wird.* Hier liegt offenkundig *eine Verletzung des Grundsatzes der Gleichbehandlung* vor, denn zwei ähnliche Sach- und Interessenlagen genießen ohne Grund und ohne entsprechende normative Wertungsbasis eine diametral unterschiedliche rechtliche Behandlung[267]. Dieses der Zielvorstellung des BAG widersprechende Ergebnis weist auf die Angreifbarkeit seines Lösungsmodells hin. Man muß hier auf die *Sondersituation,* die bei einer Betriebsvereinbarung über Ruhegelder vorliegt, abstellen[268]. Diese Betriebsvereinbarungen wirken sich *funktionsgemäß* erst zum Zeitpunkt der Beendigung des Arbeitsverhältnisses und der entsprechenden Entstehung des Ruhestandsverhältnisses aus. Diese Funktionsgebundenheit solcher Betriebsvereinbarungen ist Ausdruck der Kontinuität der Rechtsbeziehungen des Arbeitnehmers, mit der er sein Schicksal verbunden hat. Es ist nicht einzusehen, warum ein *einheitliches Gebilde,* das das Arbeits- und das Ruhestandsverhältnis zusammenfaßt, zerrissen werden soll und Gegensätze zwischen den gleich schutzbedürftigen Arbeitnehmern und Pensionären geschaffen werden müssen. Im Gegenteil, die *sinnvolle Ordnung* der Arbeitsbedingungen sowie die *Schutzbedürftigkeit* des Ruheständlers, der sonst praktisch der Vormachtstellung des Arbeitgebers ausgeliefert wäre, erfordern eine einheitliche Regelung der Ruhegelder für alle Berechtigten[269].

Aus dem oben Angeführten ergibt sich, daß die *persönliche* Schranke der Regelungsmacht der Betriebspartner im Hinblick auf den Schutz der bereits entstandenen Versorgungsansprüche überflüssig ist. *Diese Ansprüche sind schon im Rahmen des Vertrauensschutzes völlig abgeschirmt.* Denn eine so *gesteigerte Intensität* und *Störempfindlichkeit des Vertrauens,* die durch den hohen Grad der Angewiesenheit und Verlaßfestigkeit des Ruheständlers auf Schutz und Zukunftssicherung charakterisiert wird, läßt sich an kaum einem anderen Schuldverhältnis bemerken[270]. Daß das Ruhegeld nicht eine Fürsorgeleistung des Arbeitgebers darstellt[271], sondern als „Teil der vom Arbeitgeber kraft

---

[267] Ebenso auch *Straetmans,* 271.

[268] So richtig *Säcker* (VIII), 272; *ders.* (III), 364 f.

[269] Ebenso *Straetmans,* 271 f.; *Säcker* (VIII), 272; so auch im Ergebnis *Adomeit,* in: Hanau - Adomeit, 102.

[270] Das BAG, DB 1970, 543 ff., bemerkt zutreffend anläßlich der von ihm postulierten Billigkeitskontrolle bei Ruhegeldregelungen: „Eine derartige Billigkeitskontrolle ist bei Ruhegeldregelung deshalb besonders geboten, *weil sie die Zukunft der Arbeitnehmer sichern, und weil es* — viel mehr als bei reinen Austauschgeschäften des täglichen Lebens — *mit der sozialen Gerechtigkeit nicht zu vereinbaren ist, daß der Arbeitnehmer auf die Beständigkeit seiner Alterssicherung vertraut und nachher, namentlich im vorgerückten Alter, eine nicht mehr wiedergutzumachende Enttäuschung erlebt.*" (Hervorhebungen des Autors.)

[271] Vgl. dazu oben S. 119.

des Arbeitsvertrages geschuldeten Leistung"[272] zu betrachten ist, bestätigt, wie berechtigt und schutzwürdig das Vertrauen des Ruheständlers auf die Gewährleistung und den Fortbestand der bereits erdienten Versorgungsansprüche ist[273].

Was nun die Möglichkeit rückwirkender Gestaltung der bereits erworbenen Ruhegelder anbelangt, muß man dem BAG von seinem Standpunkt aus Konsequenz zuerkennen. Sowohl seine Motivation, die bereits entstandenen Rechtspositionen der Ruheständler vor etwaigen Eingriffen der Betriebspartner zu schützen als auch seine Übereinstimmung mit der herrschenden Lehre hinsichtlich der Rückwirkung einer Betriebsvereinbarung[274] führen folgerichtig zur Ablehnung einer durch Inkrafttreten einer rückwirkenden Betriebsvereinbarung erfolgenden Regelung von Ruhestandsverhältnissen. Denn dabei fehlt es an der Voraussetzung einer zulässigen Rückwirkung, nämlich an der Betriebszugehörigkeit beim Abschluß der Betriebsvereinbarung[275].

Dieser Lösung kann gleichwohl aufgrund der Annahme einer betriebsverfassungsrechtlichen Gestaltungsmöglichkeit von Ruhestandsverhältnissen zugunsten der Pensionäre nicht beigepflichtet werden. Es ist nicht einzusehen, warum im Rahmen einer nachwirkenden Regelungsmacht der Betriebspartner gegenüber den Ruheständlern aus rein formalrechtlichen Gründen *eine dadurch zu erzielende Begünstigung der Pensionäre* zu verneinen sein soll[276]. Im übrigen stehen der hier vertretenen Ansicht keine prinzipiellen Bedenken im Wege[277]. Im Gegenteil, sie gewährleistet eine *einheitliche* Betrachtungsweise des hier gestellten Problems zu Gunsten des auf die Versorgungsansprüche existentiell angewiesenen und besonders schutzbedürftigen Ruheständlers. Daß durch die Zuerkennung einer retroaktiven Einwirkung den Betriebspartnern keine Gefahr für eine Umgehung der oben aufgezeigten Grenzen der Kollektivmacht droht, liegt auf der Hand. *Mit Hilfe des Grundsatzes des Vertrauensschutzes kann der Rechtsanwender ver-*

---

272 So richtig *Grunski*, 20.

273 Mit dem Grundsatz des Vertrauensschutzes operieren für die Entziehung der Ruhegeldansprüche vor dem Zugriff der Betriebspartner ähnlich wie hier *Hilger* (I), 195 f.; *Richardi* (I), 438 ff. *Säcker* (III), 366, stützt die Unantastbarkeit des entstandenen Ruhegeldanspruches auf die Eigentumsgarantie des Art. 14 GG; vgl. dazu auch *Biedenkopf* (I), 237; *Gamillscheg* (I), 79; abgesehen von den verschiedenen Begründungsmodellen steht eines dabei fest: daß der entstandene Ruhegeldanspruch nicht mehr durch Betriebsvereinbarung zum Nachteil des Betroffenen geändert werden darf.

274 Dazu vgl. statt vieler *Dietz* (V), 24 f.; *Karakatsanis*, 76 f.; *Hilger* (I), 188 f.; *Richardi* (I), 437 f.

275 BAG AP Nr. 1 und 2 zu § 57 BetrVG; AP Nr. 2 zu § 1 TVG Rückwirkung.

276 Ebenso im Ergebnis auch *Neumann-Duesberg* (IV), 528; *ders.* (I), 402 f.

277 So richtig *Säcker* (VIII), 273.

hindern, daß dem Ruheständler eine bereits begründete Rechtsposition wieder entrückt wird.

III. Das Problem des Abtretungsverbotes von Lohnansprüchen durch Betriebsvereinbarung

Mit den oben unter I. und II. behandelten Problemen hängt auch die Frage zusammen, ob der Ausschluß der Abtretbarkeit des Lohnanspruches[278] zu den zulässigen Normen über den Inhalt des Arbeitsverhältnisses gehört oder nicht. Anders als bei einer Verschlechterung von entstandenen Forderungen, wo es sich vornehmlich um das Postulat der *Unverbrüchlichkeit* einer kollektiv-normativen Ordnung handelt, scheint die anstehende Frage *mehr die Entscheidungs- und Verfügungsfreiheit* des Arbeitnehmers zu tangieren, indem der von einem Abtretungsverbot belastete Anspruch — trotz seiner Unberührtheit als Recht — eine *spürbare Beeinträchtigung* aufweist[279]. Die große praktische Bedeutung dieser Frage sowie ihre besondere rechtliche Relevanz haben seit jeher der Literatur und der Rechtsprechung Anlaß gegeben, sich mit ihr eingehend zu beschäftigen[280]. Während die überwiegende und herrschende Meinung in Literatur und Rechtsprechung die Vereinbarung der Unabtretbarkeit von Lohnansprüchen durch Betriebsvereinbarung für zulässig hält[281], sind auch zahlreiche Stimmen laut geworden, die solche Betriebsvereinbarungen als unzulässigen Eingriff in die Individualsphäre des Arbeitnehmers bzw. als unzulässige Überschreitung der betriebsverfassungsrechtlichen Delegation betrachten[282].

[278] Aus dem im Bereich der Privatautonomie geltenden Grundsatz der Vertragsfreiheit folgt ohne weiteres die Möglichkeit der Unabtretbarkeit eines Anspruches auf einzelvertraglicher Basis (vgl. §§ 399 und 1274 II BGB). Dabei handelt es sich, wie der BGH ausführt (Beschl. v. 13. 1. 1956, Bd. 19, 359) nicht um eine echte Ausnahme von der Regel des § 137 BGB; denn die Befugnis des Rechtsinhabers werde hier nicht betroffen, sondern der Inhalt des Rechts selbst erfahre eine einschränkende Bestimmung.

[279] Denn die Eigenschaft eines Anspruches, ungebunden zu sein, bildet in der Regel eine bedeutende Komponente eines Rechts; so richtig *Coing,* in: Staudinger, BGB, Allg. Teil, Anm. 3 zu § 137.

[280] Vgl. dazu vornehmlich *Herschel* (I), 45 ff.; *Siebert* (III), 140 ff.; *Schmidt* (I), 70 ff.; *Karakatsanis,* 87 ff.; *Hueck - Nipperdey* (III), 409 f.; *Biedenkopf* (I), 252 ff.; *Richardi* (I), 321 f.; *Diekhoff,* AuR 1958, 304 f.; *Schneider,* H., Anmerkung zu BAG, Urt. v. 20. 12. 1957, AuR 1958, 314 ff.; *Stahlhacke* (I), 266; *Canaris,* AuR 1966, 133; *Müller,* W., 175 ff.; *Säcker* (III), 433; *Quasten,* 54 ff., vgl. ferner LAG Düsseldorf, DB 1954, 499; LAG Hannover, DB 1956, 551; BAG AP Nr. 1 zu § 399 BGB; BAG AP Nr. 4 zu § 399 BGB; BAG AP Nr. 8 zu § 399 BGB; LAG Baden-Württ., Kom. Mannheim, DB 1967, 1094 f.

[281] Dazu statt aller *Säcker* (III), 433, Fußn. 47 mit weiteren Literaturnachweisen.

[282] So vor allem *Diekhoff* (I), 304 f.; *Karakatsanis,* 87 ff.; *Siebert* (III), 140 ff.; *Canaris,* 133.

1. Die entgegengesetzten Ansichten Herschels und Sieberts

a) Schon *Herschel*[283] hat sich im Jahre 1932 mit dem Problem der Unabtretbarkeit von Lohnansprüchen durch kollektivrechtliche Normierung eingehend beschäftigt. Er stellt darauf ab, daß der kollektivrechtliche Ausschluß der Abtretbarkeit von Lohnansprüchen unmittelbar *den Inhalt des Arbeitsverhältnisses* betreffe. Dadurch werde der Inhalt des Lohnanspruches von *vornherein* beeinflußt[284]. Eine solche Regelung greife nicht in die *Verfügungsmacht* des Arbeitnehmers ein. Denn durch die kollektivrechtlich vereinbarte Unabtretbarkeit gelange der Anspruch von vornherein mit der *inhaltlichen Modifikation* zur Entstehung, daß ihm die Befugnis des Gläubigers zur Abtretung schon im Ansatz fehle, d. h. „jene Befugnis, die normalerweise in der Lohnforderung mit enthalten ist, soweit der Lohn der Pfändung nicht unterliegt“[285] (§ 400 BGB). Dies bedeute, daß die Unabtretbarkeit eine dem Anspruch selbst *ursprünglich innewohnende* Qualität sei[286]. Die rechtsgeschäftliche Ausgestaltung eines Lohnanspruches als eines unabtretbaren Rechts stelle also keine Einwirkung auf einen wohlerworbenen, aus dem Dauerschuldverhältnis der Parteien herausgetretenen und bereits in die Individualsphäre des Arbeitnehmers übergegangenen Einzelanspruch dar. Es handele sich dabei *um eine reine Inhaltsbestimmung des Arbeitsverhältnisses*[287].

b) Die Zulässigkeit einer solchen Regelung wurde besonders von *Siebert*[288] abgelehnt. *Siebert* befaßt sich damit im Rahmen seiner Theorie über die Existenz eines *a priori vorgegebenen Individualbereiches* des Arbeitnehmers, der dem Zugriff der Kollektivmacht entzogen sei. Die Abtretbarkeit von Lohnansprüchen erkannte *Siebert* als ein *ursprüngliches Individualrecht* an, das durch kollektivrechtliche Regelungen nicht beeinträchtigt werden dürfe[289]. Zwar enthalte § 4 Abs. 4 TVG lohnsichernde Normen, die bereits in die freie Verfügung der Arbeitnehmer über ihre Lohnansprüche eingriffen. Man könne aber aus dieser staatlichen Beschränkung der Verfügungsfreiheit der Arbeitnehmer nicht entnehmen, daß die kollektivrechtlichen Gestaltungsmittel über eine gleiche Befugnis zum Eingriff verfügen[290]. *Siebert* führt weiter aus: Freilich diene das Abtretungsverbot nicht zuletzt auch dem *Schutz des einzelnen Arbeitnehmers* davor, daß er in unübersehbare Zah-

---

[283] *Herschel* (I), 45 ff.
[284] *Herschel* (I), 46; *ders.* (III), 713.
[285] *Herschel* (III), 713.
[286] *Herschel* (III), 713.
[287] *Herschel* (III), 713.
[288] *Siebert* (III), 140 ff.; *ders.* (VII), 243.
[289] *Siebert* (III), 140 ff.; *ders.* (VII), 243.
[290] *Siebert* (III), 141.

lungspflichten gerate und seine Existenzsicherheit gefährde[291]. Soweit ein solcher Schutz notwendig erscheine, sei es aber Aufgabe des Gesetzgebers, durch Änderung des Abzahlungsgesetzes oder ähnliche Maßnahmen für einen ausreichenden Schutz des Arbeitnehmers zu sorgen. Den Tarifvertragsparteien und dem Betriebsrat obliege es nicht, den einzelnen Arbeitnehmer in einer Sphäre, die außerhalb des eigentlichen Arbeitsverhältnisses liegt, zu bevormunden[292]. Nach *Siebert* liegt danach ein unzulässiger Eingriff in die Individualsphäre des Arbeitnehmers vor, weil eine kollektivrechtliche Unabtretbarkeit des Lohnanspruches nur in einem *sehr losen Zusammenhang* zum Arbeitsprozeß stehe und viel stärker das Verhältnis des Arbeitnehmers zu seinen sonstigen, außerhalb stehenden Gläubigern betreffen würde[293]. Der These *Herschels*[294], der betreffende Anspruch entstehe von Anfang an gemäß § 399 BGB als unabtretbar und daher liege kein unzulässiger Eingriff in ein Individualrecht vor, hält *Siebert* entgegen, daß es im praktischen Ergebnis auf das gleiche hinauslaufe, ob die *Verfügungsmacht* des Arbeitnehmers erst nachträglich beschränkt werde oder von vornherein nicht in vollem Umfang zur Entstehung gelange. Das maßgebende Kriterium erblickt *Siebert* darin, ob die im *Endeffekt* fehlende Verfügungsfreiheit eine Beeinträchtigung der Privatsphäre darstelle oder nicht[295].

2. Die Stellungnahme des Bundesarbeitsgerichts

Eine besondere Nuance brachte die grundlegende *Entscheidung des BAG vom 20. 12. 1957*[296], in der sich das Gericht nach ausführlicher Auseinandersetzung für die Zulässigkeit eines Abtretungsverbotes durch Betriebsvereinbarung ausgesprochen hat.

Das BAG geht zunächst von der Grundthese aus, *daß nicht alles, was möglicher Inhalt eines Einzelarbeitsvertrages sein könne, auch durch Kollektivvereinbarung zu regeln sei.* Daher seien die Inhaltsnormen einer Kollektivvereinbarung immer auf die Regelung der unmittelbaren Lohn- und Arbeitsbedingungen auszurichten. *Gesetzliche Delegation, Rechts- und Sozialstaatlichkeit* und *individuelle Entfaltungsfreiheit* stellten die nicht zu überschreitenden *Grenzen* der kollektivrechtlichen Gestaltungsmacht dar[297]. Obwohl das BAG die Theorie

---

[291] Diesen Gedanken hat das LAG Düsseldorf, DB 1954, 499, aufgegriffen und für die Begründung der Zulässigkeit von kollektivrechtlichen Lohnabtretungsverboten verwendet.

[292] *Siebert* (III), 141.

[293] *Siebert* (III), 142.

[294] Dazu vgl. oben S. 125.

[295] *Siebert* (III), 141 f.; *ders.* (VII), 243.

[296] AP Nr. 1 zu § 399 BGB.

[297] AP Nr. 1 zu § 399 BGB.

Sieberts über die ursprünglichen und die gewordenen Individualrechte im Grunde annimmt, verlangt es eine *sorgfältige Abwägung des konkreten Falles* insbesondere wegen des positivrechtlich verankerten Vorranges des Kollektivrechts. Durch die Vereinbarung der Unabtretbarkeit des Lohnanspruches werde nach der Ansicht des BAG, das der These *Herschels* beipflichtet, von *vornherein* der Inhalt des Anspruches unmittelbar beeinflußt, was einen Einfluß in bereits wohlerworbenes Recht des Arbeitnehmers darstelle. Es gibt weiter in Anlehnung an *Siebert* zu, daß dieser zutreffende dogmatische Aspekt nicht ausreiche, die Zulässigkeit solcher Regelung zu rechtfertigen. Aus diesem Grunde verlangt das BAG eine *substantielle Begründung* und hebt die Aspekte des *Arbeitnehmersschutzes* sowie der *Entlastung des Lohnbüros* des Arbeitgebers hervor[298].

Von der Betrachtung des § 399 BGB — der den Gläubiger zur Vereinbarung einer Unabtretbarkeit des Anspruches mit dem Schuldner legitimiert — als *Ausnahme* von der auf dem individualistischen Grundprinzip basierenden Unausschließbarkeit der Verfügungsbefugnis des einzelnen über ein veräußerliches Recht durch Rechtsgeschäft ausgehend (§ 137 BGB)[299], fragt sich weiterhin das BAG, inwieweit dieser individualrechtliche Verzicht über den Kopf des dazu Berechtigten (Gläubigers) hinweg kollektivrechtlich mit gleicher Wirkung geregelt werden könne. Es kommt zur Feststellung, *daß einzig und allein die substantielle Rechtfertigung aus der Natur der Sache unter Berücksichtigung der arbeitsrechtlichen Gesamtzusammenhänge* die maßgebenden Kriterien für die Zulässigkeit eines kollektivrechtlichen Abtretungsverbotes bildeten[300].

Kraft dieser Position und im Hinblick auf die *der Ordnung des Betriebes* dienende Aufgabe der Betriebsvereinbarung[301] gelangt das BAG zur Bejahung der Zulässigkeit von kollektivrechtlichen Abtretungsverboten. Die auf den oben dargestellten Grundsätzen beruhende Auffassung des BAG läßt sich so skizzieren: Sinn und Zweck des Arbeitsverhältnisses rechtfertigten die durch Betriebsvereinbarung geregelte Unabtretbarkeit. Ziele daher die Betriebsvereinbarung auf die volle Auszahlung des Arbeitslohnes, so entspreche dies der *allgemeinen Zweckbestimmung* des Lohnes[302]. Außerdem stehe diese kollektivrechtliche Maßnahme mit der *sozialpolitischen* Linie der gesetzlichen Lohn-

---

[298] AP Nr. 1 zu § 399 BGB; vgl. auch LAG Baden-Württ., KG Mannheim, DB 1967, 1094.

[299] Über den Charakter des § 399 BGB als echte bzw. nicht echte Ausnahme vom § 137 BGB vgl. den oben S. 124, Fußn. 278 zitierten Beschluß des BGH.

[300] BAG AP Nr. 1 zu § 399 BGB.

[301] Vgl. dazu auch BAG AP Nr. 4 zu § 399 BGB.

[302] Vgl. dazu *Herschel*, DB 1956, 714.

sicherungsmaßnahmen in Einklang. Denn, ähnlich wie bei §§ 44 Abs. 4 TVG und 400 BGB dient das in der Betriebsvereinbarung enthaltene Abtretungsverbot *dem Schutze des Arbeitnehmers vor sich selbst* und demzufolge der Sicherung seines Lohnes. Daher finde es aus Sinn und Zweck des Arbeitsverhältnisses seine Rechtfertigung[303].

Das BAG ergänzt seine These indem es darauf hinweist, daß die Unabtretbarkeit der *Ordnung des Betriebes* zu dienen vermöge[304]. Abgesehen von der das *Lohnbüro* entlastenden Funktion solcher Maßnahmen, trage die Unabtretbarkeit dazu bei, die durch weitgehende Abtretungen erfolgende Entleerung des Lohnes und die dadurch ausgelöste Abnahme der Arbeitsfreudigkeit zu beseitigen. Denn, führt das BAG weiter aus, die starke *Verschuldung* und die dadurch verursachte *seelische Bedrückung* führe vielfach zu Arbeitsunfällen, durch die dann andere Arbeitskameraden und der Arbeitgeber gefährdet würden. Aus diesem Grunde liege es nahe, die Unabtretbarkeit als das Belegschaftsinteresse schützende Maßnahme anzusehen und daher zuzulassen[305].

Ferner weist das BAG auf die dadurch zu erzielende Beseitigung der Unsicherheit hin, die im Rahmen der Verwertung künftiger Lohnansprüche als Kreditunterlage durch weitgehende Abtretungen und Pfändungen ausgelöst werde. Dies stelle aber eine Wahrnehmung des *wohlverstandenen* arbeitnehmerischen Interesses dar[306].

3. Auseinandersetzung mit den geschilderten Meinungen Herschels und Sieberts

a) Die Grundthese *Herschels,* die kollektivrechtlich vereinbarte Unabtretbarkeit stelle eine dem Anspruch selbst ursprünglich immanente Qualität dar, ist allein noch nicht in der Lage, eine befriedigende Antwort auf die Frage der Zulässigkeit einer kollektivrechtlich festgelegten Nichtabtretbarkeit von Lohnansprüchen zu geben[307]. Zwar läßt sich durch den von *Herschel* betonten Aspekt die Frage nach dem Charakter solcher Vereinbarungen als *Inhaltsbestimmungen* des Arbeitsverhältnisses beantworten. Diese Feststellung reicht jedoch nicht aus, unserem Problem gerecht zu werden[308]. Das *Entscheidende* ist dabei nicht, ob eine solche Regelung den Inhalt des Arbeitsverhältnisses betrifft oder nicht, sondern, *ob diese Gestaltung überhaupt zulässig ist oder über die Grenzen der Regelungsbefugnisse der Kollektivmacht hinausgeht*[309].

---

[303] BAG AP Nr. 1 zu § 399 BGB.

[304] Ähnlich BAG AP Nr. 4 zu § 399 BGB.

[305] BAG AP Nr. 1 zu § 399 BGB; BAG AP Nr. 4 zu § 399 BGB.

[306] BAG AP Nr. 1 zu § 399 BGB.

[307] Dies hat zu Recht das BAG AP Nr. 1 zu § 399 BGB anerkannt.

[308] Ebenso BAG AP Nr. 1 zu § 399 BGB.

[309] So im Ergebnis auch *Siebert* (III), 141 f.

Der Zusammenhang des zu regelnden Tatbestandes mit dem Arbeitsverhältnis bedeutet nicht die Zulässigkeit der betreffenden Regelung. Für die Unzulänglichkeit des Maßstabes von *Herschel* spricht noch, daß die im Rahmen des Schuldrechts geltende Zulässigkeit des Abtretbarkeitsausschlusses *nichts* über die Reichweite der betriebsverfassungsrechtlichen Befugnis besagt[310]. Die weitgehende Bestimmung des Inhalts der Arbeitsverhältnisse durch kollektive Regelungen und die kollektivrechtliche Gestaltung des betrieblichen Geschehens als *Strukturmerkmale* des modernen Arbeitsrechts können sich nur im Rahmen einer umfassenden gesetzlichen Delegation funktionsgerecht entfalten[311]. Dieser *Gesellschaftsbezogenheit* des Individuums entspricht auf der anderen Seite das Erfordernis, dem gerade in der modernen Industrie- und Massengesellschaft eine besondere Bedeutung zukommt, dem einzelnen soviel individuelle Freiheitsrechte zuzubilligen, daß er sich menschenwürdig entfalten und damit selbst verwirklichen kann[312]. Es erscheint daher durchaus legitim, das vorliegende Problem *vor allem* unter dem Aspekt der *Schutzbedürftigkeit* des Arbeitnehmers in der Wahrnehmung seiner Interessen und Ausübung seiner Rechte zu betrachten. Es muß daher eine *Interessen- und Güterabwägung* vorgenommen werden, damit festgestellt werden kann, ob das *Individual-* oder das *Zollektivinteresse* im Falle des Konfliktes den Vorrang haben soll[313]. Aus diesen Gründen muß *die Hauptthese des BAG*[314], das hier zu behandelnde Problem der kollektivrechtlichen Unabtretbarkeit von Lohnansprüchen könne nur im Rahmen der arbeitsrechtlichen Gesamtzusammenhänge gelöst werden, als *Ausgangspunkt* dieser Untersuchung angesehen werden.

b) Die obigen Einwendungen gegen die Ansicht *Herschels* weisen schon darauf hin, daß *Siebert*[315] nicht ohne Grund die Begründung *Herschels* als unzulänglich und nicht geeignet für eine befriedigende Beantwortung dieser Frage angesehen hat. Auch die Theorie *Sieberts* vermag — vornehmlich aus methodologischen und dogmatischen sowie aus sachbezogenen Gründen — der Vielfältigkeit des Problems nicht gerecht zu werden[316, 317]. Mit Recht hat daher *Herschel* den von *Siebert*

---

310 Nicht ohne Berechtigung begnügt sich also das BAG (AP Nr. 1 zu § 399 BGB) mit solch einer formalen rechtsdogmatischen Begründung nicht.

311 So zutreffend auch *Stahlhacke* (I), 267.

312 Mit Recht weist daher *Rüthers* (VI), 40, auf die Notwendigkeit und Aktualität der Erinnerung an die historische Rolle und die Schutzfunktion des Arbeitsrechts hin.

313 Wie *Rüthers* (S. 35) zutreffend betont, könne die Einengung der Vertragsfreiheit der Arbeitnehmer dann zulässig sein, wenn die Zweckbestimmung der kollektivrechtlichen Regelung mehr ins Gewicht falle als das Interesse des einzelnen Arbeitnehmers.

314 BAG AP Nr. 1 zu § 399 BGB.

315 *Siebert* (III), 141 f.

im Falle der kollektivrechtlichen Unabtretbarkeit von Lohnansprüchen angenommenen Eingriff in die Privatsphäre des Arbeitnehmers als unbegründbar abgelehnt[318]. Abgesehen von der Schwäche der Lehre *Herschels*[319] ist ihm zuzustimmen, daß die Praxis mit dem von *Siebert* vorgeschlagenen Modell der Individualsphäre nicht arbeiten kann. Denn „die Grenzziehung zwischen inhaltlicher Ausgestaltung des Dauerschuldverhältnisses und individueller Verfügung über aus dem Dauerschuldverhältnis erwachsene Einzelansprüche [wäre] derart verwischt . . ., daß *völlige Rechtsunsicherheit* entstünde“[320].

Für die Lösung des hier gestellten Problems muß man vielmehr in Übereinstimmung mit der betreffenden Entscheidung des BAG die Tragweite der betriebsverfassungsrechtlichen Delegation aus *dem Sinn und Zweck des durch Betriebsvereinbarung zu gestaltenden Arbeitsverhältnisses, aus den arbeitsrechtlichen Gesamtzusammenhängen und aus der Natur der Sache* bestimmen, um den vorgegebenen Regelungstatbestand als zulässig oder unzulässig innerhalb der Grenzen dieser Delegation beurteilen zu können.

4. Auseinandersetzung mit der Auffassung des Bundesarbeitsgerichts

Im Rahmen dieses grundlegenden Gedankens hat, wie oben dargestellt, das BAG mit Hilfe der Schutz- und Ordnungsfunktion des Arbeitsverhältnisses die in einer Betriebsvereinbarung bestimmte Unabtretbarkeit zu rechtfertigen versucht. Ob die vom BAG herangezogenen, seinem Grundkonzept entsprechenden *Einzelaspekte* zu einer überzeugenden Begründung geführt haben, ist zweifelhaft[321].

---

[316] Vgl. dazu S. 85 ff.

[317] Charakteristisch sagt *Säcker* (III), 429, in diesem Zusammenhang, daß die Theorie Sieberts die Problematik der Abgrenzung der Kollektivmacht nicht nur angeregt und gefördert, sondern zugleich auch in eine Sackgasse geführt habe.

[318] *Herschel* (III), 714.

[319] Vgl. oben S. 129.

[320] *Herschel* (III), 714.

[321] Neuerdings hat *Säcker* (III), 427 f., diese Entscheidung des BAG scharf kritisiert. Er wirft ihr vor, daß sie *durch Anhäufung und Verschmelzung verschiedener Prinzipien und Methoden* dem Problem der inhaltlichen Abgrenzung der Kollektivmacht nicht gerecht werden könne. Diese Vermischung verschiedener Lösungswege habe zur Folge, daß die Vagheit und die Gehaltsarmut der Aussagen des BAG verschleiert werden, statt zu einer inhaltlich bestimmten, befriedigenden Abgrenzungsmethode zu gelangen. Es ist *Säcker* zuzugeben, daß die nicht zu leugnende synkretistische Verbindung von verschiedenen Begründungsmodellen, mit der das BAG operiert, eine gewisse Verwirrung ausgelöst hat, die zur Erhebung berechtigter Bedenken Anlaß gegeben hat. Dies läßt sich an der Vermischung von arbeitsrechtlichen und verfassungsrechtlichen Aspekten unter Beibehaltung des unzulänglichen Begriffs des kollektivfreien (gewordenen oder ursprünglichen) Individual-

Es ist allgemein anerkannt, daß *zur betrieblichen Ordnung* solche Tatbestände gehören, die zur Arbeitsleistungspflicht des Arbeitnehmers gehören und durch entsprechend eingerichtetes Verhalten dem unbehinderten Arbeitsablauf dienen[322]. Solche Fragen sind z. B. Anwesenheitskontrolle, Behandlung von Werkzeugen, Leibesvisitation, Rauchverbot, Torkontrolle usw.[323]. Wenn ein Arbeitnehmer einen Teil seines Lohnes an jemand anderen abtritt, so übt er eine ihm gesetzlich zustehende Befugnis aus, die zwar die betriebliche Ordnung *tangiert*, indem sie Mehrarbeit des Lohnbüros mit sich bringt[324]; sie darf aber keineswegs als eine dem reibungslosen Arbeits- und Produktionsprozeß entgegenwirkende Größe angesehen werden[325]. *Im Gegenteil*, der Arbeitgeber muß mit Forderungsabtretungen rechnen, die von ihnen verursachte Mehrbelastung seines Lohnbüros mit berücksichtigen und entsprechende Maßnahmen treffen[326]. Wird weiter in Betracht gezogen, daß die Abtretbarkeit von Lohnansprüchen dem Arbeitnehmer die einzige *Kreditunterlage* bietet[327], dann liegt ihre große praktische Bedeutung für notwendige bzw. berechtigte Anschaffungen von Konsumgütern (Elektrogeräte, Möbel usw.) auf der Hand[328]. Man kann daher nicht behaupten, daß die durch Lohnabtretungen ausgelöste Mehrarbeit des Lohnbüros in irgendeinem Mißverhältnis zu der von ihnen zu realisierenden Kreditfunktion stehen. Das wohl berechtigte Interesse des Arbeitnehmers verlangt umgekehrt dabei, daß die Inkaufnahme der Mehrarbeit des Lohnbüros als der „Fürsorgepflicht"

---

rechts aufzeigen. Das *große Verdienst* dieser BAG-Entscheidung — dies sei hier vorangeschickt — ist dennoch in der *Grundthese* zu sehen, „durch Tarifvertrag und Betriebsvereinbarung können nur solche Modalitäten des Lohnanspruches geregelt werden, die ihre Rechtfertigung noch in dem Sinn und Zweck des Arbeitsverhältnisses, in den arbeitsrechtlichen Gesamtzusammenhängen und in der Natur der Sache finden". Die in dem so umschriebenen Rahmen erfolgte Anwendung situationsspezifischer konkreter Bewertungskriterien läßt unschwer erkennen, daß das Herausarbeiten eines allgemeingültigen, inhaltlich bestimmten Lösungsmodells unmöglich ist; dies wird auch zu Recht von *Säcker* (III), 450 f., unterstrichen. Die *Achillesferse* der vorliegenden Entscheidung liegt meines Dafürhaltens — abgesehen von den im Grunde zutreffenden kritischen Aspekten *Säckers* — darin, *daß die dabei herangezogenen Einzelgesichtspunkte die Grundkonzeption des BAG nicht befriedigend auszufüllen und zu konkretisieren vermochten.*

[322] Vgl. dazu statt vieler *Neumann-Duesberg* (I), 484 ff.; *Nikisch* (III), 412; *Hueck - Nipperdey* (IV), 1373 f.; *Fitting - Auffarth*, Anm. 17 ff. zu § 87 BetrVG mit weiteren Literaturnachweisen.

[323] Statt aller *Fitting - Auffarth*, Anm. 17 ff. zu § 87.

[324] Ebenso *Larenz*, in: Anmerkung zu BAG AP Nr. 4 zu § 399 BGB; vgl. auch dazu *Diekhoff* (I), 305.

[325] Vgl. dazu BGHZ, Urt. v. 20. 12. 1956, Bd. 23, 56 f.

[326] So zutreffend auch *Karakatsanis*, 91; vgl. dazu auch *Rewolle*, BB 1959, 672.

[327] Dazu vgl. *Herschel*, DB 1956, 713.

[328] Ebenso *Diekhoff* (I), 305; vgl. auch *Pohle*, Anm. zu AP Nr. 1 zu § 398 BGB.

innewohnend und daher geboten betrachtet werden muß[329]. Hinzu kommt auch, daß die Schulden, die der Arbeitnehmer statt der ausgeschlossenen Abtretungen macht, häufig mehr Arbeit des Lohnbüros bzw. des Arbeitgebers in Anspruch nehmen als die Abtretungen selbst[330].

In diesem Zusammenhang erscheint auch der Hinweis des BAG auf die eventuelle Beeinträchtigung der Arbeitskraft und der Arbeitsfreudigkeit sowie auf die höhere Unfallanfälligkeit, die aus übermäßigen Abtretungen resultieren könnten, nicht überzeugend[331]. Die Unhaltbarkeit dieses Gesichtspunktes zeigt sich dadurch, daß diese auf die Abtretbarkeit zurückgeführten Gefahren auch durch sonstige Verschuldung des Arbeitnehmers bzw. Vergeudung des ihm bar ausgezahlten Lohnes verursacht werden könnten[332].

Diese Bedenken belegen, daß die vom BAG im Rahmen des Ordnungsaspektes verwendeten Argumente die Zulässigkeit kollektivrechtlicher Abtretungsverbote nicht rechtfertigen können.

Auch die Bezeichnung der vereinbarten Unabtretbarkeit von Lohnansprüchen als *Lohnsicherungsmaßnahme* stellt aus *sozialpolitischer* Sicht keinen Rechtfertigungsgrund für die Zulässigkeit solcher Betriebsvereinbarungen dar. Es muß zwar zugegeben werden, daß ein Abtretungsverbot dem wohlverstandenen Interesse des Arbeitnehmers dienen kann, indem es den Arbeitnehmer vor übermäßiger Verschuldung und Ratenkäufen innerhalb der zunehmenden „Konsumzwänge" einer anspruchsvollen Leistungsgesellschaft schützt. Unter diesem Blickwinkel scheint mir die Ansicht *Herschels*[333], der Lohn sei der natürliche Unterhalt des arbeitenden Menschen für eine bestimmte Zeit, im Grunde richtig zu sein, weil sie auf häufig auftauchende Lohnmißbrauchsgefahren hinweist. Dies kann aber nicht so weit gehen, daß die Betriebspartner die Abtretungsbefugnis dem Arbeitnehmer nehmen, um ihn vor sich selbst bzw. vor seinem eigenen Leichtsinn zu schützen[334]. Angesichts der Mißbrauchsgefahren, die eine solche weitgehende Bevormundung[335] des einzelnen in sich birgt und im Hinblick darauf, daß

---

329 *Diekhoff*, 305; die Fürsorgepflicht des Arbeitgebers findet allerdings ihre Grenzen da, wo es sich um gewohnheitsmäßiges Schuldenmachen oder um eine Vielzahl von Lohnpfändungen bzw. Lohnabtretungen handelt, die eine Schikanierungsform annehmen; so richtig *Säcker*, BB 1964, 391 f.

330 So zutreffend *Diekhoff*, 305.

331 *Larenz* bemerkt kritisch zu dieser These des BAG, daß „man mit solchen Erwägungen jede Bevormundung rechtfertigen kann"; kritisch dazu auch *Gift*, BB 1959, 47; *Rewolle*, 672.

332 Ebenso *Diekhoff* (I), 305.

333 *Herschel* (III), 714.

334 So richtig *Karakatsanis*, 90; vgl. dazu auch *Diekhoff* (I), 304.

335 *Canaris* (I), 131.

den Herausforderungen der Konsumgesellschaft nicht durch Beschränkung der Entscheidungs und Verfügungsfreiheit des einzelnen effektiv zu begegnen ist, sollte die Zulässigkeit des Lohnabtretungsverbotes nicht lediglich aus dem Lohnsicherungscharakter der Maßnahme hergeleitet werden[336].

Im übrigen richtet sich die Schutzfunktion der Betriebsvereinbarung als *Korrekturinstrument* des „freien Arbeitsvertrages“[337] vornehmlich gegen die Machtposition des Arbeitgebers[338]. Dieser Zweck der Betriebsvereinbarung erweist sich gleichzeitig bestimmend für die Abgrenzung der Kollektivregelbarkeit hinsichtlich eines konkreten Tatbestandes[339]. Ob die Unabtretbarkeit des Lohnanspruches durch Betriebsvereinbarung eine Schutzfunktion in dem oben dargestellten Sinne aufweist, scheint nach den vom BAG herangezogenen Aspekten zweifelhaft zu sein, um so mehr, als das im § 399 BGB vorgesehene Abtretbarkeitsverbot gar nicht dem Interesse des Gläubigers, d. h. des Arbeitnehmers, *sondern vielmehr dem Interesse des Schuldners,* d. h. des *Arbeitgebers,* dienen will[340]. Denn Sinn und Zweck dieses Verbotes sind darin zu erblicken, die eventuell durch Abtretungen eintretende Ungewißheit über die Person des Gläubigers (Klage des Zessionars, Zweit- und Drittzession usw.) aus der Welt zu schaffen[341]. Aus ähnlichen Gründen erweist sich die Parallele zu den §§ 400 BGB und 4 Abs. 4 TVG (dementsprechend auch § 77 Abs. 4 BetrVG) und den Pfändungsschutzbestimmungen als nicht sehr glücklich. Denn zwar hat § 400 BGB eine lohnsichernde Funktion, indem er im Interesse des Gläubigers (Arbeitnehmers) die Abtretung nur nach Maßgabe der Unpfändbarkeitsgrenze verbietet. Im übrigen gilt aber die Regel der Abtretbarkeit (§ 398 BGB) um der Anforderungen des Wirtschaftslebens und des Kreditverkehrs willen[342].

Schließlich bietet die vom § 4 Abs. 4 TVG bzw. § 77 Abs. 4 BetrVG vorgesehene beschränkte Unverzichtbarkeit auf entstandene Lohnansprüche dem BAG keinen stichhaltigen Anhaltspunkt zur Begründung der Zulässigkeit der kollektivrechtlichen Unabtretbarkeit. Denn diese

---

[336] So im Ergebnis auch *Karakatsanis,* 90; *Diekhoff* (I), 304; *Siebert* (III), 140 f.; *Larenz* zu AP Nr. 4 zu § 399 BGB; *Canaris* (I), 133.

[337] Dazu vgl. oben S. 49.

[338] Ebenso *Canaris* (I), 129 f.

[339] *Canaris* (I), 129 mit weiteren Nachweisen.

[340] *Diekhoff* (I), 304.

[341] So zutreffend *Diekhoff* (I), 304; denn die Abtretung ist bekanntlich ohne Mitwirkung des Schuldners möglich, so daß sie über seinen Kopf hinweg erfolgen kann; dazu vgl. statt aller, *Grunsky,* in: Grundlagen des Vertrags- und Schuldrechts 1972, 650 f.

[342] Vgl. dazu *Diekhoff,* 305; ähnlich auch *Karakatsanis,* 90; *Larenz,* Anm. zu BAG AP Nr. 4 zu § 399 BGB.

Vorschriften dienen selbstverständlich dem Schutz des Arbeitnehmers vor seinem Arbeitgeber[343].

Die oben aufgezeigte dogmatische Schwäche der vom BAG herangezogenen Schutz- und Ordnungsgesichtspunkte hat *Schneider*[344] veranlaßt, die Argumentationsweise des BAG dogmatisch überhaupt in Zweifel zu ziehen. *Schneider* führt aus[345], daß das BAG *Zweckmäßigkeitserwägungen* heranziehe, um die Rechtsgültigkeit einer umstrittenen Kollektivnorm *teleologisch* zu rechtfertigen. Das BAG prüfe also nach, ob die kollektivrechtliche Unabtretbarkeit im Interesse des Arbeitnehmers und des Betriebes zweckmäßig sei, und entnehme daraus ihre Zulässigkeit. Dies aber ist nach Ansicht *Schneiders* nicht statthaft; denn der Richter dürfe die Zweckmäßigkeit einer Rechtsnorm *lediglich zu erkenntnistheoretischen Zwecken* bei seiner teleologischen Rechtsfindung heranziehen und nicht über sie unmittelbar entscheiden[346].

Dieser Einwand trifft nicht voll zu. Wie weit die Entscheidungsfreiheit des Richters hinsichtlich der teleologischen Rechtsfindung und Rechtsfortbildung gehen kann, das ist ein sehr wichtiges, aktuelles und umstrittenes Problem[347]. Eine nähere Beschäftigung mit ihm würde den Rahmen dieser Arbeit sprengen. Allerdings eines ist festzuhalten: *daß der Richter an das materielle Recht gemäß Art. 20 Abs. 3 GG gebunden ist.* Man darf jedoch aus dem gesetzesähnlichen Charakter einer kollektiven Regelung nicht die Folgerung ziehen, daß zwischen einem Gesetz und einer Kollektivnorm eine *funktional-teleologische Identität* besteht. Es steht gewiß außer Zweifel, daß dem objektiven Recht im allgemeinen eine *Schutz-, Ordnungs- und Integrationsaufgabe* zukommt[348]. Gerade in der *Gewichtung,* die das Verhältnis dieser Komponenten zueinander im Gesetz bzw. in der Kollektivnorm aufzeigt, ist das *Spezifikum* der Funktion des Rechts zu erblicken. Ginge man davon aus, daß dem *Interessenpluralismus*[349], der das Normsetzungsfeld im gesamten gesellschaftlichen Bereich beherrscht, in der Arbeitsordnung ein *Interessendualismus* gegenübertritt[350], so könnte man eine *differenzierte Beurteilung* der obigen Bestandteile des Rechts in beiden Bereichen für

---

343 So richtig *Diekhoff* (I), 305; vgl. dazu auch *Larenz; Karakatsanis,* 90.

344 *Schneider,* H., Anm. zu BAG AP Nr. 1 zu § 399 BGB = AuR 1958, 314 ff.

345 *Schneider,* H., 315.

346 *Schneider,* H., 315.

347 Dazu vgl. statt vieler *Reinhardt-König,* Richter und Rechtsfindung, 1957; *Esser,* Vorverständnis und Methodenwahl in der Rechtsfindung, 1970; *Rüthers* (I), insbes. 431 ff.; *ders.,* Institutionelles Rechtsdenken im Wandel der Verfassungsepochen, 1970; *Säcker* (II), 95 ff.

348 Vgl. dazu oben 1. Abschnitt A.

349 Vgl. dazu *Bolte,* in: Die kollektiven Mächte im Arbeitsleben, 16 ff.

350 *Burisch,* Industrie- und Betriebssoziologie, 138 ff.

notwendig halten. Die eindeutige Vormachtstellung der Arbeitgeberseite, die die Interessendichotomie innerhalb der Arbeitsordnung kennzeichnet, und die daraus resultierende Ausgleichsnotwendigkeit[351] legt die *primäre Schutzgebundenheit der Kollektivnorm* als Ausgleichsinstrument nahe. Dies impliziert bereits, daß die Ordnungs- und Integrationsaufgaben der Kollektivnorm zugunsten ihrer Schutzfunktion *in den Hintergrund treten*[352]. Die Struktur der aus mehreren Interessengruppen bestehenden Gesellschaft fordert hingegen einen *Vorrang* der Ordnungs- und Integrationsfunktion des Rechts[353].

Diese Feststellung betrifft direkt das Problem des *richterlichen Entscheidungsspielraums*. Angesichts der Tatsache, daß die Arbeitgeberseite — trotz der durch die Gewährleistung der Kollektivautonomie erzielten effektiven Stärkung der arbeitnehmerischen Position — *immer noch* über ein *Übergewicht* bei der Gestaltung der Arbeitsbedingungen verfügt[354], kann sich *unter Umständen* die richterliche Verwendung von Zweckmäßigkeitserwägungen für die teleologische Rechtfertigung einer Kollektivnorm *als erforderlich* erweisen.

Darüber hinaus darf die Anerkennung eines erweiterten Entscheidungsspielraums für den Richter bezüglich der Betriebsvereinbarung nicht angezweifelt werden; denn dies schließt die Zulässigkeit, sogar die „Unentbehrlichkeit"[355], der *inhaltlichen Billigkeitskontrolle* einer Betriebsnorm wegen der schwächeren Legitimation des Betriebsrates im Verhältnis zur Gewerkschaft mit ein[356].

Aus all diesen Gründen erscheint die Kritik *Schneiders* im Grunde als unberechtigt[357]. Es ist allerdings zuzugeben, daß der vom BAG beschrittene *methodische Weg*, vor allem aber die Unzulänglichkeit der

---

[351] Vgl. dazu oben S. 49 f.

[352] So zutreffend statt mehrerer *Biedenkopf* (I), 15, 75 ff., 123, 127; *Schelp*, in: Festschrift für Nipperdey, 1965, Bd. II, 579 ff.; vgl. ferner *Richardi* (I), 396, in Bezug auf den Tarifvertrag.

[353] Damit ist allerdings keinesfalls behauptet, daß die verschiedenen Gruppeninteressen eine Gleichgewichtigkeit aufweisen. Man denkt nur an die Schutzbedürftigkeit der Arbeitnehmerschaft, die zwar im Rahmen des Betriebs vornehmlich aktualisiert wird, wohl auch innerhalb der Freizeit spürbar ist.

[354] Ebenso richtig *Säcker* (III), 95, m. w. N.

[355] So richtig BAG, SAE 1970, 267.

[356] Darüber siehe oben S. 72 ff.

[357] *Schneider* selbst (S. 315) bekennt sich zum essentiellen Charakter der Zweckerfassung für den Rechtsbegriff; er unterscheidet aber zwischen unmittelbarer erkenntnistheoretisch-bezogener und mittelbarer Erwägung der Zweckmäßigkeitserwägung. Daß das BAG die Zweckmäßigkeitsprüfung vorgenommen hat, um zu der Rechtserkenntnis gelangen zu können, ergibt sich unschwer aus der umstrittenen Entscheidung. So erweist sich die Einwendung *Schneiders* letzten Endes als eine Definitionskontroverse über den Begriff „Zweckmäßigkeit".

herangezogenen einzelnen Gesichtspunkte, den Eindruck erwecken könnten, das Gericht ginge über den ihm zustehenden Entscheidungsspielraum hinaus.

Ferner erblickt *Schneider*[358] in der Zulässigkeit von Abtretungsverboten durch Kollektivvereinbarungen eine *Überschreitung des personellen Geltungsbereiches der Kollektivmacht,* weil nicht nur der Arbeitnehmer, sondern auch der außerhalb des Betriebes stehende *Zessionar* die Nichtigkeit einer trotz des Verbotes vom Arbeitnehmer vorgenommenen Abtretung gegen sich gelten lassen müsse. Das in diesem Zusammenhang vom BAG aus der analogen Anwendung des § 399 BGB gewonnene Ergebnis, daß auch durch Betriebsvereinbarung die Abtretbarkeit einer Forderung mit Wirkung gegenüber jedem potentiellen Zessionar auszuschließen sei, hält er für unzulässig[359]. Er ist der Ansicht, zwischen dem vertraglichen und dem kollektivrechtlichen Abtretungsverbot bestehe keine Vergleichbarkeit. Denn das Abtretungsverbot aufgrund des § 399 BGB erfolge als *rechtsgeschäftliche* Ausführung einer dispositiven, für alle geltenden Rechtsnorm, während die entsprechende Regelung durch Betriebsvereinbarung selbst *Rechtsetzung* darstelle[360]. Damit werde die Frage nach den *persönlichen* Grenzen der gesetzlichen Delegation erhoben, kraft deren die Betriebspartner ihre Regelungsbefugnisse besitzen und auszuüben vermögen. Diese personell beschränkte Delegation könne den betriebsfremden Zessionar nicht erfassen. Daraus ergebe sich, daß solche Abtretungsverbote gegenüber dem Zessionar keine Nichtigkeitswirkung entfalten könnten[361].

Das BAG[362] hat in seinem Urteil vom 5. 9. 1960 versucht, durch die Heranziehung des § 405 BGB die Einwände *Schneiders* zu widerlegen. Dieser Versuch scheitert m. E. daran, daß das BAG an dem Kern der Argumentation *Schneiders* vorbeigeht, indem es für die Rechtfertigung einer kollektivvertraglichen Nichtabtretbarkeit wieder auf das BGB-Instrumentarium zurückgreift. Gerade solche analoge Anwendungen bestimmter gesetzlicher Vorschriften hält *Schneider* für unzulässig[363]. Im übrigen leugnet *Schneider* nicht, daß der § 399 dazu führt, daß durch das Abtretungsverbot auch Belange Außenstehender tangiert werden können. Der Meinungsunterschied liegt also dabei in der *Zuläs-*

---

[358] *Schneider,* H., 315.

[359] Ähnlich argumentiert auch *Larenz* zu AP Nr. 4 zu § 399 BGB, der sich wohl dahin zusammenfassen läßt, daß die Betriebsvereinbarung nicht über die zwingende Regel des BGB hinausgehen und die Arbeitnehmer eines Betriebes unter ein Sonderrecht stellen könne.

[360] *Schneider,* H., 315.

[361] *Schneider,* H., 315.

[362] AP Nr. 4 zu § 399 BGB.

[363] *Schneider,* H., 315.

sigkeit der Übertragung dieser Vorschrift auf das kollektive Arbeitsrecht.

Man muß für die Beantwortung dieser von *Schneider* gestellten Frage davon ausgehen, daß der Gesetzgeber des BGB die Entwicklung des Kollektivautonomiegedankens und die daraus resultierenden Probleme *nicht mit bedenken konnte.* Er konnte nicht voraussehen, daß die Kollektivpartner als privatrechtliche Parteien durch normsetzende Kollektivvereinbarungen privatrechtliche Rechtsbeziehungen regeln könnten[364]. Stellen wir darauf ab, daß die Gestaltungsinstrumente des kollektiven Arbeitsrechts *auf das Einzelarbeitsverhältnis ergänzend und korrigierend zur Erzielung eines Gleichgewichtes bei der Aushandlung und Gestaltung der Arbeitsbedingungen einwirken*[365], so könnte es naheliegen, daß die Sozialpartner anstelle der Einzelvertragsparteien die Unabtretbarkeit rechtswirksam vereinbaren können. Daraus geht folgerichtig hervor, daß prinzipiell gegen eine analoge Anwendung des § 399 BGB auf die Kollektivvereinbarungen *nichts Wesentliches* einzuwenden ist. Daß dabei statt des Individualvertrages der Kollektivvertrag Platz greift, hindert diese Rechtsanalogie nicht. Daraus folgt, daß die von *Schneider* angenommene Überschreitung des personellen Geltungsbereiches der Delegation nicht in Frage kommt. Im übrigen ist für den Zessionar *ohne praktische Relevanz,* ob die Abtretung des Lohnanspruches *individualrechtlich* oder *kollektivrechtlich* vereinbart wurde oder nicht. Er geht einfach ein Risiko ein, das dem Privatverkehr immanent ist.

Wollte man sich schließlich mit diesen Gedanken nicht begnügen, dann könnte man zum gleichen Ergebnis kommen, indem man die Nichtabtretbarkeit als *gesetzliche Folge* der kollektivrechtlichen Gestaltung ansieht. Die Tatsache, daß der Zessionar den Abschluß der Abtretbarkeit gegen sich gelten lassen muß, basiert lediglich mittelbar auf der Kollektivvereinbarung. D. h., daß die im § 399 BGB vorausgesehene Folge nur dann eintreten kann, wenn eine entsprechende den Lohnanspruch begründende Kollektivvereinbarung vorhanden ist. Die Interessen des außenstehenden Zessionars werden durch eine solche kollektive Regelung ebensowenig tangiert wie durch eine Einzelabrede.

---

[364] *Müller,* W., 177, weist zutreffend darauf hin, daß die Nicht-Regelung des kollektivrechtlichen Abtretungsverbotes im BGB nicht seine Unzulässigkeit bedeute; es zeige sich vielmehr auch hier wieder, daß sich das BGB lediglich mit der Regelung privatautonomer Gestaltungen befasse. Aus diesem Grunde sei die Ermächtigung solcher Betriebsvereinbarung nicht im BGB zu suchen.

[365] Dazu vgl. oben S. 49.

5. Eigene Stellungnahme

Mit der vorausgegangenen kritischen Würdigung der grundlegenden Entscheidung des BAG vom 20.12.1957 und den gegen sich geltend gemachten Bedenken wurde die Frage nach der Zulässigkeit bzw. Unzulässigkeit von kollektivrechtlichen Lohnabtretungsverboten nicht ausreichend geklärt. Geht man jedoch von der grundsätzlichen Richtigkeit der Ausgangsthese des BAG aus, daß die Normsetzungsbefugnis der Betriebspartner nur dann eingreift, *wenn es durch Sinn und Zweck des Arbeitsverhältnisses, die arbeitsrechtlichen Gesamtzusammenhänge und die Natur der Sache gerechtfertigt ist,* so müssen wir in dem dadurch abgesteckten Rahmen nach Zulässigkeits- bzw. Unzulässigkeitskriterien für solche Regelungen suchen.

Die *Schutz-* und *Ordnungsaspekte,* die das BAG zur Begründung der Zulässigkeit von Abtretungsverboten heranzog, stellen einen durchaus legitimen und mit dem zugrunde liegenden methodischen Ansatz in Einklang stehenden Versuch dar[366]. Die Einwendungen haben sich lediglich gegen die in jenem Urteil angezogenen einzelnen Maßstäbe gerichtet, die angreifbar erschienen.

Im Folgenden wird der Versuch unternommen, vermöge der Schutz- und Ordnungsgesichtspunkte das hier gestellte Problem zu lösen.

Stellen wir darauf ab, daß der Betriebsvereinbarung primär eine *Schutzfunktion* zukommt, so ist zu prüfen, wie sich dieser Schutzgedanke in der Realität des Arbeitslebens abspielen und konkretisieren läßt. Nicht selten treten Fälle auf, bei denen zwischen dem einzelnen Arbeitnehmer und Arbeitgeber durch einzelvertragliche Abrede *typischerweise* (d. h. durch Einheitsregelung, Gesamtzusage oder Betriebsübung) Lohnabtretungsverbote vereinbart werden. Solche Abmachungen finden im Rahmen des Grundsatzes der Vertragsfreiheit statt und stoßen grundsätzlich auf keinerlei rechtliche Bedenken[367]. Diese individualrechtlich geregelten Tatbestände stehen an sich typmäßig *nicht in direktem Zusammenhang* mit dem Arbeitsverhältnis. Werden sie jedoch zum Gegenstand einer individualrechtlichen Vereinbarung, dann wird die fehlende Beziehung zum Arbeitsverhältnis begründet. Der Inhalt solcher Abmachungen wird in diesem Falle zur *echten Arbeitsbedingung*[368].

Darüber hinaus muß man im Auge behalten, daß *im wesentlichen* der Arbeitgeber die Initiative des Abschlusses solcher Abreden ergreift, um eine allzu starke Ausweitung seiner Lohnabteilung zu einem Zahlungsabwicklungs- und Finanzierungsinstitut zu vermeiden und da-

[366] Vgl. dazu oben S. 130, Fußn. 321.

[367] Darüber besteht Einigkeit; vgl. BAG AP Nr. 1 zu § 399 BGB.

[368] *Biedenkopf* (I), 254.

durch seine Betriebskosten niedrig zu halten[369]. Dienen also solche Vereinbarungen *vornehmlich* dem Arbeitgeberinteresse, so liegt es nahe, daß der Arbeitgeber seine Vormachtstellung bei der individualrechtlichen Regelung der Arbeitsbedingungen eventuell *mißbräuchlich* ausübt, um eine Abmachung solchen Inhalts erzielen zu können[370]. Gerade aber zur Herstellung des *Gleichgewichts* in der Machtkonstellation bei der Gestaltung des Arbeitsverhältnisses ist dem *Arbeitnehmerkollektiv* vom Gesetzgeber die Betriebsvereinbarung in die Hände gegeben. In dieser Schutzfunktion der Betriebsvereinbarung für den sonst isolierten Arbeitnehmer liegt die *Rechtfertigung* der kollektivrechtlichen Gestaltungsmöglichkeiten seitens der Arbeitnehmerschaft durch den Betriebsrat[371].

Die *Eigenart* der kollektiven Regelbarkeit von Lohnabtretungsverboten ist also nach dem oben Dargestellten darin zu erblicken, daß die Betriebspartner nicht von vornherein, d. h. bevor solche Vereinbarungen individualrechtlich getroffen wurden, zu deren Abschluß legitimiert sind. Sind solche Tatbestände *individualrechtlich* nicht geregelt, so unterliegen sie nicht der Gestaltungsmacht der Betriebspartner. Denn es besteht in diesem Fall keine Schutzbedürftigkeit des einzelnen Arbeitnehmers[372]. Liegt im Gegenteil ein *individualrechtlich* vereinbartes Lohnabtretungsverbot vor, dann ist der *Zusammenhang mit dem Arbeitsverhältnis* bereits entstanden und infolgedessen steht der kollektiven Regelung von Lohnabtretungsverboten nichts im Wege. Die Rechtsetzungsmacht der Betriebspartner erfaßt dann also *auch* die Lohnabtretungsverbote. Denn die individualrechtlich zustande gekommene, die Lohnabtretung ausschließende Abrede schließt den Verdacht des Mißbrauchs ein[373].

Aus dem Gesagten folgt, daß das *traditionelle Modell,* aufgrund dessen *nur* die aus kollektivrechtlich-historischen Gegebenheiten zu allgemeintypischen Arbeitsbedingungen entwickelten Tatbestände der kollektivrechtlichen Regelungsmacht unterliegen, der um sich greifenden Komplexität der Arbeitsprozesse und Zusammenhänge nicht Rechnung trägt und daher nicht mehr anzuwenden ist[374]. Eine individual-

---

[369] *Canaris* (I), 133, sieht zutreffend zu diesem Gesichtspunkt den eigentlichen Beweggrund für die Vereinbarung von Lohnabtretungsverboten.

[370] *Biedenkopf* (I), 254, sagt charakteristisch dazu, daß „jede Bindung des Arbeitnehmers, die vom Arbeitgeber ausgeht, kollektivrechtlich gesehen den Verdacht des Mißbrauchs gegen sich hat".

[371] Vgl. dazu *Strasser,* 18 f.; *Karakatsanis,* 31 ff., 108 f.; *Canaris* (I), 129 ff.; *Biedenkopf* (I), 75 f., 122 ff., 292 f.; *Säcker* (III), 343 ff.; *ders.* (X), 52 f.

[372] *Biedenkopf* (I), 254.

[373] So zutreffend *Biedenkopf* (I), 254.

[374] Über die von der Verfassungs- und Rechtswirklichkeit geforderte Erweiterung der kollektivrechtlichen Regelungsmacht auf den Bereich der

rechtliche Übereinkunft kann einen Mißbrauch bzw. einen unzulässigen Zwang seitens des Arbeitgebers verbergen. Werden solche Abmachungen in einem Betrieb *typischerweise* getroffen, so wird der dadurch geregelte Gegenstand ein *Teil* der Arbeits- und Wirtschaftsbedingungen, der eine entsprechende *Schutzbedürftigkeit* aufweist und demzufolge die kollektivrechtliche Regelungsbefugnis auf sich erstrecken läßt[375]. Damit wird der Inhalt solcher individualrechtlichen Abreden möglicher Gegenstand einer Regelungsbefugnis der Betriebspartner. Außerdem ist es nicht hinwegzuleugnen, daß selbst eine dem Arbeitnehmer durch die Individualabmachung auferlegte Verpflichtung von ihm im Zusammenhang mit seinem Arbeitsverhältnis betrachtet wird; dies bedeutet, *daß die Einzelvertragspartner durch ihre jeweils abgegebenen Erklärungen den Inhalt der Arbeits- und Wirtschaftsbedingungen bestimmen können*[376]. Unter diesem Blickwinkel scheint zwischen den alternativen Thesen zur Frage, ob alles, was individualrechtlich regelbar ist, auch durch Kollektivvereinbarung gestaltet werden kann oder nicht, nur eine dem Sinn und Zweck der das Arbeitsgefüge des modernen Betriebes gestaltenden Kollektivvereinbarung dienende Entscheidung geboten zu sein: *Alles kann zum Inhalt einer Kollektivvereinbarung gemacht werden, was durch Individualvertrag gestaltet wird*[377].

Die oben geschilderten Aspekte beziehen sich *auf das Arbeitsverhältnis als Ganzes,* d. h. als eine in individualrechtliche und kollektivrechtliche Gestaltungsformen nicht aufzuspaltende Gesamtheit. Dieser einheitliche Aspekt des Arbeitsverhältnisses[378] entspricht durchaus der Realität der Arbeits- und Betriebsordnung. Ihrer zunehmenden Unübersehbarkeit und Komplexität liegt eine solche Verzahnung und Verquickung von individuellen und kollektiven Momenten zugrunde, daß jeder Versuch, das Arbeitsverhältnis in abstrakte Bereiche aufzugliedern[379], den konkreten Bedürfnissen der betrieblichen Ordnung nicht gerecht werden könnte. Er ist daher abzulehnen.

---

sozialpolitischen Maßnahmen vgl. vor allem *Krüger,* Sinn und Grenzen der Vereinbarungsbefugnis der Tarifvertragsparteien; Verhandlungen des 46. DJT, Gutachten, 24 ff., 77 ff.; *Biedenkopf,* Sinn und Grenzen der Vereinbarungsbefugnis der Tarifvertragsparteien, Verhandlungen des 46. DJT, Gutachten, 139 ff.; vgl. dazu auch *Säcker* (III), 431.

375 So zutreffend *Biedenkopf* (I), 255.

376 *Biedenkopf* (I), 255.

377 Ebenso *Biedenkopf* (I), 255; vgl. dazu auch *Säcker* (III), 425, Fußn. 26, 431.

378 Ebenso *Schmidt* (I), 40 ff., 51 ff., 70 ff.; *ders.*, AcP 1962, 311 ff.; *Biedenkopf* (I), 246 f.

379 So aber *Siebert* (III), 119 ff., insbes. 129 ff., und *Karakatsanis,* 34 ff., 89; zu diesen Ansichten vgl. oben 3. Abschnitt B I 2 b. Wie zutreffend *Biedenkopf* (I), 254 f., in diesem Zusammenhang bemerkt, wird dabei verkannt, daß die Schutzbedürftigkeit des Arbeitnehmers vor der seine Gestaltungsfreiheit beschränkenden Machtposition des Arbeitgebers auch im Rahmen

Stellen die kollektiven Bindungen mit den Individualbeziehungen im Arbeitsprozeß ein *untrennbares Ganzes* dar, und ist demzufolge das Arbeitsverhältnis eine aus individuellen und kollektiven Elementen bestehende *Einheit*, dann liegt es nahe, daß die Stellung des in den Betrieb eingegliederten Arbeitnehmers entsprechenden *betriebsbezogenen* Einflüssen ausgesetzt ist[380]. Daraus ergibt sich, daß die Rechte und Pflichten des Arbeitnehmers durch seine Betriebszugehörigkeit beeinflußt und geprägt werden. Als Glied der betrieblichen Organisation muß der Arbeitnehmer sein Verhalten so einstellen, daß der Arbeits- und Produktionsablauf reibungslos funktionieren und sich entwickeln kann[381].

Die Praxis hat wiederholt gezeigt, daß unter gleichzeitiger Lohnabtretung vorgenommene Ratenzahlungskäufe zu erheblichen Störungen des Arbeitsprozesses führen können[382]. Diese Arbeitsbehinderungen waren darauf zurückzuführen, daß die ihre Lohnansprüche abtretenden Arbeitnehmer ihre Aufgaben in der Betriebsordnung durch *Einstellung der Arbeit* nach Überschreitung des lohnpfändungsfreien Verdienstes oder auch durch *häufigen Wechsel des Arbeitsplatzes* vernachlässigten[383]. Die Heranziehung dieser betriebsbedingten *Ordnungsgesichtspunkte* macht deutlich, wie wichtig für den ungestörten Ablauf des Arbeitsprozesses der kollektivrechtliche Ausschluß der Unabtretbarkeit von Lohnansprüchen ist[384]. Dieser Ordnungsaspekt und nicht die Ent-

---

der Gläubiger-Schuldner-Beziehung aktualisiert werden kann, um so mehr dann, wenn es sich — wie beim vorliegenden Fall — um die Gestaltung von an sich vorgeformten Ansprüchen handelt. Die Entscheidungen zu der Frage, ob der Arbeitgeber den Arbeitnehmer wegen einer Vielzahl von Lohnpfändungen bzw. Lohnabtretungen entlassen kann (dazu siehe *Schäcker*, BB 1969, 391 f.), sind bezeichnend für die Notwendigkeit einer einheitlichen Betrachtungsweise des Arbeitsverhältnisses.

[380] Ebenso auch *Schmidt*, AcP 1962, 311 f.

[381] *Schmidt* (III), 312; *ders.* (I), 70 f. Die *organisatorisch-funktionale* Eingliederung des Arbeitnehmers in den Betrieb und seine daraus sich ergebende *funktionsgerechte* und *systemstabilisierende* Verhaltensweise zum Arbeitsprozeß dürfen nicht zur Annahme einer *Betriebsgemeinschaft* zwischen Arbeitgeber und Arbeitnehmer führen. *Sie spiegeln lediglich die Notwendigkeit einer gegenseitigen Rücksichtnahme wider, die die faktische Angewiesenheit von Arbeit und Kapital aufeinander im Betrieb mit sich bringt*, vgl. dazu oben S. 60 f.

[382] So war dies z. B. im Bergbau der Fall; dazu vgl. die FAZ vom 28. 1. 1954; die Bergbauindustrie Nr. 8 vom 20. 2. 1954, Frankfurter Rundschau vom 17. 2. 1954.

[383] Dadurch beabsichtigten die Arbeitnehmer, die mit einem Zugriff auf den lohnfändungsfreien Betrag nach Abtretung rechnen mußten, dem Gläubigerzugriff zu entkommen.

[384] Dieser Aspekt beleuchtet außerdem den bestehenden Sachzusammenhang zwischen kollektivrechtlicher Abtretungsausschließung und Arbeitsverhältnis durch die gruppenmäßigen Bindungen und Verschränkungen, denen der Arbeitnehmer sich durch seine Eingliederung in die betriebliche Organisation unterzieht; vgl. dazu *Schmidt* (III), 311 ff.

lastung des Lohnbüros[385] des Arbeitgebers ist für die Zulässigkeit solcher Betriebsvereinbarungen maßgebend[386].

Die vorstehende Untersuchung hat bei gleicher Ausgangsposition wie das BAG sowohl *das Erfordernis des arbeitsrechtlichen Sachzusammenhangs* berücksichtigt als auch *die Rechtfertigung des kollektivrechtlichen Abtretungsverbots aus dem Sinn und Zweck sowie aus der Struktur und Funktion des Arbeitsverhältnisses* aufgezeigt. Trotz der Verschiedenheit der von uns angezogenen Einzelkriterien gegenüber den vom BAG verwendeten Subsumtionsmerkmalen ist hier zum gleichen Ergebnis gekommen. Die hier dargelegten Aspekte zur Begründung der grundsätzlichen Zulässigkeit von kollektivrechtlichen Lohnabtretungsverboten sind geeignet die Bedenken[387] zu zerstreuen, daß das Kollektiv über den Kopf des einzelnen hinweg Regelungen treffen könne, die einen unzulässigen Eingriff in seine persönliche Entscheidungsfreiheit darstellen würden.

Dieses Ergebnis läßt sich auch auf die Fälle erstrecken, in denen schon vor dem durch Betriebsvereinbarung erfolgten Ausschluß der Lohnabtretbarkeit mittels der Vorausabtretung über einen Anspruch verfügt sein sollte[388]. Sind Lohnforderungen im voraus abgetreten und folgt danach durch Betriebsvereinbarung ein Abtretungsverbot, so werden auch sie davon erfaßt. Denn der betreffende Anspruch entsteht von vornherein mit der inhaltlichen Modifikation der Unabtretbarkeit[389].

Das *Fazit* des vorstehend behandelten Problems kann folgendermaßen zusammengefaßt werden: Eine Betriebsvereinbarung, die die Un-

---

[385] So aber BAG AP Nr. 1 zu § 399 BGB.
Für die Unhaltbarkeit dieses vom BAG angezogenen Bewertungskriteriums spricht auch die weitgehend anerkannte Ansicht, daß die Kosten, die dem Arbeitgeber für die Bearbeitung von Lohnpfändungen und Lohnabtretungen entstehen, im Ergebnis der Arbeitnehmer zu tragen hat; vgl. dazu statt vieler *Säcker*, BB 1959, 492 f.; *Mertz*, BB 1959, 493 ff.; *Müller*, W., 198. Sind diese Kosten von den Arbeitnehmern zu tragen, dann wäre es nicht einzusehen, weshalb die Mehrbelastung des Lohnbüros eine Beeinträchtigung schutzwürdiger Interessen des Arbeitgebers darstellen soll. Im Gegenteil, sie erscheint als im Rahmen der „Fürsorgepflicht" des Arbeitgebers durchaus geboten; dazu vgl. oben S. 132.

[386] Es ist zwar zuzugeben, daß ein kollektivrechtliches Abtretungsverbot für sich allein einer Fluktuation nicht vollständig entgegenwirken kann. Angesichts möglicher Gläubigerpfändungsmaßnahmen ist die Gefahr nicht von der Hand zu weisen, daß der Arbeitnehmer nach verdientem lohnpfändungsfreien Betrag seinen Arbeitsplatz wechselt bzw. seine Arbeit einstellt. Jedoch zeigt sich die die Behinderung des Arbeitsprozesses entlastende Eigenschaft solcher Verbote dadurch, daß sie eine erhebliche Herabsetzung der Ratenzahlungskäufe bewirken; so zutreffend *Schmidt* (I), 71 f.

[387] *Siebert* (III), 141; *Karakatsanis*, 90; *Larenz*, Anm. zu BAG AP Nr. 4 zu § 399 BGB; *Diekhoff*, AuR 1958, 304 f.

[388] BAG AP Nr. 4 zu § 399 BGB; BGHZ 27, 306, Urt. v. 23. 5. 1958; Hohn, BB 1962, 54 f.

[389] Vgl. dazu *Knevels*, DB 1960, 552; *Wehr*, BB, 709 f.; *Müller*, W., 171 f.

abtretbarkeit von Lohnansprüchen vorschreibt, steht nicht ohne weiteres im Sachzusammenhang mit dem Arbeitsverhältnis. Sie wird als solche ihrer primären Schutzfunktion nicht gerecht. Die Berufung auf Ordnungsgesichtspunkte vermag darüber hinaus nicht solchen Betriebsvereinbarungen Zulässigkeit zu verschaffen. Erst die Existenz einer typischerweise individualrechtlich vereinbarten Verpflichtung des Arbeitnehmers zur Nicht-Abtretung begründet den notwendigen Sachzusammenhang mit dem Arbeitsverhältnis und macht die eine höhere Richtigkeitsgewähr bietende Einschaltung des Betriebsrates zulässig. Gerade die Wichtigkeit und Aktualität der oben dargestellten Ordnungsaspekte führen in der Praxis häufig zu solcher Regelung auf individualrechtlicher Ebene. Dies bedeutet, daß die hier vertretene Ansicht in der Tat nahezu einer allgemeinen grundsätzlichen Zulässigkeit von entsprechenden Betriebsvereinbarungen gleichkommt[390].

IV. Eingriffsmöglichkeiten in die Freizeitgestaltung des Arbeitnehmers durch Betriebsvereinbarung

1. Die Freizeitgestaltung des Arbeitnehmers

Im Rahmen der Problematik der Innengrenzen der Betriebsautonomie und im Anschluß an das oben die Verfügungsfreiheit des Arbeitnehmers berührende Problem des Lohnabtretungsverbots erhebt sich nun die Frage, ob und inwieweit durch Betriebsvereinbarung dem Arbeitnehmer bei der Gestaltung seiner Freizeit kollektivrechtliche Beschränkungen auferlegt werden können. Diese Frage gewinnt in unserer Industrie- und Massenepoche neben ihrer großen rechtsdogmatischen Bedeutung besonders an sozialpolitischer Wichtigkeit und brennender Aktualität[391].

Es dürfte zunächst außer Zweifel stehen, daß die *Freizeit* sich in keinerlei *direktem arbeitsrechtlichen Sachzusammenhang* mit dem *Arbeitsverhältnis* und seiner Ordnung befindet[392]. Im Gegensatz zur

---

[390] Eine grundsätzliche Zulässigkeit von kollektivrechtlichen Abtretungsverboten nehmen unter anderen die folgenden Autoren an: *Hueck*, Anm. zu AP Nr. 1 zu § 399 BGB; *ders.*, RdA 1961, 141; *Herschel*, DB 1956, 713; *Knevels*, 552; *Stahlhacke* (I), 268; *Wehr*, BB 1960, 709; *Dietz* (V), 25 f.; *Schmidt* (I), 70 ff.; *Nikisch* (II), 296; *Müller*, W., 174 ff.; *Hueck - Nipperdey* (III), 409 f.; *Fitting - Auffarth*, Anm. 36 zu § 77 BetrVG; *Hohn*, BB 1962, 55; *Richardi* (I), 321 f.; *Säcker* (III), 433; *Neumann-Duesberg* (I), 409; so auch *Schneider*, H., 316, trotz seiner Bedenken gegen die Begründung des BAG; *Stege-Weinspach*, 130; *Erdmann - Jürging - Kammann*, Anm. 10 zu § 77.

[391] Über die Problematik der Freizeit unter soziologischem Blickwinkel siehe vor allem *Scheuch*, in: Soziologie der Freizeit, 1972, 23 ff.

[392] Das wird im Prinzip allgemein anerkannt; vgl. *Karakatsanis*, 93; *Siebert* (III), 140 ff.; *Rewolle*, BB 1959, 672; *Gift*, BB 1959, 46 ff.; *Hueck - Nip-

streng *hierarchisch* und *diszipliniert* strukturierten Betriebsorganisation und zur weitgehenden *Funktionalisierung* und *Nivellierung* der Arbeitsprozesse besteht die Struktur- und Funktionsbedingtheit der Freizeit gerade in *dem möglichst großen und freien Entscheidungsspielraum* des Arbeitnehmers, so daß er über eine reale Möglichkeit zur selbstverantwortlichen Entfaltung seiner Persönlichkeit, seiner Würde und seiner Selbsterfüllung verfügen kann[393]. Während also für die *Arbeitswelt* die Eingliederung des Arbeitnehmers in eine kollektivbestimmte Ordnung und die daraus resultierenden Bindungen typische Merkmale sind, stellt das Feld der *Freizeit* die Domäne der freien Persönlichkeit dar[394]. Dieser *fundamentale Unterschied* zwischen den beiden Lebensbereichen des Arbeitnehmers darf jedoch nicht zur Außerachtlassung einer gewissen zwischen ihnen bestehenden durch die moderne Industriegesellschaft bedingte Interdependenz verleiten[365]. Die ihr innewohnenden und allmählich wachsenden *Entfremdungs-* und *Vermassungsgefahren* sind im Hinblick auf die *Interaktion*[396] zwischen Betrieb und Gesellschaft und die daraus sich ergebende Tendenz zu einer durch Introjektion, Internalisation und Reproduktion zustandegekommene unterbewußten Übertragung der „Arbeitszwänge“ auf die Lebensgestaltung des Arbeitnehmers außerhalb der Arbeit besonders zu beachten[397].

Bei der Untersuchung des hier anstehenden Problems anhand von typischen Konfliktsituationen ist zu bedenken, daß der Rechtsetzungsmacht der Betriebspartner aus *arbeitsrechtlichen* und besonders aus *verfassungsrechtlichen* Gründen der Eingriff in die Gestaltung der Freizeit verwehrt ist[398]. Freilich ist die persönliche Freiheit des Menschen schon durch seine eigene Veranlagung und seine sonstigen sozialen Bindungen eingeschränkt. Dies bringt der Vorbehalt des Art. 2 I

perdey (III), 409; *Krüger,* Sinn und Grenzen der Vereinbarungsbefugnis der Tarifvertragsparteien, Gutachten für den 46. DJT, 81; *Stahlhacke,* RdA 1959, 266; *Dietz* (I), Vorb. 21 vor § 56 BetrVG 1952; *Säcker* (III), 433 f., 454; *Fitting - Auffarth,* § 77 Anm. 35 BetrVG; BAG AP Nr. 1 zu § 399 BGB; ArbG Marburg/Lahn, Urteil vom 27. 11. 1962, Ca 651/62; rechtskräftig.

[393] Vgl. dazu die in der obigen Fußn. genannten Autoren; vgl. auch § 75 Abs. 2 BetrVG.

[394] Ebenso *Herschel,* in: Arbeitszeit und Freizeit, Nürnberger Abhandlungen, Heft 15, 171, der in der Freizeit ein negatives und ein positives Element erblickt: nämlich die Freiheit von der Pflicht zur Dienstleistung und die Freiheit zur menschlichen Autonomie.

[395] In diesem Zusammenhang bezeichnet *Herschel* (VI), 169, die Arbeitszeit und die Freizeit, wie Land und Meer, als reziproke Erscheinungen; vgl. auch dazu unten S. 73.

[396] Vgl. dazu oben S. 20.

[397] Charakteristisch dafür ist die These, daß Freizeit unter den Zwang der Nicht-Freizeit gerät, was auf den *relativen* Charakter der Freizeit hinweist; vgl. dazu *Rosenmayr,* in: Soziologie der Freizeit, 220 f.

[398] Vgl. dazu Art. 1 Abs. 1 und 2 Abs. 1 GG sowie § 75 Abs. 2 BetrVG.

GG zum Ausdruck, aufgrund dessen die freie Entfaltung der Persönlichkeit die Rechte anderer nicht verletzen und gegen die verfassungsmäßige Ordnung oder das Sittengesetz nicht verstoßen darf. Dabei sei auch betont, daß der *absolute Geltungsanspruch der Grundrechte* nur unter Berücksichtigung der *Partikularität* des vorliegenden konkreten Tatbestandes geltend gemacht werden kann[399]. Eine schematische, abstrakte, generalisierende und dann auf den Individualfall projezierte Inhaltsbewertung der Grundnormen ist also untersagt. Im Gegenteil muß man dabei den Inhalt der Grundrechtsnormen anhand einer *problemspezifischen, differenzierten Konkretisierung des Einzelfalles* bestimmen[400].

Wie schon an anderer Stelle hervorgehoben wurde, hat der eingetretene Wandel der sozialen Funktion des *Arbeitsverhältnisses* seine durch einen strukturimmanenten Interessengegensatz gekennzeichnete Eigenschaft als *Schuldverhältnis* nicht aufgehoben. Dadurch ist lediglich die kollektivrechtliche Betrachtungsweise und die ihr zugrunde liegende sozialpolitische Schutzfunktion in den Vordergrund gerückt[401]. Der Annahme eines *personenrechtlichen gemeinschaftsbezogenen Elements* des Arbeitsverhältnisses[402], die auf die *Lehre Otto von Gierkes* zurückgeht, liegt in der Tat kein Wandel seiner rechtlichen Betrachtungsweise zugrunde, der die Verdinglichung der Arbeitskraft beseitigen könnte[403]. Die Einführung des personenrechtlichen Elements sollte *lediglich* zur Beseitigung der unbilligen Folgen beitragen, die die Vormachtstellung

---

[399] Dies wurde vor allem von *Luhmann* (Grundrechte als Institution, 1965; dazu vgl. *Podlech*, Der Staat, Bd. VI, 1967, 341 ff.) herausgearbeitet.

[400] Vgl. dazu *Säcker* (III), 234.

[401] Vgl. oben S. 44.

[402] Wie wichtig die Beantwortung der Frage, ob das Arbeitsverhältnis als schuldrechtliches Austauschverhältnis oder als personenrechtliches Gemeinschaftsverhältnis für die Abgrenzung von Arbeitsverhältnis und Privatsphäre ist, läßt sich daran zeigen, *daß nur die Anerkennung des schuldrechtlichen Charakters des Arbeitsverhältnisses die Trennung beider Lebensbereiche möglich macht;* ebenso richtig *Schwerdtner* (I), 75.

[403] Vgl. dazu *Simitis* (I), 277 ff.; *Mauridis*, RdA 1956, 446; *Schwerdtner* (I), 85 ff.; *Wolf* (I), 33 f.
Das Arbeitsverhältnis als personenrechtliches Gemeinschaftsverhältnis bezeichnet der überwiegende Teil der Lehre, wie auch die Rechtsprechung, vgl. dazu *Nikisch* (I), 162; *Hueck - Nipperdey* (I), 100; *Siebert*, RdA 1958, 366 f.; *Benda*, 439 ff.; BAG AP Nr. 2 zu § 616 BGB; BAG AP Nr. 2 zu § 611 BGB Beschäftigungspflicht; BAG AP Nr. 10 zu § 611 BGB Lohnanspruch unter III; BGHZ 21, 112 ff.; BVerfGE 7, 342 ff.; *Wiedemann* (I), 26 ff., 33 ff., 36, vertritt die Auffassung, daß das Arbeitsverhältnis nur ein Gemeinschaftsverhältnis, kein personenrechtliches Verhältnis darstellt. Die Ansicht Wiedemanns, daß das Arbeitsverhältnis als Gemeinschaftsverhältnis sich notwendigerweise an die Gesamtheit der Person des Arbeitnehmers wende und daher ein Gesamtverhalten fordere, führt jedoch im Endeffekt zu einer der personenrechtlichen Theorie gleichstehenden Betrachtungsweise und entsprechenden Ergebnissen. Vgl. dazu *Wolf* (I), 33 ff.

des Arbeitgebers durch die uneingeschränkte Anwendung der Vertragsfreiheit auslöste[404]. Selbst diejenigen Autoren, die ein *personenrechtliches Element*[405] bzw. eine *Personenbezogenheit*[406] im Arbeitsverhältnis erblicken, und sogar diejenigen, die eine *Gemeinschaft* zwischen Arbeitgeber und Arbeitnehmer annehmen[407], gehen davon aus, daß das Arbeitsverhältnis funktionsgemäß eine die gesamte Persönlichkeit des Arbeitnehmers erfassende Regelung nicht enthalten kann. Andernfalls wäre der einzelne Arbeitnehmer letzten Endes in ein *Rechtsobjekt* degradiert, was mit dem die moderne Rechtsordnung tragenden Grundsatz der *Subjektivierung des Menschen* nicht in Einklang stünde[408].

Die vorstehenden Überlegungen führen zur Feststellung, daß die Betätigungen des Arbeitnehmers, die außerhalb des Arbeitsverhältnisses und seiner Ordnung durchgeführt werden, der freien und selbstverantwortlichen Entfaltung seiner Persönlichkeit dienen, ohne daß sie einen *direkten Bezug zum Arbeitsverhältnis* aufweisen. Aus diesem Grunde sind sie einer arbeitsrechtlichen Gestaltung entzogen[409]. Damit ergibt sich, daß die Gestaltung der Freizeit als Bestandteil der freien

---

[404] *Simitis* (I), 275, bemerkt zutreffend dazu: „in der rechtlichen Anerkennung des personenrechtlichen Elements lag der erste Versuch der Rechtswissenschaft, einen untragbar gewordenen Zustand zu beseitigen, einen Ausweg aus der durch die Unhaltbarkeit des Gedankens der Vertragsfreiheit hervorgegangenen Krise des rechtswissenschaftlichen Denkens zu finden"; vgl. dazu auch *Schwerdtner* (I), 86.

[405] Vgl. dazu statt aller neuerdings *Jobs*, ZfA 1972, 331 ff.

[406] So *Farthmann*, RdA 1960, 5 ff.; *Pinther*, AuR 1961, 225 ff.; *Küchenhoff*, in: Erman, BGB-Komm. 1967, Bd. I, 1124; *Schwerdtner* (I), 86 f.

[407] *Hueck - Nipperdey* (II), 128 ff.; *Küchenhoff*, 1124; auch bereits *Siebert*, Faktische Vertragsverhältnisse, 1957, 83.

[408] Ebenso *Siebert*, 83; *Hueck - Nipperdey* (II), 130; *Schwerdtner* (I), 87; wie weit eine totalitäre, sich auf die Idee einer Betriebsgemeinschaft zwischen Arbeitgeber und Arbeitnehmer stützende Auffassung über ein in die Gesamtheit der Persönlichkeit eingreifendes Arbeitsverhältnis führen kann, wurde unter der Geltung des „Gesetzes zur Ordnung der nationalen Arbeit" (AOG) erschreckend deutlich; dazu vgl. vor allem *Rüthers*, RdA 1970, 99 ff.

[409] Diese Regelungssperre umfaßt sowohl den Arbeitgeber als auch die Kollektivpartner; vgl. dazu *Säcker* (III), 228 ff., 433 f., 454, mit zahlreichen Literaturnachweisen; vgl. auch dazu BAG AP Nr. 69 zu Art. 3 GG; *Günther*, DB 1969, 25 f., 30. Was insbesondere die Bindung des Arbeitgebers an die Grundrechtsnormen bei Einführung allgemeiner Arbeitsbedingungen anbetrifft, die sich aus der Notwendigkeit einer einheitlichen betrieblichen Ordnung teilweise rechtfertigen läßt, muß darauf hingewiesen werden, daß der Richter aufgrund der ihm obliegenden *Billigkeitskontrolle* (gemäß § 315 Abs. 3 Satz 2 BGB) verpflichtet ist, etwa durch Aufstellung von allgemeinen Arbeitsbedingungen verletzte Grundrechte „im Wege unterverfassungsrechtlicher Konkretisierung der Grundrechtsnorm in Bezug auf die privatautonom gestörte Interessenlage zur Geltung zu bringen"; so zutreffend *Säcker* (III), 231; vgl. auch oben S. 75 f.; vgl. ferner BAG AP Nr. 25 zu Art. 12 GG; BAG AP Nr. 26 zu Art. 12 GG; BAG AP Nr. 36 zu § 611 BGB Gratifikation; BAG, DB 1970, 352.

und eigenverantwortlichen Persönlichkeitsentfaltung *grundsätzlich* allein der Entscheidung des einzelnen Arbeitnehmers zu überlassen ist[410].

2. Die Urlaubszeit

Innerhalb der dem Arbeitnehmer zur Verfügung stehenden Freizeit spielt die *Urlaubszeit* wegen ihrer Dauer, Kontinuität und Zweckbestimmung eine dominierende Rolle. Sie bewirkt nicht nur eine Befreiung des Arbeitnehmers von seiner Arbeitspflicht; sie bezweckt vielmehr auch, ihm die Möglichkeit zu einer *freien* und *autonomen* Gestaltung seines außerhalb der Arbeitsordnung liegenden Lebensbereiches zu verschaffen[411]. Das Hauptmerkmal des Urlaubs, das seiner Struktur und Zweckbindung innewohnt, besteht also in dem „Sich-innerlich-frei-fühlen" zum Zweck der Selbstverwirklichung[412].

Im Hinblick darauf, daß der arbeitende Mensch seine Energie und seine Zeit überwiegend innerhalb der Arbeitsordnung aufwendet, finden die verfassungsrechtlichen Garantien *der Unantastbarkeit der Menschenwürde* (Art. 1 Abs. 1 GG) und *der freien Persönlichkeitsentfaltung* (Art. 2 Abs. 1 GG) sowie ihre *betriebsverfassungsrechtliche Positivierung* (§ 75 Abs. 2 BetrVG) in der Urlaubszeit ihre effektive Aktualisierung[413]. In diesem Zusammenhang führt *Karakatsanis* zutreffend aus, der Arbeitnehmer sei nicht als eine Maschine zu betrachten, die in den Urlaub zur Reparatur geschickt werde, damit sie wieder zu bestimmten Produktionszwecken benutzt werden könne, sondern als eine Persönlichkeit, die zu ihrer Entwicklung des freien Klimas bedürfe[414].

Es ist daher der Gestaltungsmacht der Betriebspartner entzogen, den Arbeitnehmer dazu *zu zwingen*, seinen Urlaub an einem bestimmten Ort zu verbringen, oder sein Verhalten während des Urlaubs in einer bestimmten Art und Weise *zu reglementieren*[415]. Jegliche Art von Urlaubssteuerung würde also dem Urlaubszweck widersprechen, dem

---

[410] So könnte z. B. kollektivrechtlich eine Pflicht, bei einem bestimmten Sportverein Mitglied zu werden nicht geregelt werden, selbst wenn ein solcher Verein finanziell oder organisatorisch mit dem Betrieb verbunden und auf die Beteiligung der Betriebsangehörigen angewiesen sein sollte (Fußballverein); vgl. auch dazu das Problem der Teilnahme an betrieblichen Geselligkeitsveranstaltungen (Betriebsausflug), unten S. 151 ff.

[411] Ebenso *Herschel* (VI), 171; würde man die Verwendung und Gestaltung der Urlaubszeit einer Bindung bzw. Reglementierung unterwerfen, dann würde man ihr gerade ihre besten und wertvollsten Eigenschaften abnehmen; so richtig *Lehmann*, Praktische Arbeitspsychologie, 2. Aufl. 1962, 396.

[412] *Lehr*, Reisebüro, Nr. 3, 1964, 3.

[413] Ebenso auch *Günther*, AuR 1963, 77 (83); *Molitor - Volmer*, Jugendarbeitsschutzgesetz, Komm., 1961, Anm. 29 zu § 19 JarbSchG.

[414] *Karakatsanis*, 94.

Arbeitnehmer die Möglichkeit zu geben, sich von der Entfremdung der Arbeitsordnung und der Betriebsorganisation freizumachen und ohne irgendeinen Zwang vollständig seine Persönlichkeit zu entfalten[416]. Selbst wenn man jedoch den Urlaubszweck allein in der *„Erholung“* sehen würde[417], wäre nach dem hier einschlägigen BUrlG nicht einmal eine Pflicht zu einer bestimmten Erholungsart herzuleiten[418]. Im übrigen kann m. E. die Erholung nicht ausschließlich unter medizinischem Blickwinkel betrachtet werden, sondern ebenfalls als Möglichkeit, über sich selbst frei zu verfügen, und als „Gelegenheit zur Selbstbesinnung und Pflege der eigenen Neigungen in selbstgewählter Beschäftigung mit Natur und Kultur“[419].

Daß der Urlaub als der *Kernbereich* der Freizeit des Arbeitnehmers der Regelungsmacht der Betriebspartner im Prinzip nicht unterliegt, darf aber nicht soweit führen, ihn als eine hermetisch abgekapselte, den Betriebspartnern vollkommen unzugängliche Sphäre zu betrachten[420]. So wären z. B. Betriebsvereinbarungen durchaus denkbar, die *Erwerbstätigkeiten* untersagen, die dem *Urlaubszweck*, d. h. der von der Arbeitsentfremdung losgelösten, freien Betätigung, *widersprechen*[421]. Der

---

[415] Mögen auch die Betriebspartner als Träger einer Sozialeinrichtung (§§ 87 Abs. 8, 88 Abs. 2 BetrVG) daran ein Interesse haben, um die betriebliche Institution rentabel betreiben zu können; vgl. dazu auch *Karakatsanis*, 94.

[416] Vgl. dazu *Huhn*, BB 1962, 300 (303).

[417] In Literatur und Rechtsprechung besteht keine einheitliche Auffassung, welchem Zweck der Jahresurlaub dienen soll. Zumeist wird der Urlaubszweck im Erholungsgedanken gesehen; diese Betrachtungsweise beruht auf medizinischen Gesichtspunkten, die nur die rein physischen Wirkungen des Urlaubs berücksichtigen; dazu vgl. statt vieler *Beerweiler*, Erholungsurlaub, Diss. 1952, 41, 76; *Hecklinger*, BB 1963, 818 (820 und 821) geht sogar so weit, daß er jede erholungswidrige Tätigkeit als unzulässig bezeichnet. Die Erholung als Urlaubszweck betrachtet auch das BAG in einer Reihe von Entscheidungen; vgl. dazu BAGE, 3, 60 (62); BAGE 3, 215 (216); BAG AP Nr. 21 zu § 611 BGB Urlaubsrecht. Andere Autoren haben auf die psychischen Wirkungen des Urlaubs größeren Wert gelegt; so *Klose*, Forum Philippinum 1960, 20; vgl. auch *Bongartz*, Rechtsnatur und Inhalt des Urlaubsanspruches, Diss. 1957, 30; BAG AP Nr. 1 zu § 611 BGB Urlaub und Kur; BAG AP Nr. 1 zu § 12 ArbPlatzSchutzG; *Siara*, Bundesurlaubsgesetz, 1963, Anm. 1 zu § 8. Eine dritte Meinung betrachtet allein die persönliche Freiheit als den Urlaubszweck; so *Baumert*, DB 1966, 1965 f.; *Günther*, 77 (83); *Huhn*, 300 (303).

[418] Vgl. dazu *Dersch - Neumann*, BUrlG-Komm., Anm. 14 zu § 8; *Stahlhacke*, BUrlG-Komm., Anm. 1 zu § 8; *Karakatsanis*, 94; *Böhner*, DB 1969, 485; LAG Baden-Württ., DB 1968, 580; AG Ulm, DB 1968, 716; a. A. *Hecklinger*, 820 f.

[419] So zu Recht *Klose*, 20; vgl. dazu *Bongartz*, 30; BAG AP Nr. 1 zu § 611 BGB Urlaub und Kur.

[420] Dies ließe die bestehende Interdependenz zwischen den Bereichen der Arbeitszeit und Freizeit außer acht und würde zu wirklichkeitsfremden Ergebnissen führen; vgl. oben S. 144.

[421] Denn eine lediglich auf Erwerb gerichtete Tätigkeit während des Urlaubs kann unter Umständen den Urlaubszweck, nämlich die Selbstbestimmung des Arbeitnehmers, in der Tat vereiteln; vgl. dazu *Hueck - Nipperdey - Stahlhacke*, TVG, Anm. 166 zu § 1.

Entschluß, eine solche Urlaubsarbeit aufzunehmen, läßt sich auf den ersten Blick zwar als Folge der geforderten Entscheidungs- und Verfügungsfreiheit des Arbeitnehmers betrachten. Die Folge davon, d. h. die *„Versetzung"* des Arbeitnehmers von der einen Herrschaftsordnung in eine andere, steht im Widerspruch zu der vom Urlaub bezweckten schöpferischen Persönlichkeitsbildung des Arbeitnehmers. Ob und inwieweit außerdem die Entscheidung des Arbeitnehmers, für den Urlaub einen Arbeits- oder Dienstvertrag abzuschließen, tatsächlich frei getroffen wird, mag zweifelhaft erscheinen, da diese „freiwillige" Bindung an die wirtschaftliche Macht eines anderen durch *„wirtschaftliche Sachzwänge"* ausgelöst wird. Angesichts des *Konsums-* und *Leistungscharakters* der Industriegesellschaft, die unaufhörlich neue Bedürfnisse weckt und mit neuen Konsumgütern den Markt überflutet, ist nicht schwer zu ersehen, daß das Eingehen eines Urlaubsarbeitsverhältnisses häufig nicht als notwendig für die Befriedigung primärer Bedürfnisse und für die Existenzsicherung des Arbeitnehmers und seiner Familie erscheint. Es ist oft lediglich auf die Befriedigung *sekundärer,* zumeist durch den *„Leistungsdruck"* unserer Industrieepoche ausgelöster Bedürfnisse angelegt. Das die Wertvorstellungen des Grundgesetzes beherrschende Postulat einer effektiven Gewährleistung der Würde und der schöpferischen Entfaltung des Menschen, dem im Rahmen der Freizeitgestaltung eine besondere Bedeutung zukommt, darf nicht im Namen einer *lebensfremden, formalisierten* Auffassung von Entscheidungsfreiheit ausgehöhlt und umgangen werden[422]. Eine *dynamisch-konkrete gesellschaftsbezogene* Betrachtungsweise der persönlichen Freiheit, wie sie sich im Urlaub gestaltet, kann nicht den „Verkauf" der Urlaubszeit im Namen häufig sehr unwichtig erscheinender wirtschaftlicher Vorteile zulassen.

Dieser Gedanke hat schon der Gesetzgeber im § 8 BUrlG Rechnung getragen, indem er die Ausübung einer dem Urlaubszweck widersprechenden Erwerbstätigkeit verboten hat. Diese gesetzliche Regelung führte zwar zu einer rechtsdogmatischen Klärung der betreffenden Problematik und dementsprechend zu einer Beschränkung ihrer praktischen Bedeutung. Angesichts der Tatsache aber, daß die Ordnung des Urlaubsrechts zu den klassischen Aufgaben der Betriebspartner gehört, die Aufstellung allgemeiner Urlaubsgrundsätze und des Urlaubsplans sogar zu den obligatorischen Mitbestimmungsrechten, sind kraft des § 88 BetrVG freiwillige Betriebsvereinbarungen denkbar, die, ohne über die Schranken des § 8 BUrlG hinauszugehen, den Urlaubszweck fördernde Bestimmungen enthalten. So wäre eine Betriebsvereinbarung zulässig, die für Arbeitnehmer, die *besonders gesundheitsgefährdende Arbeiten* verrichten, einen zusätzlichen *Sonderurlaub* unter der

---

[422] Vgl. dazu oben S. 146.

Bedingung vorschreibt, daß dieser Urlaub *in einem besonderen Ferienheim unter ärztlicher Überwachung* zu verbringen ist. Unzulässig wäre hingegen die in einer Betriebsvereinbarung enthaltene Pflicht des Arbeitnehmers, sich *auf eine bestimmte Art* zu erholen[423].

Die oben dargestellte *Zweckbestimmung* der Urlaubszeit, wie sie insbesondere im § 8 BUrlG ihren positivrechtlichen Niederschlag gefunden hat, bedeutet allerdings nicht, daß *jegliche* auf Erwerb ausgelegte Tätigkeit verboten ist.

Man muß zunächst bei der Betrachtung der persönlichen Freiheit im Urlaub die bereits *vor* Urlaubsantritt eventuell aufgenommenen und noch bestehenden Arbeitsverhältnisse in Betracht ziehen Art. 2 Abs. 1 GG)[424]. Besteht bereits vor Urlaubsantritt ein anderes Arbeitsverhältnis und fallen die Urlaubszeiten in beiden Arbeitsverhältnissen nicht zusammen, dann kann der Arbeitnehmer bei seinem zweiten Arbeitgeber weiterarbeiten[425]. Auch *eine bisher erlaubte* Nebentätigkeit, durch die die Arbeitspflicht nicht verletzt und der Arbeitgeber durch Wettbewerb nicht geschädigt wird, darf ausgeübt werden[426]. Auch eine Nebenbeschäftigung, *die erst bei Urlaubsantritt und für dessen Dauer* aufgenommen wird, durch die die Arbeitspflicht nicht verletzt und der Arbeitgeber nicht durch Wettbewerb beeinträchtigt wird, dürfte nicht ohne weiteres als eine dem Urlaubszweck widersprechende Erwerbstätigkeit angesehen werden[427].

Nicht jede Urlaubsarbeit, die auf Erwerb gerichtet ist, ist als dem Urlaubszweck zuwiderlaufend zu betrachten. *Erwerbszweck* und *Urlaubszweck* müssen nicht immer in Konflikt zueinander geraten. Man muß vielmehr bei dem konkreten Kollisionsfall auf dem *überwiegenden Zweck* abstellen. Dient eine Arbeit primär dem Erwerb, so ist sie verboten. Tritt hingegen der Urlaubszweck in den Vordergrund, so ist sie erlaubt[428]. Wenn z. B. eine Stenotypistin im Urlaub eine Aushilfstätigkeit in einem anderen Büro annimmt, um Geld zu verdienen, so ist diese Beschäftigung als eine dem Urlaubszweck eindeutig zuwider-

---

[423] Ebenso auch *Schmidt*, 73; *Karakatsanis*, 94.

[424] Überdies käme man sonst zu einer absoluten Wirkung des Urlaubszweckes, die in sich ein unfreies Element trägt.

[425] *Dersch - Neumann*, Anm. 4 b zu § 8; vgl. auch LAG Kiel, BB 1952, 948.

[426] *Staudinger - Nipperdey - Neumann*, Anm. 166 zu § 611 BGB; *Siara*, Anm. 3 zu § 8 BUrlG.

[427] Nach dem Urteil des AG Ulm, DB 1968, 716, kommt den Urlaubswünschen des Arbeitnehmers auch dann Vorrang zu, wenn der Arbeitnehmer den Urlaub nicht zu seiner Erholung, sondern z. B. zu einem Umzug verwenden wird. Wann eine dem BUrlG widersprechende Tätigkeit vorhanden ist, läßt sich nur aus den Umständen des Einzelfalles ersehen.

[428] Ähnliche Erwägungen zum § 81 BetrVG 1952: BAG, Beschluß vom 22. 2. 1966, AP Nr. 4 zu § 81 BetrVG; vgl. auch *Mayer-Maly*, Erwerbsabsicht und Arbeitnehmerbegriff, 1965, 23 ff.

laufende Erwerbstätigkeit zu betrachten[429]. Läßt sich hingegen ein Büroangestellter im Urlaub zum Ausgleich für seine sitzende Bürotätigkeit in der Landwirtschaft beschäftigen, so geht es dabei um eine der Erholung dienende Betätigung, selbst wenn er dafür den vollen Lohn eines landwirtschaftlichen Arbeitnehmers erhielte[430].

Eine Betriebsvereinbarung, die jegliche Erwerbstätigkeit, auch diejenige, die dem Urlaubszweck nicht beeinträchtigt oder ihn sogar begünstigt, verbietet ist unzulässig[431]. Denn es ist den Betriebspartnern verwehrt, sich über den Inhalt des § 8 BUrlG hinaus in die Urlaubsgestaltung einzuschalten und eine Tätigkeit zu untersagen, die sowohl mit der Zweckbindung des § 8 BUrlG als auch mit Sinn und Zweck der freien Freizeitgestaltung in Einklang steht[432].

Auf die praktische Bedeutung solcher den § 8 BUrlG konkretisierenden und dem Urlaubszweck dienenden Betriebsvereinbarungen weist noch die Tatsache hin, daß das betreffende Gesetz *gewisse Unklarheiten* enthält, insbesondere in Bezug auf die Folgen eines Verstoßes gegen das Verbot des § 8 BUrlG[433]. Dies gilt zum Beispiel für die Fragen, ob eine persönliche Notlage vom Urlaubsbetätigungsverbot oder doch von der Rückzahlungspflicht befreit oder ob eine durch eine verbotene Urlaubsarbeit ausgelöste Erkrankung des Arbeitnehmers den Arbeitgeber von der Lohnfortzahlung befreit[434]. Mit Recht bemerkt daher *Biedenkopf*[435] in diesem Zusammenhang, daß der § 8 BUrlG ohne die normative Regelung dieser und anderer Fragen kaum einheitlich anwendbar sei.

3. Teilnahme des Arbeitnehmers an einem Betriebsausflug

Im Rahmen dieses Kapitels über die Eingriffsmöglichkeiten der Betriebspartner in die Freizeitgestaltung des Arbeitnehmers wurde zuerst die auf den Urlaub bezogene Problematik wegen ihrer besonderen Bedeutung innerhalb des Freizeitbereichs untersucht. Als näch-

---

[429] Denn hier wird in erster Linie und planmäßig der Erwerb bezweckt; vgl. dazu LAG Hamm, DB 1968, 715.

[430] Vgl. dazu *Monjau*, DB 1959, 1245; *Rewolle*, DB 1963, 1286.

[431] Dafür zu berücksichtigende Momente sind z. B. Art. Umfang, Schwere, Dauer, Regelmäßigkeit der Urlaubsarbeit. Vgl. dazu *Böhner*, 485.

[432] Denn sofern dem Arbeitnehmer nach § 8 BUrlG keine Beschränkungen auferlegt sind, können solche auch nicht durch Betriebsvereinbarung statuiert werden; andernfalls würde damit der Urlaubsanspruch als solcher berührt; vgl. dazu *Hueck - Nipperdey* (III), 189 ff.; *Stahlhacke* (I), Anm. 15 zu § 8; vgl. ferner § 13 I 1 BUrlG, der den Betriebspartnern engere Grenzen setzt (argumentum a contrario).

[433] Vgl. dazu *Hecklinger*, 820 f. in Bezug auf die Regelungsmöglichkeiten der Tarifvertragsparteien; so auch *Biedenkopf* (I), 259.

[434] Dazu *Rewolle*, 1286 f.

[435] *Biedenkopf* (I), 260, hinsichtlich der Regelungsbefugnis der Tarifpartner.

stes ist die Freizeit *im weiteren Sinne* zu behandeln. Sie ist wegen ihrer *unmittelbaren* Verbindung mit der Arbeitszeit von großer praktischer Bedeutung.

In diesem nicht einheitlichen am längsten die Freizeit in Anspruch nehmenden Freizeitbereich stellt der *Betriebsausflug* ein Beispiel dar, das sich durch seine *Typik* und seine *Einprägsamkeit* für eine eingehende Untersuchung, insbesondere was die *Teilnahmepflicht* des Arbeitnehmers an solchen Veranstaltungen anbelangt, anbietet[436].

Die spezielle Frage lautet: Ist es den Betriebspartnern erlaubt, durch Betriebsvereinbarung dem einzelnen Arbeitnehmer aufzuzwingen, sich an einem Betriebsausflug zu beteiligen, der außerhalb der Arbeitszeit stattfindet?

Zunächst sei betont, daß Vorbereitung und Durchführung von Betriebsausflügen in der Praxis weitgehend von den Betriebsräten wahrgenommen werden[437]. Ob dabei dem Betriebsrat ein *obligatorisches Mitbestimmungsrecht* in die Hand gelegt ist, stößt auf erhebliche rechtliche Bedenken.

Im Katalog des § 87 Abs. 1 BetrVG sind Betriebsausflüge und sonstige Veranstaltungen *gesellig-gesellschaftlicher* Art nicht genannt. Weiterhin sind sie nicht als unter den Fragenkomplex *„Ordnung des Betriebes"* im Sinne des § 87 Abs. 2 lit. 1 BetrVG fallende Tatbestände anzusehen. Denn zur Ordnung des Betriebes gehören nur die Maßnahmen, die in einem sinnvollen Sachzusammenhang mit dem betrieblichen Geschehen und zwar mit dem Arbeits- und Produktionsprozeß stehen[438]. Bei den Betriebsausflügen fehlt jedoch an solchem Zusammenhang. Selbst wenn solche Veranstaltungen *während* der Arbeitszeit stattfinden, läßt sich dabei der erforderliche Sachzusammenhang nicht erkennen. Denn sie fallen *weder* unter das Direktionsrecht des Arbeitgebers *noch* unter die sog. Treuepflicht des Arbeitnehmers[439]. Im übrigen spricht für diese Auffassung der „Ordnung des Betriebs" die Tatsache, daß etwa auch die Sozialeinrichtungen des Abs. 1 lit. 8 im Gesetz nicht besonders hätten vorgesehen werden müssen[440].

Ein Betriebsausflug kann auch nicht als eine *Sozialeinrichtung* im Sinne des Abs. (2) lit. 8 betrachtet werden. Diese Institutionen beziehen

---

[436] Es ist merkwürdig, daß man trotz der besonderen arbeitsrechtlichen Relevanz dieses Problems vergebens in den arbeitsrechtlichen Lehrbüchern und Kommentaren wie auch in Entscheidungssammlungen nach dem Schlagwort „Betriebsausflug" sucht; so zu Recht *Feller*, RdA 1964, 41.

[437] Vgl. dazu *Feller*, 43.

[438] So BAG AP Nr. 1 zu § 56 BetrVG 1952, Ordnung des Betriebes; *Galperin - Siebert*, Anm. 69 - 70 zu § 56; *Dietz*, Anm. 33 zu § 56. *Fitting - Auffarth*, Anm. 17 zu § 87 BetrVG; *Feller*, 43.

[439] Ebenso auch *Feller*, 42.

[440] So auch richtig *Feller*, 43.

sich nur auf den Betrieb, das Unternehmen oder den Konzern und sind auf Dauer und festen Bestand an zumindest sachlichen Mitteln angelegt, wie es sich aus dem Abs. (2) lit. 8 ableiten läßt[441]. Ein Betriebsausflug kann offenbar diese Voraussetzungen nicht erfüllen. *Ein obligatorisches Mitbestimmungsrecht steht also dem Betriebsrat bei solchen Tatbeständen nicht zu*[442]. Nach alldem bietet der § 88 BetrVG dem Betriebsrat die einzige Möglichkeit, durch *freiwillige Betriebsvereinbarung* dabei mitzuwirken[443].

Es wurde bereits oben gesagt, daß die Betriebspartner das Verhalten des Arbeitnehmers außerhalb der Arbeitszeit sowohl aus arbeitsrechtlichen als auch aus verfassungsrechtlichen Gesichtspunkten nicht einer Reglementierung unterziehen können[444]. Dieselben Bedenken lassen sich auf die hier anstehende Frage übertragen.

Parallel zu den beiderseitigen *primären* Pflichten *(Arbeitsleistung und Arbeitsentgelt)* entspringen aus dem Arbeitsverhältnis — wie aus jedem Schuldverhältnis — sonstige, *sekundäre* gegenseitige *Schutzpflichten*[445, 446]. Der Betriebsausflug als eine Veranstaltung gesellig-gesellschaftlichen Charakters weist wenig sachbezogene Berührungspunkte zum Arbeitsverhältnis auf[447]. Weder die Ordnung des Betriebes und die damit verbundenen schutzwürdigen Interessen des Arbeitgebers noch die unmittelbar aus der Fremdbestimmung der Arbeitsordnung resultierende Schutzbedürftigkeit des Arbeitnehmers rechtfertigen einen Teilnahmezwang an solchen Veranstaltungen[448].

Allerdings können unter Umständen an einen Betriebsausflug Erholungszwecke, Ausbildungsmotive oder sonstige sozialpolitisch relevante Gesichtspunkte geknüpft sein, die im Rahmen der Betriebsklimage-

---

[441] Als solche betrieblichen Institutionen sind z. B. Pensionskassen, betriebseigene Sportanlagen, Erholungsheime usw. zu betrachten; vgl. dazu BAG AP Nr. 6 zu § 56 BetrVG, Ordnung des Betriebes = BB 1957, 645.

[442] Vgl. dazu *Dietz*, Anm. 134 und 135 zu § 56; *Feller*, 43; *Pothe*, MuA 1970, 180.

[443] So auch *Feller*, 43; *Pothe*, 180; *Neumann*, D., AR-BL, Betriebsfeier, I, 1 Übersicht, B 1.

[444] Vgl. oben S. 147 ff.

[445] Vgl. dazu *Mauridis*, 447; *Simitis* (I), 80; *Schwerdtner* (I), 91.

[446] Ebenso im Ergebnis *Feller*, 41, *Neumann*, D, B 1 und *Sturm*, AuSozR 1966, 105, die mit dem Begriff der „Treuepflicht" operieren.

[447] *Feller*, 41 f.; *Sturm*, 105; *Neumann*, D., B 1; *Pothe*, 180.

[448] *Feller*, 41 f.; *Sturm*, 105; *Neumann*, D., B 1; *Pothe*, 180; ArbG Marburg/Lahn, Urteil vom 27. 11. 1962 — Ca 651/62; rechtskräftig = AR-BL Betriebsfeier, Entscheidungen 2; an dieser Stelle erscheint ein Rückblick in die Ära des Nationalsozialismus angebracht und lehrreich, wo der Betriebsausflug als angeblicher Ausfluß von Kollegialität und Solidarität innerhalb einer angeblichen Betriebsgemeinschaft sich in den Händen der Propaganda zum Instrument der Manipulation und Verschleierung sowie der Brüskierung und Ausschaltung von Andersdenkenden verwandelt hatte.

staltung und der der Förderung des kollegialen Verhaltens eventuell nützliche Auswirkungen auslösen können. Ungeachtet der Bedenken gegen solche Verhaltenssteuerung lassen die Unantastbarkeit der Menschenwürde sowie die Schutzwürdigkeit der freien Entfaltung der Person solche kollektivrechtlichen Eingriffe nicht zu[449]. Ein Teilnahmezwang für den einzelnen Arbeitnehmer läßt sich mit diesen verfassungsrechtlichen Normen nicht vereinbaren[450].

Alle diese Gründe bestätigen die *Unzulässigkeit* solcher zur Teilnahme an betrieblichen Ausflügen verpflichtenden Betriebsvereinbarungen[451]. Diese Folgerung läßt sich auf alle diejenigen betrieblichen Veranstaltungen anwenden, *die ihrer Natur nach einem Betriebsausflug gleichzustellen sind*[452]. Dies gilt z. B. für gesellige Betriebsfeiern, betriebssportliche Veranstaltungen, betriebskulturelle Veranstaltungen usw. Hätte eine Betriebsveranstaltung dagegen allein *geschäftlichen* Charakter, wie z. B. Konferenz, Informationsgespräch, Repräsentationspflicht, so wäre die Vereinbarung einer Teilnahmepflicht zulässig. Denn diese Verpflichtung kann aus dem Arbeitsverhältnis im Rahmen des beiden Vertragspartnern obliegenden Interessenschutzes resultieren[453]. Ferner kann eine solche Pflicht im Falle eines Betriebsjubiläums vorliegen, wobei aber irgendwelche daraus resultierenden geselligen Zusammenkünfte ausgenommen sind[454]. Schließlich kann in einem konkreten Fall die Art der Dienstleistung die Teilnahme an einer Betriebsfeier erfordern[455]. Dies gilt z. B. für die Mitglieder einer Betriebskapelle.

4. Die „expansive Zuständigkeit" der Betriebspartner

Wie diese Probleme der Freizeitgewährung im einzelnen zu lösen sind, ist zweifelhaft. Es ist zu prüfen, ob auch in diesem Rahmen Grundsätze herangezogen werden können, die bereits in anderen Bereichen zu einer Begrenzung der Regelungsmacht der Betriebspartner geführt haben. Hierbei ist in erster Linie an die Begrenzung der Zulässigkeit kollektivrechtlicher *Abtretungsverbote* zu denken[456]. Erforderlich ist allerdings, daß eine *ähnliche Interessenlage* gegeben ist.

---

[449] So zu Recht ArbG Marburg/Lahn, 27. 11. 1962; *Feller*, 42; *Neumann*, D., B II; *Pothe*, 180.

[450] Ebenso *Feller*, 4.

[451] So im Prinzip auch *Feller*, 43; *Neumann*, D., B II; *Pothe*, 180; *Fitting-Auffarth*, Komm. z. BetrVG, Anm. 35 zu § 77 BetrVG.

[452] *Feller*, 44; *Neumann*, D., A I; *Pothe*, 180.

[453] Ebenso im Ergebnis *Sturm*, 105; vgl. auch *Pothe*, 180.

[454] So zu Recht *Feller*, 44; *Neumann*, D., B II 2.

[455] *Neumann*, D., B II 2.

[456] Vgl. oben S. 138 ff.

Ausgangspunkt ist auch hier, daß die These, nach der die Kollektivpartner nicht alles regeln können, was Gegenstand des einzelnen Arbeitsvertrages sein kann, dem Sinn und Zweck der kollektivrechtlichen Regelungsbefugnis nicht gerecht werden kann[457]. Ebenso wie bei dem kollektivrechtlichen Abtretungsverbot muß auch im Rahmen kollektivrechtlicher Freizeitgestaltung davon ausgegangen werden, daß der *typischerweise* abgeschlossenen individualrechtlichen Abrede eine potentielle *Mißbrauchsgefahr* innewohnt[458]. Daraus könnte man auf den ersten Blick eine gleiche rechtliche Behandlung der vorliegenden Fallgruppe, d. h. die Annahme einer *erweiterten Regelungskompetenz*, als gerechtfertigt betrachten[459].

Diese Ansicht birgt aber die Gefahr in sich, *daß ihre Anwendung in der Praxis zu einer unaufhaltbaren Ausweitung der Kompetenzsphäre der Betriebspartner führen könnte*[460]. Diese Entwicklung könnte zu einer weitgehenden *Mediatisierung* und *Aushöhlung* der individuellen Freiheitsrechte zugunsten der Kollektivmacht führen. Die Anerkennung einer expansiven Zuständigkeit würde dann praktisch bedeuten, daß der Arbeitnehmer schutzlos der sozialen Macht der Betriebspartner ausgeliefert wäre. Im Extremfall hätte das zur Folge, daß die an sich zum Schutz des Arbeitnehmers geschaffenen Institute in ihrer Bedeutung und in ihrem Zweck dergestalt verkehrt worden wären, *daß statt eine Abschwächung von Herrschaft und einen Machtausgleich lediglich eine Herrschafts- und Machtverlagerung mit sich bringen würden*[461].

Man muß vielmehr, bevor man über die Zulässigkeit einer entsprechenden Betriebsvereinbarung entscheidet, bei die Freizeitgestaltung betreffenden Individualvereinbarungen *alle zur Ermittlung ihrer Zweckbestimmung notwendigen Gesichtspunkte untersuchen und die gesamten den Einzelfall zusammensetzenden Umstände sorgfältig abwägen*. Das maßgebende Kriterium dabei muß m. E. darin erblickt werden, ob und inwieweit der Arbeitgeber *ein nicht zu leugnendes Interesse* an dem Abschluß der betreffenden Vereinbarung hat, so daß

---

[457] Ebenso *Biedenkopf* (I), 254; vgl. auch *Säcker* (III), 431.

[458] Vgl. oben S. 139 f.; so auch *Biedenkopf* (I), 254 f.

[459] Diese Ansicht vertritt offenbar *Biedenkopf* konsequenterweise im Rahmen seiner „Expansionstheorie"; 258.

[460] Diese Gefahren hat selbst *Biedenkopf* (I), 247, gesehen, wenn er ausführt: „Es steht außer Zweifel, daß die Warnung vor der Überwältigung des Individuums durch das Kollektiv vor der übermäßigen Unterwerfung des Arbeitnehmers unter die Kollektivmacht ihre Berechtigung hat. Gleichwohl sind Fälle denkbar, in denen die Unterwerfung unter die Kollektivmacht der Unterwerfung unter die Vormachtstellung des Arbeitgebers vorzuziehen ist". Zu diesen Bedenken vgl. auch die kritischen Bemerkungen Säckers (III), 432.

[461] Ähnlich *Säcker* (III), 432.

die Gefahr besteht, *daß er dieses Interesse durch Ausnutzung seiner Vormachtstellung im Wege des Individualvertrages geltend gemacht hat.* Ließe sich ein solches Interesse nicht hinreichend erkennen, so wäre nicht einzusehen, warum solche individualrechtlichen Abreden eine Expansion der betriebsverfassungsrechtlichen Regelungsbefugnis rechtfertigen sollten. Daß ein konkreter *typischerweise* individualrechtlich geregelter Tatbestand zu den Arbeitsbedingungen gehört, kann *nicht ohne weiteres* den kollektivrechtlichen Eingriff im Namen einer noch nicht nachgewiesenen generellen Mißbrauchsgefahr als zulässig erklären. Man muß vielmehr den vorliegenden Tatbestand einer fallspezifischen, auf seine Eigenart bezogenen Prüfung unterziehen.

Läge dagegen die Feststellung vor, daß hinter der einzelvertraglichen Abmachung ein *eindeutiges arbeitgeberisches Interesse* steckt, so daß eine Reduktion des Arbeitnehmers auf bloße Abschlußfreiheit durch *„einseitig-eigennützige"* Inhaltsgestaltung seitens des Arbeitgebers zu befürchten wäre, dann wäre die Einschaltung des Betriebsrates legitimiert. Die Bezeichnung eines solchen Eingriffs als unzulässig würde eine *Verminderung,* ja eine *Verkehrung* der sozialen Schutzfunktion der Betriebsvereinbarung bedeuten, die die Funktionsfähigkeit und Effektivität des ganzen Kollektivarbeitsrechts recht problematisch machen würde[462].

Steht dem Abschluß einer Betriebsvereinbarung demnach nichts im Wege, dann ist nicht einzusehen, weshalb eine dadurch zustande gekommene *Expansion* des Zuständigkeitsbereichs der Betriebspartner sich in eine Überwältigung des Arbeitnehmers bzw. eine Mediatisierung seiner Privatsphäre entarten könnte[463]. Die dabei bestehende Alternative, zwischen Vormachtstellung des Arbeitgebers und Machtposition des Betriebsrates wählen zu müssen, legt es nahe, daß eine gewisse als unausweichlich erwiesene Bevormundung des Arbeitnehmers seitens seines Repräsentationskollektivs als *notwendiges Übel* zu betrachten und zu bevorzugen ist[464]. Diese Lösung des Konfliktes zwischen der individualistischen und der kollektivistischen Alternative erweist sich angesichts der realen Machtlage innerhalb der Arbeitsordnung als der *einzige Weg, der ein möglichst hohes Maß an Selbstbestimmung durch Mitbestimmung gewährleistet und dadurch zu einer sinnvollen Synthese bringt.* Die Bindung der Betriebspartner an die Grundrechtsnormen sowie an ihre Positivierung im § 75 Abs. 2 BetrVG bildet schließlich diejenige inhaltliche Schranke, an der jede Abweichung der Be-

---

[462] Vgl. dazu *Säcker* (III), 431, der ähnliche Bedenken im Bezug auf die Schutzfunktion der Koalitionen zum Ausdruck bringt.

[463] Solche Bedenken gegen eine solche Zuständigkeitserweiterung erhebt jedoch *Säcker* (III), 432.

[464] Ähnlich *Biedenkopf* (I), 247, in Bezug auf die Tarifautonomie.

triebspartner von ihrer schutzgebundenen expansiven Zuständigkeit scheitern soll[465].

V. Zusammenfassung der gewonnenen Ergebnisse und Schlußbemerkungen

Die Auseinandersetzung mit der Problematik der Innengrenzen der Betriebsautonomie unter Berücksichtigung konkreter umstrittener Fragen hat zur folgenden Grunderkenntnis geführt: Die Abgrenzung der betriebsverfassungsrechtlichen Regelungsmacht durch das Einzelarbeitsverhältnis enthält eine bislang unausgelotete Komplexität und Mannigfaltigkeit. Das Fehlen einer kontinuierlichen historischen Entwicklung der Betriebsrätebewegung[466] und die daraus entstandene Analyse der Betriebsautonomie[467] haben dieses von Natur aus schon recht schwierige Problem noch komplizierter gemacht. Der gesellschaftliche Wandel und die dadurch ausgelöste Veränderung des traditionellen Rechtsverständnisses und -bewußtseins[468] haben neue Anregungen zur Diskussion gegeben und neue interessante Untersuchungsgebiete eröffnet[469].

Die Untersuchung der einzelnen Probleme bzw. Problemkomplexe bot Gelegenheit zu einer kritischen Konfrontation mit den wichtigsten Lösungsvorschlägen, die von der Lehre und der Rechtsprechung entwickelt und herausgearbeitet worden sind. Sie können aufgrund ihres methodischen Ansatzes in drei Kategorien eingestuft werden:

a) Geht man davon aus, *alles*, was möglicher Inhalt des Arbeitsvertrages sein könne, könne auch durch Gesamtvereinbarung geregelt werden[470], dann liegt die Gefahr einer Mediatisierung der Privatsphäre des Arbeitnehmers nahe[471].

---

[465] Ebenso im Ergebnis *Säcker* (III), 247 f., der ein generelles Verbot sämtlicher, einseitig vom Arbeitgeber „erlassener" Regelungen, die nicht der Kompetenz der Kollektivpartner unterliegen, als Alternative dem hier vertretenen Lösungsmodell entgegenstellt.

[466] Zur historischen Entwicklung der Betriebsrätebewegung siehe statt vieler *Teuteberg*, Geschichte der industriellen Mitbestimmung in Deutschland, 1961; *Potthoff*, in: Zwischenbilanz der Mitbestimmung, 1962, 1 (48).

[467] Dies wird besonders deutlich in der Problematik der Herkunft der betriebsverfassungsrechtlichen Regelungsbefugnis; vgl. dazu oben S. 28 ff.

[468] Vgl. dazu oben S. 17 f.

[469] Dies ist z. B. bei der Problematik des Bildungsurlaubs und der Vermögensbildung der Fall; dazu vgl. statt vieler *Biedenkopf*, in: Verhandlungen des 46. DJT 1966, Bd. I, Teil 1, 97 (141); *Richardi* (I), 183 f., 193 ff.; *Krüger*, in: Verhandlungen des 46. DJT 1966, Bd. I, Teil 1, 7 (52 ff.).

[470] So auch schon *Herschel* (I), 45 ff., 73; vgl. dazu auch *Kauffmann*, NJW 1966, 1681 (1685); *v. Carolsfeld*, 61.

[471] Vgl. dazu *Biedenkopf* (I), 247, 255.

Herschel[472] war der Ansicht, daß die Annahme eines *subjektiven, wohlerworbenen, „kollektivrechtsfreien"* Rechts dieser Gefahr effektiv begegnen könnte. Das von ihm zur Abgrenzung der Kollektivmacht vorgeschlagene Kriterium besteht bekanntlich in der Unterscheidung zwischen dem Mutterverhältnis und dem daraus entstandenen verselbständigten Anspruch[473]. Daß formalrechtliche, dogmatische Klarheit und begriffliche Konstruktivität allein nicht ausreichen, eine konkretdynamische, den Problemen der Praxis gewachsene, rechtliche Betrachtung zu bieten, ist ausführlich erörtert worden[474]. Hier sei lediglich betont, daß der Annahme zweier einander ausschließender Regelungsbereiche (Individual- und Kollektivbereich), zu der *Herschel* gelangt, einzuwenden ist, sie beruht methodisch auf einem *petitio principii*[475]. Das zeigt schon die Angreifbarkeit dieser Position.

b) Stellt man im Gegensatz zu *Herschel* darauf ab, daß *nicht alles,* was zum Inhalt des Einzelarbeitsvertrages gemacht werden kann, von einer Gesamtvereinbarung zu regeln sei[476], dann sieht man sich gezwungen, die Annahme einer Beschränkung der Kollektivmacht auf einen stricto sensu verstandenen Begriff von Arbeits- und Wirtschaftsbedingungen durch das Herausarbeiten *kollektivrechtsspezifischer immanenter Gesetzesschranken* zu rechtfertigen[477]. Dieses auf die Schutz- und Ordnungsfunktion der Kollektivvereinbarung ausgerichtete Lösungsmodell[478] stellt im Prinzip sowohl methodologisch-erkenntnistheoretisch als auch rechtsdogmatisch einen *gangbaren Weg* zur Festsetzung der inhaltlichen Grenzen der Kollektivautonomie dar[479].

Es hat sich allerdings herausgestellt, daß der dieser Ansicht zugrunde liegende Gedanke, die kollektivrechtliche Regelungsbefugnis auf die Regelung des unmittelbaren Inhalts des Arbeitsverhältnisses herabzusetzen, dem Sinn und der Funktion kollektivrechtlicher Gestaltungs-

---

[472] *Herschel* (I), 45 ff., 73.

[473] *Herschel* (I), 45 ff.; ähnlich *Karakatsanis,* 82.

[474] Vgl. oben S. 95 f.

[475] Vgl. dazu statt aller *Gamillscheg* (I), 79.

[476] Vgl. dazu statt aller *Hueck - Nipperdey* (III), 408; so auch BAG, 20. 12. 1957, AP Nr. 1 zu § 399 BGB.

[477] Dieses Anliegen haben die Arbeiten von *Siebert* (Kollektivnorm und Individualbereich), *Karakatsanis* (Die kollektivrechtliche Gestaltung des Arbeitsverhältnisses und ihre Grenzen) und *Quasten* (Zulässigkeit und Unzulässigkeit von Betriebsvereinbarungen), um einige charakteristische Beispiele zu nennen.

[478] Dieses Lösungsmodell läßt sich prägnanterweise im folgenden Satz des obigen BAG-Urteils herauskristallisieren: Die Zulässigkeit eines kollektivrechtlichen Eingriffs ist dann zu bejahen, wenn die substantielle Rechtfertigung aus der Natur der Sache unter Berücksichtigung der arbeitsrechtlichen Gesamtzusammenhänge resultiert.

[479] Ebenso *Säcker* (III), 431.

befugnisse nicht gerecht werden kann[480], da er Tatbestände, die in *mittelbarem* oder in *losem Zusammenhang mit dem Arbeitsverhältnis* stehen, d. h. einen wichtigen Sektor des Arbeitgeber-Arbeitnehmer-Verhältnisses bilden, einer *„einseitig-eigennützigen"* Gestaltung seitens des Arbeitgebers überlassen kann[481]. Ist man sich über die Notwendigkeit der Annahme eines erweiterten Verständnisses von Arbeitsbedingungen im klaren, dem auch das, was die Parteien des Einzelarbeitsverhältnisses dazu erklären, unterliegen muß, dann ist der Satz ‚Die Kollektivpartner können nicht alles regeln, was die Parteien des Einzelarbeitsvertrages regeln können' folgendermaßen zu modifizieren: *Was im Einzelarbeitsvertrag geregelt wird, kann auch zum Gegenstand der Kollektivvereinbarung gemacht werden*[482].

c) Schließlich kommt ein Lösungsmodell in Frage, das *sowohl* mit dem Begriff kollektivrechtsfreie Individualsphäre *als auch* mit dem Instrument der Schutz- und Ordnungsfunktion von Kollektivvereinbarungen operiert[483]. Der Ursprung dieses Modells geht auf die Lehre *Sieberts* zurück, deren Schwerpunkt auf die strenge Unterscheidung zwischen Individual- und Kollektivbereich fällt[484]. Daß dieses „so überaus schwierige, in seinen Konturen kaum faßbare Thema des Ineinandergreifens kollektiver und einzelvertraglicher Regelung"[485] weder mit begrifflich starren[486], die wechselvollen Schwierigkeiten der unterschiedlich strukturierten konkreten Tatbestände verschleiernden[487] noch mit logisch haltbaren, aber erkenntnistheoretisch zu unergiebigen Zirkelschlüssen führenden Modellverquickung[488] nicht zu bewältigen ist, wurde besonders unter Hinweis auf das Urteil *des Bundesarbeitsgerichts* vom 20. 12. 1957 deutlich gemacht[489].

Die methodische Inkonsequenz sowie die Unzulänglichkeit der einzelnen vom BAG verwendeten Gesichtspunkte, die bezweckten, die Zulässigkeit eines kollektivrechtlichen Eingriffes aus der Natur der Sache unter Berücksichtigung der arbeitsrechtlichen Gesamtzusammenhänge substantiell zu rechtfertigen, implizierte bereits, *daß ein inhaltlich bestimmtes allgemeingültiges Abgrenzungskriterium sich so nicht herausfinden läßt*[490]. Die Heranziehung des *Vertrauensprinzips* für die

[480] Vgl. dazu oben S. 124 ff., 143 ff.
[481] Ähnlich *Säcker* (III), 431.
[482] So auch *Biedenkopf* (I), 255.
[483] Das neueste Beispiel dafür bietet uns die Arbeit von *Quasten*, 54 ff.
[484] Vgl. dazu oben S. 80 ff.
[485] *Gamillscheg*, JZ 1965, 51.
[486] *Biedenkopf* (I), 253.
[487] *Schmidt*, AcP 1962, 315.
[488] *Säcker* (III), 427.
[489] Vgl. oben S. 130 ff.
[490] So auch *Säcker* (III), 451.

Lösung der Frage der Zulässigkeit einer in bereits entstandene Ansprüche eingreifende Betriebsvereinbarung[491], die Annahme einer *nachwirkenden Regelungsmacht* der Betriebspartner zugunsten der Ruheständler bei der Abänderung entstandener Ruhegeldansprüche[492] und schließlich die *expansive* Betrachtung und Interpretation der Schutzfunktion der Betriebsvereinbarung durch die Miteinbeziehung von Betriebsvereinbarungen, die die Abtretung von Lohnansprüchen verbieten[493] oder unter Umständen auch in die Gestaltung der Freizeit des Arbeitnehmers eingreifen[494], belegen, *daß Abgrenzungsmaßstäbe sich nur für typische Tatbestandsgruppen herausarbeiten lassen, die die Spannung zwischen Individuum und Kollektiv zu einer problembezogenen, sinnvollen und sachgerechten Synthese bringen können*[495].

---

[491] Siehe oben 3. Abschnitt B I 2 c.

[492] Siehe oben 3. Abschnitt B II 3.

[493] Siehe oben 3. Abschnitt B III 5.

[494] Siehe oben 3. Abschnitt B IV 4.

[495] Vgl. dazu *Hueck - Nipperdey* (IV), 1263 ff.; *Canaris,* AuR 1966, 129 ff.; *Müller,* W., 164 ff.; *Richardi* (I), 331 ff., 438 ff., 442 ff.; *Quasten,* 54 ff., *Säcker,* 451 ff.

Literaturverzeichnis

Hinweis über die Zitierweise: Die angeführten Schriften werden in den Anmerkungen in der Regel beim ersten Mal vollständig, sonst aber nur mit Verfassernamen und Seitenzahl zitiert. Sind vom gleichen Verfasser mehrere Schriften angeführt, so werden sie durch römische Ziffern unterschieden, die jeweils hinter dem Verfassernamen in Klammern gesetzt werden.

A. Lehrbücher und Kommentare

Bobrowski-Gaul: Das Arbeitsrecht im Betrieb, 4. Aufl. Heidelberg 1970

Brecht: Kommentar zum Betriebsverfassungsgesetz nebst Wahlordnung, Berlin 1972

Bühring: Handbuch der Betriebsverfassung, Köln 1955

von Carolsfeld: Arbeitsrecht, Göttingen 1954

Dersch: Arbeitsrecht, 5. Aufl., Berlin - Göttingen - Heidelberg 1957

Dietz (I): Betriebsverfassungsgesetz mit Wahlordnung, 4. Aufl., München und Berlin 1967

Enneccerus - Nipperdey: Allgemeiner Teil des Bürgerlichen Rechts, Zweiter Halbband, Tübingen 1960

Erdmann: Das Betriebsverfassungsgesetz vom 11. Oktober 1952, Neuwied 1954

Erdmann - Jürging - Kammann: Betriebsverfassungsgesetz, Kommentar für die Praxis, Neuwied und Berlin 1972

Erman: Handkommentar zum Bürgerlichen Gesetzbuch (mit Einführungsgesetz (teilkommentiert), Abzahlungsgesetz, Schiffrechtegesetz, Ehegesetz, Hausratsverordnung, unter Einarbeitung weiterer einschlägiger Bestimmungen), 5. Aufl. Bd. 1, Achsendorff - Münster 1972

Fitting - Kraegeloh - Auffarth: Betriebsverfassungsgesetz nebst Wahlordnung, 9. Aufl., Berlin und Frankfurt a. M. 1970

Fitting - Auffarth: Betriebsverfassungsgesetz, Handkommentar, 10. Aufl., München 1972

Flume: Allgemeiner Teil des Bürgerlichen Rechts, Bd. II, Das Rechtsgeschäft, Berlin - Heidelberg - New York 1965

Frauenkron: Betriebsverfassungsgesetz mit Wahlordnung, Kommentar, Stuttgart - Berlin - Köln - Mainz 1972

Galperin - Siebert: Kommentar zum Betriebsverfassungsgesetz, 4. Aufl., Heidelberg 1963

Gehlen-Schlesky: Soziologie, Düsseldorf - Köln 1955

v. Gierke: Deutsches Privatrecht, Bd. I, Allgemeiner Teil und Personenrecht, Leipzig 1895

Gnade - Kehrmann - Schneider: Betriebsverfassungsgesetz, Kommentar für die Praxis, Köln 1972

Halberstadt - Zander: Handbuch des Betriebsverfassungsrechts, 2. Aufl., Köln 1972

Hamann - Lenz: Das Grundgesetz für die Bundesrepublik Deutschland vom 23. Mai 1949, 3. Aufl., Neuwied und Berlin 1970

Hautmann-Schmitt: Betriebsverfassungsgesetz vom 15. Januar 1972, München 1972

Huber (I): Wirtschaftsverwaltungsrecht, 2. Aufl. Bd. II, Tübingen 1954

Hueck, A. (I): Deutsches Arbeitsrecht, Grundriß, Berlin 1938

Hueck - Nipperdey (I): Grundriß des Arbeitsrechts, 5. Aufl., Berlin und Frankfurt 1970

— (II): Lehrbuch des Arbeitsrechts, Bd. I von Alfred Hueck, 7. Aufl., Berlin und Frankfurt a. M. 1963

— (III): Bd. II/1 von Nipperdey, 7. Aufl., Berlin und Frankfurt 1967

— (IV): Bd. II/2 von Nipperdey unter Mitarbeit von Säcker, Berlin und Frankfurt a. M. 1970

Hueck - Nipperdey - Stahlhacke: Tarifvertragsgesetz mit Durchführungs- und Nebenvorschriften, 4. Aufl., München und Berlin 1964

Jacobi: Grundlehren des Arbeitsrechts, Leipzig 1927

Kaskel: Arbeitsrecht, 3. Aufl., Berlin 1928

Kaskel - Dersch: Arbeitsrecht, Berlin 1932

Köst: Lehrbuch des Arbeitsrechts, Düsseldorf 1960

Küchenhoff (I): Betriebsverfassungsgesetz, Kommentar, Münster 1954

Maurer-Seipp: Lexikon des Arbeitsrechts von A bis Z, Neuwied und Berlin 1963

Maunz: Deutsches Staatsrecht, 18. Aufl., München 1971

Maunz - Dürig - Herzog: Grundgesetz, München 1971

Maus: Handbuch des Arbeitsrechts, Band VIII Betriebsverfassungsrecht, Baden-Baden 1969

Molitor: Kommentar zur Tarifvertragsordnung vom 23. Dezember 1918/ 1. März 1928 (TarifVO), Berlin 1930

Molitor - Volmer: Jugendarbeitsschutzgesetz, Kommentar, München und Berlin 1961

Monjau (I): Betriebsverfassungsgesetz, Köln 1952

Nebinger: Verwaltungsrecht, Allg. Teil, 2. Aufl., Stuttgart 1949

Neumann-Duesberg (I): Betriebsverfassungsrecht. Ein Lehrbuch, Berlin 1964

Nikisch: Arbeitsrecht (I): Bd. I, Allgemeine Lehren und Arbeitsvertragsrecht, 3. Aufl., Tübingen 1961

— (II): Bd. II, Koalitionsrecht, Arbeitskampfrecht und Tarifvertragsrecht, 2. Aufl., Tübingen 1959

— (III): Bd. III, Betriebsverfassungsrecht, 2. Aufl., Tübingen 1966

Sahmer: Betriebsverfassungsgesetz, Frankfurt a. M. 1972

Schaub: Arbeitsrecht-Handbuch. Systematische Darstellung und Nachschlagwerk für die Praxis, München 1972

Siara: Bundesurlaubsgesetz, Frankfurt a. M. 1963

Sinzheimer: Grundzüge des Arbeitsrechts, 2. Aufl., Jena 1927

Söllner (I): Arbeitsrecht, 3. Aufl., Stuttgart - Berlin - Köln - Mainz 1973

Soergel - Siebert: Bürgerliches Gesetzbuch mit Einführungsgesetz und Nebengesetzen, 9. Aufl., Bd. I und V, Stuttgart - Berlin - Köln - Mainz 1959 und 1961

Stahlhacke (I): Kommentar zum Bundesurlaubsgesetz, 3. Aufl., Neuwied und Berlin 1971

Staudinger - Coing: Kommentar zum BGB, Bd. I, Allg. Teil §§ 1 - 240, 11. Aufl., Berlin 1957

Staudinger - Nipperdey - Neumann: BGB-Kommentar, 11. Aufl., Berlin 1954

Staudinger - Weber: Kommentar zum BGB, Bd. II, Recht der Schuldverhältnisse, Teil I b, 11. Aufl., Berlin 1961

Stege-Weinspach: Betriebsverfassungsgesetz 1972, Köln 1972

v. Tuhr: Der allgemeine Teil des Deutschen Bürgerlichen Rechts, Berlin 1914

B. Monographien und Dissertationen

Adomeit (I): Die Regelungsabrede als die neben der Betriebsvereinbarung zulässige Ausübungsform der Mitbestimmung in sozialen Angelegenheiten (§ 56 BetrVG, § 67 PersVG), 2. Aufl., Düsseldorf 1961

— (II): Rechtsquellenfragen im Arbeitsrecht, München 1969

Beerweiler: Der Erholungsurlaub auf der Grundlage der landesrechtlichen Urlaubsgesetze, Diss. Heidelberg 1952

Benda: Industrielle Herrschaft und sozialer Staat. Wirtschaftsmacht von Großunternehmen als gesellschaftspolitisches Problem, Göttingen 1966

Biedenkopf (I): Grenzen der Tarifautonomie, Karlsruhe 1964

Binding: Die Gründung des Norddeutschen Bundes, Leipzig 1889

— Zum Werden und Leben der Staaten, München - Leipzig 1920

Bley: Die Rechtsnatur der gesetzlichen Betriebsvertretungen, Greifswald 1932

Blomeyer - Buchner: Rückzahlungsklauseln im Arbeitsrecht, Karlsruhe 1969

Bötticher: Waffengleichheit und Gleichbehandlung im kollektiven Arbeitsrecht, Vortrag gehalten vor der Juristischen Studiengesellschaft in Karlsruhe am 3. Februar 1956, Karlsruhe 1956

Bongartz: Rechtsnatur und Inhalt des Urlaubsanspruches, insbesondere unter dem Aspekt einer anzustrebenden bundeseinheitlichen gesetzlichen Regelung, Diss. Bonn 1957

Bücker: Die Zulässigkeit von Individualgesetzen nach dem Grundgesetz, Bonn 1966

Burisch: Industrie und Betriebssoziologie, 6. Aufl., Berlin 1971

v. Craushaar: Der Einfluß des Vertrauens auf die Privatrechtsbildung, München 1969

Dahrendorf (I): Industrie- und Betriebssoziologie, Berlin 1956

Denninger: Rechtsperson und Solidarität, Frankfurt a. M. - Berlin 1967

Dölle: Wirtschaft und Recht, Sonderdruck aus der Festschrift Wissenschaft und Wirtschaft der Metallgesellschaft AG, 1956

Drucker (I): Gesellschaft am Fließband — Eine Anatomie der industriellen Ordnung, Frankfurt a. M. 1949/50

— (II): Gedanken für die Zukunft, Düsseldorf 1959

Eichler: Die Rechtslehre vom Vertrauen. Privatrechtliche Untersuchungen über den Schutz des Vertrauens, Tübingen 1950

Enneccerus - Lehmann: Lehrbuch des Bürgerlichen Rechts, Recht der Schuldverhältnisse, Bd. II, 15. Aufl., Tübingen 1958

Engländer: Die regelmäßige Rechtsgemeinschaft, Berlin 1914

Esser (I): Grundsatz und Norm in der richterlichen Fortbildung des Privatrechts, 2. Aufl., Tübingen 1964

— (II): Vorverständnis und Methodenwahl in der Rechtsfindung, Frankfurt a. M. 1970

Fechner (I): Rechtsphilosophie, Soziologie und Metaphysik des Rechts, 2. Aufl., Tübingen 1962

Fischer: Der Begriff der Vertragsfreiheit, Aarau 1952

Flatow: Betriebsvereinbarung und Arbeitsordnung, Mannheim - Berlin - Leipzig 1923

Forsthoff: Staat und Bürger in der modernen Industriegesellschaft, Göttingen 1965

Friedmann: Zukunft der Arbeit, Perspektiven der industriellen Gesellschaft, Köln 1953

Fürstenberg: Grundfragen der Betriebssoziologie, Köln und Opladen 1964

Gamillscheg (I): Die Differenzierung nach der Gewerkschaftszugehörigkeit, Berlin 1966

— (II): Koalitionsfreiheit und soziale Selbstverwaltung, 1968

Gerlach: Die Geschäftsführungskosten der Betriebsvertretung, 1931

Gester (I): Die betriebsverfassungsrechtliche Stellung von Belegschaft und Betriebsrat, Diss. Köln 1958

Grunsky (I): Grenzen der Rückwirkung bei einer Änderung der Rechtsprechung, Karlsruhe 1970

Günther, Herbert: Die Normativbestimmungen der Betriebsvereinbarungen und das Einzelarbeitsverhältnis, Diss. Marburg 1957

Habermas: Technik und Wissenschaft als „Ideologie“, Frankfurt a. M. 1968

Hablitzel: Verbands- und Betriebsrats*kompetenzen* für rechtsetzende Vereinbarungen im Arbeitsrecht, Diss. Würzburg 1970

Heck: Gesetzesauslegung, Bad Homburg v. d. H. - Berlin - Zürich 1968

Hegel: Grundlinien der Philosophie des Rechts, Frankfurt a. M. 1970

Heissmann: Die betrieblichen Ruhegeldverpflichtungen, 6. Aufl., München 1967

Henkel: Einführung in die Rechtsphilosophie, München und Berlin 1964

Herschel (I): Tariffähigkeit und Tarifmacht, Mannheim und Berlin 1932

Hilger (I): Das betriebliche Ruhegeld, Heidelberg 1959

Hinz: Tarifhoheit und Verfassungsgesetz, Berlin 1970

Hueck, G. (I): Die Betriebsvereinbarung. Wesen — Inhalt — Wirkung, Münster - Köln 1952

Israel: Der Begriff der Entfremdung, Makrosoziologische Untersuchung von Marx bis zur Soziologie der Gegenwart, Hamburg 1972

Jellinek: System der öffentlichen Rechte, Tübingen 1919

Karakatsanis: Die kollektivrechtliche Gestaltung des Arbeitsverhältnisses und ihre Grenzen, Heidelberg 1963

Kelsen: Allgemeine Staatslehre, Berlin 1925

— Reine Rechtslehre, 2. Aufl., Wien 1960

Klein-Barbey: Bundesverfassungsgericht und Rückwirkung von Gesetzen, Bonn 1964

Kopp: Inhalt und Formen der Gesetze als ein Problem der Rechtstheorie mit vergleichender Berücksichtigung der Schweiz, Deutschlands, Frankreichs, Großbritanniens und der USA, Bd. 2, Zürich 1958

Krawietz: Das Positive Recht und seine Funktion, Berlin 1967

Lange: Politische Soziologie, Berlin und Frankfurt a. M. 1961

Larenz: Geschäftsgrundlage und Vertragserfüllung. Die Bedeutung „veränderter Umstände" im Zivilrecht, 3. Aufl., München und Berlin 1963

Lehmann: Praktische Arbeitsphysiologie, 2. Aufl., Stuttgart 1962

Leibholz: Das Wesen der Repräsentation und der Gestaltwandel der Demokratie im 20. Jahrhundert, Berlin 1966

Leisner: Grundrechte und Privatrecht, München 1962

Lersch: Aufbau der Person, 8. Aufl., München 1962

Lieser: Der Mensch im Mittelpunkt? Thesen und Dokumente zur Mitbestimmung, Köln 1971

Luhmann (I): Grundrechte als Institution. Ein Beitrag zur politischen Soziologie, Berlin 1965

— (II): Vertrauen. Ein Mechanismus der Reduktion sozialer Komplexität, Stuttgart 1968

— (III): Soziologische Aufklärung, 2. Aufl., Opladen 1971

Maier: Interdependenz zwischen Mitbestimmung und betrieblicher Partnerschaft, Berlin 1969

Maihofer (I): Rechtsstaat und menschliche Würde, Frankfurt a. M. 1968

Marcuse: Der eindimensionale Mensch, Berlin und Neuwied 1967

Mayer-Maly: Erwerbsabsicht und Arbeitnehmerbegriff, Berlin 1965

Michel: Sozialgeschichte der industriellen Arbeitswelt, 1953

Misera: Tarifmacht und Individualbereich unter Berücksichtigung der Sparklausel, Berlin 1969

Molodovsky: Formlose Absprachen als Rechtsform des Mitbestimmungsrechts in sozialen Angelegenheiten nach § 56 Betriebsverfassungsgesetz, Diss. München 1959

Müller, W.: Die Grenzen der normativen Gestaltungswirkung der Betriebsvereinbarung, Diss. München 1966

v. Nell-Breuning: Streit um Mitbestimmung, Frankfurt a. M. 1968

Neuloh: Der neue Betriebsstil, Tübingen 1960

Neumann, F. (I): Demokratischer und autoritärer Staat, Frankfurt a. M. 1967

Peters - Ossenbühl: Die Übertragung von öffentlich-rechtlichen Befugnissen auf den Sozialpartner unter besonderer Berücksichtigung des Arbeitszeitschutzes, Berlin und Frankfurt a. M. 1967

Quasten: Zulässigkeit und Unzulässigkeit von Betriebsvereinbarungen, Diss. Köln 1971

Parsons: Beiträge zur soziologischen Theorie, Berlin und Neuwied 1964

Radbruch (I): Rechtsphilosophie, 6. Aufl., Stuttgart 1963

— (II): Der Geist des englischen Rechts, 3. Aufl., Heidelberg 1956

— (III): Der Mensch im Recht, Göttingen 1957

Raiser, L. (I): Das Recht der allgemeinen Geschäftsbedingungen, Hamburg 1935

Ramm (I): Die Freiheit der Willensbildung. Zur Lehre von der Drittwirkung der Grundrechte und der Rechtsstruktur der Vereinigung, Stuttgart 1960

— (II): Der Arbeitskampf und die Gesellschaftsordnung des Grundgesetzes. Beitrag zu einer Verfassungslehre, Stuttgart 1965

Reichwein: Funktionswandlungen der betrieblichen Sozialpolitik, Köln und Opladen 1964

Reinhard-König: Richter und Rechtsfindung, München und Berlin 1957

Richardi (I): Kollektivgewalt und Individualwille bei der Gestaltung des Arbeitsverhältnisses, München 1968

Ridder: Zur verfassungsrechtlichen Stellung der Gewerkschaften im Sozialstaat nach dem Grundgesetz für die Bundesrepublik Deutschland, Stuttgart 1960

Rümelin: Das Rechtsgefühl und Rechtsbewußtsein, Rede gehalten bei der akademischen Preisverteilung am 6. November 1925, Tübingen 1925

Rüthers (I): Streik und Verfassung, Köln 1960

— (II): Die unbegrenzte Auslegung. Zum Wandel der Privatrechtsordnung im Nationalsozialismus, Tübingen 1968

— (III): Arbeitsrecht und politisches System, Frankfurt a. M. 1973

Säcker (I): Allgemeine Arbeitsbedingungen im Schnittpunkt von Privat- und Kollektivautonomie, Diss. Köln 1966

— (II): Grundprobleme der Koalitionsfreiheit, Düsseldorf 1969

— (III): Gruppenautonomie und Übermachtkontrolle im Arbeitsrecht, Berlin 1972

Savigny: System des heutigen Römischen Rechts, Berlin 1840

Scheuner: Der Staat und die Verbände, Heidelberg 1957

Schmidt (I): Die Verflechtung kollektiven und individuellen Arbeitsrechts, Diss. Frankfurt 1958

Schütz: Der Grundsatz der Subsidiarität, Diss. Würzburg 1965

Schwerdtner (I): Fürsorgetheorie und Entgeltstheorie im Recht der Arbeitsbedingungen, Heidelberg 1970

Siebert (I): Das Arbeitsverhältnis in der Ordnung der nationalen Arbeit, Hamburg 1935

— (II): Die deutsche Arbeitsverfassung, Hamburg 1942

Simitis (I): Die faktischen Vertragsverhältnisse als Funktion der gewandelten sozialen Funktion der Rechtsinstitute des Privatrechts, Frankfurt a. M. 1957

— (II): Rechtliche Anwendungsmöglichkeiten kybernetischer Systeme (Recht und Staat), Tübingen 1966

— (III): Automation in der Rechtsordnung — Möglichkeiten und Grenzen, Karlsruhe 1967

Simitis (IV): Informationskrise des Rechts und Datenverarbeitung, Karlsruhe 1970

Sinzheimer: Ein Arbeitsgesetz, die Idee der sozialen Selbstbestimmung im Recht, Leipzig 1916

Söllner (II): Einseitige Leistungsbestimmung im Arbeitsverhältnis, Mainz und Wiesbaden 1966

Strasser: Die Betriebsvereinbarung nach österreichischem und deutschem Recht, Wien 1957

Strudthoff: Die Betriebsvereinbarung des BetrVG und ihr Verhältnis zu den Tarifverträgen, Diss. Heidelberg 1955

Teuteberg: Geschichte der industriellen Mitbestimmung in Deutschland, Tübingen 1961

Thieme: Subsidiarität und Zwangsmitgliedschaft. Erwägungen zur Verfassungsmäßigkeit der Arbeitskammer des Saarlandes, 1962

Unterseher (I): Arbeitsvertrag und innerbetriebliche Herrschaft, Frankfurt a. M. 1969

van de Vall: Die Gewerkschaften im Wohlfahrtsstaat, 1966, Köln und Opladen

Vogel: Vertrag und Vereinbarung, Bonn 1932

Weber, M.: Wirtschaft und Gesellschaft, 2 Bände, Köln - Berlin 1964

Wichsel: Der Begriff des wohlerworbenen Rechts im internationalen Privatrecht, Zürich 1955

Wieacker: Zur rechtstheoretischen Präzisierung des § 242 BGB (Recht und Staat), Tübingen 1956

Wiedemann (I): Das Arbeitsverhältnis als Austausch und Gemeinschaftsverhältnis, Karlsruhe 1966

Wlotzke: Das Günstigkeitsprinzip im Verhältnis des Tarifvertrages zum Einzelarbeitsvertrag und zur Betriebsvereinbarung, Heidelberg 1957

Wolf (I): Das Arbeitsverhältnis. Personenrechtliches Gemeinschaftsverhältnis oder Schuldverhältnis, Marburg 1970

Zacher: Freiheit und Gleichheit in der Wohlfahrtspflege, Köln 1964

Zöllner (I): Die Schranken mitgliedschaftlicher Stimmrechtsmacht bei den privatrechtlichen Personenverbänden, München und Berlin 1963

— (II): Die Rechtsnatur der Tarifnormen nach deutschem Recht. Zugleich ein Beitrag zur Abgrenzung von Rechtsetzung und Privatautonomie, Wien 1966

C. Aufsätze und Beiträge zu Sammelwerken

Adomeit (III): Zur Rechtsnatur der Betriebsvereinbarung, BB 1962, 1246

— (IV): Betriebliche Einigungen, BB 1967, 1003

— (V): Thesen zur betrieblichen Mitbestimmung nach dem neuen Betriebsverfassungsgesetz, BB 1972, 53

Bartholomeyczik: Äquivalenzprinzip, Waffengleichheit und Gegengewichtsprinzip in der modernen Rechtsentwicklung, AcP Bd. 166, 1966, 30

Baumert: Konsequenzen eines Verstoßes gegen § 8 Bundesurlaubsgesetz, DB 1966, 1565

Bender: Rechtsstaat und Sozialstaat. Zur Dialektik des heutigen Verfassungsstaates, in: Laisser-faire Pluralismus, Berlin 1966, 319

Betti (I): Der Grundsatz von Treu und Glauben in rechtsgeschäftlicher und vergleichender Betrachtung, Studien zum kausalen Rechtsdenken, in: Festgabe zum 80. Geburtstag von Rudolf Erzbach, 1954, 7

— (II): Über sogenannte faktische Vertragsverhältnisse, in: Festschrift für Heinrich Lehmann, Bd. I, Berlin, Tübingen, Frankfurt a. M. 1956, 253

Bickel: Die normative Wirkung von Betriebsvereinbarungen, ZfA 1971, 181

Biedenkopf (II): Über das Verhältnis wirtschaftlicher Macht zum Privatrecht, in: Festschrift für F. Böhm, Karlsruhe 1965, 119

— (III): Sinn und Grenzen der Vereinbarungsbefugnis der Tarifvertragsparteien (Gutachten), in: Verhandlungen des 46. DJT 1966, Bd. I, Teil 1, München und Berlin 1966, 97

— (IV): Auswirkungen der Unternehmensverfassung auf die Grenzen der Tarifautonomie, in: Festgabe für H. Kronstein, Karlsruhe 1967, 79

Böhner: Die Beurteilung der Nebenbeschäftigung im Arbeits- und Sozialversicherungsrecht, DB 1969, 483

Bogs (I): Autonomie und verbandliche Selbstverwaltung im modernen Arbeits- und Sozialrecht, RdA 1956, 1

— (II): Zur Entwicklung der Rechtsform des Tarifvertrages, in: Festschrift für Julius v. Gierke, Berlin 1950, 39

Bolte: Die soziologische Struktur der heutigen Gesellschaft, in: Die Kollektivmächte im Arbeitsleben, hrsg. von Floretta - Strasser, Wien 1963

Borchardt: Zur Theorie der sozial-ökonomischen Entwicklung der gegenwärtigen Gesellschaft, in: Spätkapitalismus oder Industriegesellschaft?, Verhandlungen des 16. deutschen Soziologentages vom 8. bis 11. April 1968 in Frankfurt a. M., Stuttgart 1969, 29

Brecher: Grundrechte im Betrieb, in: Festschrift für Nipperdey, Bd. II, München und Berlin 1965, 29

Briefs: Das Ethos der pluralistischen Gesellschaft von heute, in: „Hochland“, Jahrgang 1951, München 1958

Brox: Die Bedeutung von Günstigkeitsklauseln in Kollektivvereinbarungen, BB 1966, 1190

Bulla (I): Die Nachwirkung der Normen einer beendeten Betriebsvereinbarung, in: Beiträge zum Betriebsverfassungsrecht, Düsseldorf 1963, 140

— (II): Vertrauensvolle Zusammenarbeit von Arbeitgeber und Betriebsrat als Generalklausel des Betriebsverfassungsrechts, RdA 1965, 121

Canaris (I): Funktionelle und inhaltliche Grenzen kollektiver Gestaltungsmacht bei der Betriebsvereinbarung, AuR 1966, 129

— (II): Ansprüche wegen „positiver Vertragsverletzung“ und „Schutzwirkung für Dritte“ bei nichtigen Verträgen, JZ 1965, 475

Coing: System, Geschichte und Interesse in der Privatrechtswissenschaft, JZ 1951, 48

Dahrendorf (II): Herrschaft, Klassenverhältnis und Schichtung, in: Spätkapitalismus oder Industriegesellschaft?, Verhandlungen des 16. deutschen Soziologentages vom 8. bis 11. April 1968 in Frankfurt a. M., Stuttgart 1969, 88

Diekhoff (I): Abtretungsverbot durch Betriebsvereinbarung, AuR 1958, 304

— (II): Die Rückwirkung von Tarifverträgen, DB 1958, 1245

Dietz (II): Tarifliche Gestaltung des Mitbestimmungsrechts, DB 1952, 969

— (III): Der Anspruch auf Abschluß einer Betriebsvereinbarung nach § 56 BetrVG, in: Festschrift für Nipperdey, München und Berlin 1955, 147

— (IV): Betriebsvereinbarung und Dienstvereinbarung, in: Festschrift für Sitzler 1956, 131

— (V): Freiheit und Bindung im kollektiven Arbeitsrecht, Schriften der Gesellschaft für sozialen Fortschritt e. V., Bd. 6, 1957, 13

— (VI): Verbot der Verabredung übertariflicher Arbeitsbedingungen durch Beschluß eines Arbeitsverbandes, DB 1965, 591

— (VII): § 49 BetrVG und seine Bedeutung für die Zusammenarbeit im Betrieb — vor allem in Bezug auf die Beteiligungsrechte, RdA 1969, 1

— (VIII): Das Monopol der Betriebspartner und die Betriebsvereinbarung, RdA 1955, 241

Dütz (I): Verbindliche Einigungsverfahren nach den Entwürfen zu einem neuen Betriebsverfassungsrecht, DB 1971, 674 (I. Teil), 723 (II. Teil)

— (II): Strukturen des Betriebsverfassungsrechts, JuS 1972, 685

Engels: Brief an Joseph Bloch, in: Marx-Engels-Werke (MEW), Bd. 37, Berlin 1967, 462

Fahrtmann: Der „personenrechtliche Charakter" des Arbeitsverhältnisses, RdA 1960, 5

Falkenberg: AR-Blattei, Gratifikation, Anmerkung zur Entscheidung 31, Stand 10. 10. 1967

Fechner (II): Die Wirklichkeit als Quelle im Arbeitsrecht, ZstW Bd. 102 (1942)

— (III): Sozialer Rechtsstaat und Arbeitsrecht, RdA 1955, 161

— (IV): Freiheit und Zwang im Sozialen Rechtsstaat, in: Rechtsstaatlichkeit und Sozialstaatlichkeit, Darmstadt 1968, 73

Feller: Arbeitsrechtliche Probleme des Betriebsausfluges, RdA 1964, 40

Floretta (I): Probleme des österreichischen Betriebsverfassungsrechts, in: Festschrift für Nipperdey, München und Berlin 1965, Bd. II, 173

— (II): Die Rechtsnatur der Quellen des kollektiven Arbeitsrechts, in: Floretta - Kafka, Zur Rechtstheorie des kollektiven Arbeitsrechts, Wien 1970

Frey: Die Rechtsnatur der Belegschaft und des Betriebsrates, RdA 1960, 89

Freyer (I): Über das Dominantwerden technischer Kategorien in der Lebenswelt der industriellen Gesellschaft, in: Akademie der Wissenschaften und Literatur in Mainz, 1960, 1 - 7, 550

— (II): Strukturwandlungen der industriellen Gesellschaft im 20. Jahrhundert, RdA 1966, 161

Galperin (I): Grundlagen und Grenzen der Betriebsvereinbarung, BB 1949, 374

— (II): Möglichkeiten der betrieblichen Rechtssetzung, BB 1960, 453

— (III): Die autonome Rechtsetzung im Arbeitsrecht, in: Festschrift für Molitor, München und Berlin 1962, 143

— (IV): Begriff und Wesen des Betriebsverbandes, JArbR I (1964), 75

Gamillscheg (III): Zur Gratifikation mit Rückzahlungsvorbehalt, RdA 1968, 407

— (IV): Anmerkung zu BAG AP Nr. 63 zu § 611 BGB Gratifikation

van Gelder: Betriebsrat und Arbeitskampf, BUV 1971, 12

Gester (II): Zur Rechtsnatur des Betriebsrates, RdA 1960, 406

Gift: Zur Zulässigkeit einer Nebenbeschäftigung im Arbeitsrecht, BB 1959, 43

Gramm: Rechtsnatur und Haftung des Betriebsrates, in: AR-Blattei D, Betriebsverfassung VII unter A (= Rechtsnatur), Stand 21. 10. 1964

Grunsky (II): Der Entzug eines vertraglichen Ruhegeldanspruches nach Beendigung des Arbeitsverhältnisses, JuS 1970, 16

— (III): Beteiligung mehrerer am Schuldverhältnis, in: Grundlagen des Vertrags- und Schuldrechts, 1972, 650

Gumpert: Tarifaußenseiter und Tarifausschlußklausel, BB 1960, 100

Günther, H.: Die Problematik der Urlaubsabrechnung. Rechtsformen und Rechtscharakter des Urlaubs, AuR 1963, 77

Haberkorn: Über das Mitbestimmungsrecht bei Wohlfahrtseinrichtungen, insbesondere nach § 56 Abs. 1 Buchst. e BetrVG, AuR 1960, 321

Halberstadt (I): Das Zusammenwirken zwischen Arbeitgeber und Betriebsrat, BUV 1971, 73

— (II): Betriebsfrieden und Politik, BUV 1972, 82

Hanau: Kollektivgewalt und Individualwille bei der Gestaltung des Arbeitsverhältnisses (Buchbesprechung der Habilitationsschrift Richardis), JZ 1969, 643

Hanau - Stindt: Machtverteilung in deutschen Gewerkschaften. Eine Untersuchung zweier Satzungen, Der Staat 1971, 539

Hassemer: Rechtstheorie, Methodenlehre und Rechtsreform, in: Rechtstheorie, Ansätze zu einem kritischen Rechtsverständnis, hrsg. von Arthur Kaufmann, Karlsruhe 1971, 27

Hecklinger: Urlaubszweckwidrige Tätigkeiten während des Erholungsurlaubs, BB 1963, 818

Herschel (II): Betriebsvereinbarung oder Betriebssatzung, RdA 1948, 753

— (III): Vereinbarte Unabtretbarkeit von Lohnansprüchen, DB 1956, 713

— (IV): Zur Rechtsnatur der Allgemeinverbindlicherklärung von Tarifverträgen, in: Festschrift für Bogs, Berlin 1959, 125

— (V): Von Werden der Betriebsverfassung, Juristenjahrbuch, Köln, Bd. II (1961), 80

— (VI): Mittelbare Probleme der Arbeitszeitverkürzung, in: Arbeitszeit und Freizeit. Nürnberger Abhandlungen zu den Wirtschafts- und Sozialwissenschaften, Heft 15, 1961, 169

— (VII): Verweisungen in Tarifverträgen und Betriebsvereinbarungen, BB 1963, 1220

— (VIII): Materielle und formelle Arbeitsbedingungen, AuR 1964, 257

— (IX): Abschied von den formellen und materiellen Arbeitsbedingungen, AuR 1968, 129

— (X): Arbeitsrecht in der Wohlstandsgesellschaft, RdA 1968, 402

— (XI): Nochmals: Formelle und materielle Arbeitsbedingungen, AuR 1969, 65

Herzog: Subsidiaritätsprinzip und Staatsverfassung, Staat Bd. II, 1963, 399

Hilger (II): Änderung und Aufhebung betriebseinheitlich geltender Arbeitsbedingungen, BB 1958, 417

Hilger (III): Der Einfluß des kollektiven Arbeitsrechts auf das Einzelarbeitsverhältnis, in: Verhandlungen des 43. DJT, München 1960, Bd. II, F I ff.

— (IV): Arbeitstechnische Lohnfestsetzung zwischen formellen und materiellen Arbeitsbedingungen, BB 1969, 448

Hoffmann: Betriebsverfassung und Grundgesetz, AuR 1971, 271

Hohn: Betriebliche Rechtsfragen zum Lohnabtretungsverbot, BB 1962, 54

— Wettbewerbsverbote mit Arbeitnehmern und Handelsvertretern, DB 1971, 94

Huber (II): Rechtsstaat und Sozialstaat, in: Rechtsstaatlichkeit und Sozialstaatlichkeit, Darmstadt 1968, 589

Hueck, A. (II): Anmerkung zu BAG AP Nr. 1 zu § 399 BGB

— (III): Die Frage der tariflichen Zulässigkeit von Solidaritätsbeiträgen, RdA 1961, 141

Hueck, G. (II): Die Betriebsvereinbarung nach dem Betriebsverfassungsgesetz des Bundes, RdA 1952, 366

— (III): Entwicklungslinien im System der innerbetrieblichen Regelungen, RdA 1962, 376

Huhn: Heilverfahren ohne Arbeitsunfähigkeit und Urlaubsanrechnung, BB 1962, 300

Isele (I): Reflexwirkungen der Betriebsverfassung im Individualbereich, RdA 1962, 373

— (II): Der Einfluß des kollektiven Arbeitsrechts auf das Einzelarbeitsverhältnis, JR 1960, 289

— (III): Sinn und Grenzen der Vereinbarungsbefugnis der Tarifvertragsparteien, JZ 1966, 585

Jobs: Die Bedeutung Otto von Gierkes für die Kennzeichnung des Arbeitsverhältnisses als personenrechtliches Gemeinschaftsverhältnis, ZfA 1972, 305

Kauffmann, H. (I): Das Recht der Betriebsvereinbarung, Bemerkungen zum Beschluß des Großen Senats des BAG vom 16. 3. 1956, DB 1956, 988

— (II): Der Einfluß des kollektiven Arbeitsrechts auf das Einzelarbeitsverhältnis, NJW 1960, 1645

Kaufmann (I): Die Geschichtlichkeit des Rechts im Licht der Hermeneutik, in: Rechtstheorie. Ansätze zu einem kritischen Rechtsverständnis, hrsg. von A. Kaufmann, Karlsruhe 1971, 81

— (II): Über den Zirkelschluß in der Rechtsfindung, in: Festschrift für Wilhelm Gallas, 1973, 7

Klose: Arbeitsmüdigkeit und Erholung des tätigen Menschen als Gegenwartsproblem, Forum Philippinum 1960, Schriften der Philipps-Universität Marburg, Marburg 1961, 14

Klug: Die Verletzung von Denkgesetzen als Revisionsgrund, in: Festschrift für Möhring, München und Berlin 1965, 363 ff.

Koch: Die Betriebsvereinbarung, BlStSozVersArb 1954, 267

Krüger (I): Staatliche Gesetzgebung und nichtstaatliche Gesetzgebung, RdA 1957, 202

— (II): Sinn und Grenzen der Vereinbarungsbefugnis der Tarifvertragsparteien (Gutachten), in: Verhandlungen des 46. DJT Bd. I, Teil 1, München und Berlin 1966, 13

Küchenhoff (II): Das Prinzip der staatlichen Subsidiarität im Arbeitsrecht, RdA 1959, 20

— (III): Anmerkung zu BAG Urt. vom 16. 11. 1967, SAE 1968, 121

— (IV): Einwirkung des Verfassungsrechts auf das Arbeitsrecht, RdA 1969, 97

Kunze: Streik und Wirtschaftsordnung, AuR 1965, 174

Larenz: Anmerkung zu BAG AP Nr. 4 zu § 399 BGB

Lehr: Urlaubserwartungen — Lebensalter. Eine psychologische Untersuchung bei deutschen Urlaubsreisenden, Reisebüro, Nr. 3/1964, 1

Leinemann (I): Betriebsbußen — Betriebs- oder Vertragsstrafen? AuR 1970, 134

— (II): Die „Betriebsgemeinschaft", BUV 1971, 49

— (III): Der Betriebsverband, BUV 1971, 145

Lepsius: Industrie und Betrieb, in: Fischer-Lexikon, Bd. 10: Soziologie, hrsg. von R. König, 1967, 129

Löwisch (I): Mitbestimmung und Arbeitsverhältnis, in: Mitbestimmung — Ordnungselement oder politischer Kompromiß, Stuttgart 1971, 131

— (II): Schutz und Förderung der freien Entfaltung der Persönlichkeit der im Betrieb beschäftigten Arbeitnehmer (§ 75 Abs. 2 BetrVG), AuR 1972, 359

Luhmann (IV): Moderne Systemtheorien als Form gesamtgesellschaftlicher Analyse, in: Spätkapitalismus oder Industriegesellschaft, Verhandlungen des 16. Deutschen Soziologentages vom 8. bis 11. April 1968 in Frankfurt a. M., Stuttgart 1969, 253

— (V): Positivität des Rechts als Voraussetzung einer modernen Gesellschaft, in: Die Funktion des Rechts in der modernen Gesellschaft, Jahrbuch für Rechtssoziologie und Rechtstheorie, Bd. 1, Bielefeld 1970, 175

Maihofer (II): Die gesellschaftliche Funktion des Rechts, in: Die Funktion des Rechts in der modernen Gesellschaft, Jahrbuch für Rechtssoziologie und Rechtstheorie, Bd. 1, Bielefeld 1970, 13

Mansfeld (I): Vom Arbeitsverhältnis, DAR 1936, 118

— (II): Das Arbeitsverhältnis, DAR 1936, 27

Marzen: Abschlußnormen in Betriebsvereinbarungen, RdA 1966, 296

Marx: Zur Kritik der politischen Ökonomie, Vorwort (1895), in: Marx-Engels-Gesamtwerke (MEW), Bd. 13, Berlin 1972, 7

Mavridis: Eingliederungstheorie, Vertragstheorie und Gemeinschaftsverhältnis, RdA 1956, 444

Mayer: Der arbeitende Mensch in unserer Zeit, Zeitschrift für Betriebswirtschaft Nr. 12/1952

Meissinger (I): Grundlagen und Grenzen der gewerkschaftlichen Machtmittel, RdA 1956, 406

— (II): AR-Blattei, Treuepflicht im Arbeitsrecht I, Stand 23. 11. 1954

Metz (I): Kollektivvertragliche Regelung einer Kostenpauschale für die Bearbeitung von Lohnpfändungen und -abtretungen, BB 1959, 493

— (II): Der individuelle Schutz des Arbeitnehmers im Rahmen der Betriebsverfassung, RdA 1971, 203

Molitor: Anmerkung zu AR-Blattei, Tarifvertrag I B, Entscheidungen 1, Stand 27. 9. 1957

Molodovsky: Zur Problematik formloser Absprachen zwischen Arbeitgeber und Betriebsrat in den Angelegenheiten des § 56 BetrVG, DB 1961, 338

Monjau (II): Arbeitsvertragliche Pflichten im Urlaub, DB 1959, 1245

Müller, G. (I): Einflüsse des kollektiven Arbeitsrechts auf das Arbeitsverhältnis, DB 1967, 903

— (II): Drittwirkung von Grundrechten und Sozialstaatsprinzip, RdA 1964, 121

— (III): Rechtspolitische Gedanken zum Betriebsverfassungsrecht Teil II, DB 1970, 1076

— (IV): Zur Stellung der Verbände im neuen Betriebsverfassungsrecht, ZfA 1972, 213

Musa: Die Zulässigkeit von Betriebsvereinbarungen, Betr. Verf. 1959, 84

v. Nell-Breuning: Freiheit und Bindung im kollektiven Arbeitsrecht, Schriften der Gesellschaft für sozialen Fortschritt e. V., Bd. 6, Berlin 1957, 27

Neumann, D.: AR-Blattei, Betriebsfeier I, Stand 26. 11. 1964

Neumann, F. (II): Das Arbeitsrecht in der modernen Gesellschaft, RdA 1951, 1

Neumann-Duesberg (II): Probleme des Betriebsverfassungsrechts, RdA 1962, 406

— (III): Die betriebliche Einigung, in: Festschrift für Bogs, Berlin 1959, 275

— (IV): Kollektivvertrag und Individualrecht, Grenzen der Kollektivmacht, JZ 1960, 525

Nikisch (III): Individualismus und Kollektivismus im heutigen Arbeitsrecht, RdA 1953, 81

— (IV): Freiheit und Bindung im kollektiven Arbeitsrecht. Schriften der Gesellschaft für sozialen Fortschritt e. V., Bd. 6, Berlin 1957, 37

— (V): Bemerkungen zur Mitbestimmung des Betriebsrates in sozialen Angelegenheiten, in: Festschrift für Nipperdey, Bd. II, München und Berlin 1965, 453

— (VI): Zur Tarifautonomie und ihren Grenzen, JZ 1966, 778

— (VII): Belegschaft und Betriebsrat, in: Beiträge zum Betriebsverfassungsrecht, Düsseldorf 1963, 28

Nipperdey (I): Mindestbedingungen und günstigere Arbeitsbedingungen nach dem Arbeitsordnungsgesetz (Ordnungsprinzip und Leistungsprinzip), Festschrift für Heinrich Lehmann, Berlin 1937, 257

— (II): Die Würde des Menschen, in: Neumann - Nipperdey - Scheuner, Die Grundrechte Bd. II, Berlin 1954

— (III): Die betriebliche Arbeitsbedingungen des § 56 BetrVG, RdA 1968, 450

Olbersdorf: Sozialer Rechtsstaat und Arbeitsrecht, AuR 1955, 129

Ossenbühl: Vertrauensschutz im sozialen Rechtsstaat, DÖV 1972, 25

Ott: Die soziale Effektivität des Rechts bei der politischen Kontrolle der Wirtschaft, in: Zur Effektivität des Rechts, Jahrbuch für Rechtssoziologie und Rechtstheorie, Bd. 3, Düsseldorf 1972, 345

Pinther: Ist das Arbeitsverhältnis ein personenrechtliches Gemeinschaftsverhältnis?, AuR 1961, 225

Pleyer: Zur Mitwirkung und Mitbestimmung kleinerer Gruppen im Betrieb, RdA 1968, 447

Podlech: Grundrechte und Staat, Der Staat 6 (1967), 341

Pohle: Anmerkung zu BAG AP Nr. 1 zu § 398 BGB

Pothe: Arbeitsrechtliche Fragen des Betriebsausfluges, Mensch und Arbeit im Betrieb, 1970, 180

Preis: Einseitige tarifliche Bestimmungsrechte des Arbeitgebers und das Mitbestimmungsrecht des Betriebsrates nach § 87 I BetrVG, DB 1973, 474

Prost: Über die Autonomie, NJW 1955, 1463

Poulantzas: Aus Anlaß der marxistischen Rechtstheorie, in: Marxistische und sozialistische Rechtstheorie, hsgr. von N. Reich, Frankfurt a. M. 1972, 181

Radke (I): Zum Recht der Betriebsvereinbarung, RdA 1950, 338

— (II): Die Nachwirkungen des „Gesetzes zur Ordnung der nationalen Arbeit", AuR 1965, 302

— (III): Konflikte austragen, ArbuSozPol 1970, 357

Raiser, L. (I): Sozialer Wandel durch das Recht, dargestellt am Beispiel der Aktiengesellschaft, in: Zur Effektivität des Rechts, Jahrbuch für Rechtssoziologie und Rechtstheorie, Bd. 3, Düsseldorf 1972, 409

— (II): Vertragsfreiheit heute, JZ 1958, 1

Ramm (III): Die Rechtsnatur des Tarifvertrages, JZ 1962, 78

— (IV): Die Rechtsprechung des Bundesarbeitsgerichts, JZ 1964, 546 und JZ 1966, 214

— (V): Zur Bedeutung der Rechtssoziologie für das Arbeitsrecht, KJ 1970, 175

Rehbinder: Die Rechtsnatur des Tarifvertrages, JR 1968, 167

Reuss: Die Stellung des kollektiven autonomen Arbeitsrechts im Rechtssystem, AuR 1958, 321

Rewolle (I): Die Nebenbeschäftigung im Arbeitsrecht, BB 1959, 670

— (II): Verbotene Erwerbstätigkeit im Urlaub und ihre Folgen, DB 1963, 1286

Richardi (II): Die arbeitsvertragliche Einheitsregelung und ihr Verhältnis zu Kollektivvereinbarungen, RdA 1965, 49

— (III): Die Beschränkung der Vertragsfreiheit durch das Mitbestimmungsrecht des Betriebsrates in sozialen Angelegenheiten, in: Festgabe für Ulrich von Lübtow, Berlin 1970, 755

— (IV): Kritische Anmerkungen zur Reform der Mitbestimmung des Betriebsrates in sozialen und personellen Angelegenheiten nach dem Regierungsentwurf, DB 1971, 621

— (V): Betriebsratsamt und Gewerkschaft, RdA 1972, 8

Rittstieg: Verbände und repräsentative Demokratie, JZ 1968, 411

Rosenmayr: Illusion und Realität der Freizeit, in: Soziologie der Freizeit, Köln 1972, 219

Rotter: Verfassungsrechtliche Möglichkeiten der Institutionalisierung sozialen Wandels, in: Zur Effektivität des Rechts, Jahrbuch für Rechtssoziologie und Rechtstheorie, Bd. 3, Düsseldorf 1972, 87

Rüthers (IV): Der Arbeitskampf und die Gesellschaftsordnung des Grundgesetzes (Buchbesprechung), Der Staat 1967, 101

— (V): Zur Beseitigung von Arbeitsverträgen durch Aussperrung, DB 1969, 967

Rüthers (VI): Betriebsverfassungsrechtliches Mitbestimmungsrecht und Individualbereich, in: Rüthers - Boldt, Zwei arbeitsrechtliche Vorträge, München 1970, 7

— (VII): Die Betriebsverfassung im Nationalsozialismus, AuR 1970, 97

— (VIII): Rechtsprobleme des betriebsbezogenen wilden Streiks, JZ 1970, 625

— (IX): Zur Kampfparität im Arbeitskampfrecht, JurA 1970, 3

— (X): Das Arbeitsrecht im Wandel der Industriegesellschaft, in: Aktuelle Fragen des Arbeitsrechts, Paderborn 1972, 7

Sabel: Das Deutsche Betriebsverfassungsgesetz, RdA 1952, 281

Säcker (IV): Probleme der Lohnausfallerstattung bei Betriebsversammlungen, DB 1965, 1856

— (V): Betriebsratsamt und Arbeitsverhältnis. Ein Beitrag zum Problem der Sicherung der Unabhängigkeit des Amtswalters, RdA 1965, 372

— (VI): Die Rechtsprechung des Bundesarbeitsgerichts im Jahre 1969, JurA 1970, 1651

— (VII): Kollektivgewalt und Individualwille bei der Gestaltung des Arbeitsverhältnisses, RdA 1969, 291

— (VIII): Anmerkung zu BAG, Urt. vom 30. 1. 1970, SAE 1970, 262

— (IX): AR-Blattei D, Betriebsvereinbarung III, Grenzen der Betriebsvereinbarungsautonomie, Stand 8. 11. 1971

— (X): Die Regelung sozialer Angelegenheiten im Spannungsfeld zwischen tariflicher und betriebsvereinbarungsrechtlicher Normsetzungsbefugnis, ZfA Sonderheft Mai 1972, 41

Schäcker (I): Kann der Arbeitgeber die Kosten von Lohnpfändungen vom Arbeitnehmer ersetzt verlangen?, BB 1959, 492

— (II): Kündigung und Entlassung wegen Vielzahl von Lohnpfändungen und Verschuldung, BB 1964, 391

Scheuch: Die Problematik der Freizeit in der Massengesellschaft, in: Soziologie der Freizeit, Köln 1972, 23

Schmidt (II): Die „abstrakte" Tarifnorm, RdA 1960, 288

— (III): Kritische Gedanken zu Kollektivwirkung, Individualbereich und personenrechtlichem Gemeinschaftsdenken im Arbeitsrecht, AcP 162 (1963), 309

Schmidt - Rimpler: Zum Problem der Geschäftsgrundlage, in: Festschrift für Nipperdey, München und Berlin 1955, 1

Schneider, H.: Anmerkung zu BAG Urt. vom 20. 12. 1957 zu § 399 BGB, AuR 1958, 312

Schneider, W.: Die neue Betriebsverfassung, BlStSozArb. 1971, 273

Schnorr (I): Kollektivmacht und Individualrechte im Berufsverbandswesen. Zur Frage der „immanenten" Gewährleistungsschranken der Koalitionsfreiheit, in: Festschrift für Molitor, München und Berlin 1962, 229

— (II): Inhalt und Grenzen der Tarifautonomie, JR 1966, 327

Schwerdtner (II): Gemeinschaft — Treue — Fürsorge — oder: Die Himmelfahrt des Wortes, ZRP 1970, 62

Siebert (III): Kollektivnorm und Individualrecht im Arbeitsverhältnis, in: Festschrift für Nipperdey, München und Berlin 1955, 119

— (IV): Aussprache zum Thema: Freiheit und Bindung im kollektiven Arbeitsrecht, in: Freiheit und Bindung im kollektiven Arbeitsrecht, Schriften der Gesellschaft für sozialen Fortschritt e. V., Bd. 6, 1957, 47

Siebert (V): Grundgedanken der Betriebsverfassung, RdA 1958, 161
— (VI): Betriebsvereinbarung und betriebliche Einigung über Einzelfälle, BB 1952, 950
— (VII): Kollektivmacht und Individualsphäre beim Arbeitsverhältnis, BB 1953, 241
— (VIII): Arbeitsverhältnis und Betriebszugehörigkeit, in: Festgabe Zehn Jahre Arbeitsgericht, Berlin und Leipzig 1937, 54
— (IX): Arbeitsvertrag, in: Handwörterbuch der Sozialwissenschaften (HDSW), Bd. 1 (1956), 48
Sieg (I): Wesen und Geltung der Betriebsübung, RdA 1955, 441
— (II): Der Tarifvertrag im Blickpunkt des Zivilrechts, AcP 151 (1950 - 1951), 246
Simitis - Weiss: Zur Mitbestimmung des Betriebsrates bei Kurzarbeit, DB 1973, 1240
Sitzler: Betriebsvereinbarung, Arbeitsrechts-Blattei I, Stand 24. 9. 1962
Söllner (III): Zu Sinn und Grenzen der Vereinbarungsbefugnis der Tarifvertragsparteien, AuR 1960, 257
— (IV): „Ohne Arbeit kein Lohn", AcP Bd. 167 (1967), 132
— (V): Zur vertrauensvollen Zusammenarbeit zwischen Betriebsvertretung und Arbeitgeber, DB 1968, 571
— (VI): Betrieb und Menschenwürde, RdA 1968, 437
— (VII): Zu den Rechtsfolgen der Aussperrung, Bemerkungen zum Vorlagebeschluß des 1. Senats des Bundesarbeitsgerichts vom 3. 9. 1968 — 1 AZR 118/68, DB 1969, 838
Stahlhacke (II): Kollektive Einwirkung auf erworbene Rechte, RdA 1959, 266
— (III): Bezugnahme auf Tarifverträge in Betriebsvereinbarungen, DB 1960, 581
Steindorf (I): Anmerkung zu BAG, Urt. v. 14. 6. 1962 = SAE 1963, 38
— (II): Wirtschaftliche Maßstäbe im Arbeitsrecht, RdA 1965, 253
Straetmans: Betriebsvereinbarung und Ruhegeld, AuR 1969, 299
Unterseher (II): Bürgerliches Arbeitsrecht oder die Zerstörung der formalen Rationalität, KJ 1968, 95
Weber, W.: Unzulässige Einschränkungen der Tariffreiheit, BB 1964, 764
Wehr: Zur Frage der Nebentätigkeit im Arbeitsrecht, ArbSozPol 1960, 265
Wiedemann (II): Zeitliche Grenzen kollektiver Gestaltungsmacht, RdA 1959, 454
— (III): Ruhegeldanwartschaft und Kündigung, RdA 1969, 244
Wiese: Der Persönlichkeitsschutz des Arbeitnehmers gegenüber dem Arbeitgeber, ZfA 1971, 273
Willgerodt: Demokratisierung der Wirtschaft und die Freiheit des einzelnen, in: Mitbestimmung — Ordnungselement oder politischer Kompromiß, Stuttgart 1971, 9
Wolf (II): Das Recht am eingerichteten und ausgeübten Gewerbebetrieb, in: Festschrift für Fritz von Hippel, Tübingen 1967, 665
— (III): Anmerkung zu BAG v. 13. 6. 1969 AP Nr. 138 zu § 242 BGB
Zöllner (III): Das Wesen der Tarifnormen, RdA 1964, 443
— (IV): Die Einwirkung der erweiterten Mitbestimmung auf das Arbeitsverhältnis, RdA 1969, 65
Zweigert: „Rechtsgeschäft" und „Vertrag" heute, in: Festschrift für Max Rheinstein, Tübingen 1969, Bd. II, 499

Kolibri 360 GmbH
Ferdinand-Jühlke-Straße 7
99095 Erfurt, Deutschland
produktsicherheit@kolibri360.de

Druck:
CPI Druckdienstleistungen GmbH
im Auftrag der
Kolibri 360 GmbH
Ferdinand-Jühlke-Str. 7
99095 Erfurt